과학적 공산주의 혁명과 통제사회 시스템
제 4차 산업 혁명과 신세계 질서

지은이 이 형 조

제 4차 산업 혁명은 신세계질서를 세우기 위한 과학적 공산주의 혁명입니다. 엘리트 인간들이 그동안 꿈꾸며 은밀하게 작업해 왔던 신자유주의 경제 정책은 자본주의를 몰락시키고 1% 부자와 99% 가난한 사람으로 분리를 시키는데 성공을 했습니다. 이제부터 가진 자와 못가진 자들의 프로레타리아 계급투쟁이 시작되었습니다. 이 전쟁을 통해 우리가 지금 살고 있는 경쟁의 세상인 구질서(old order)는 사라지고, 경쟁 없는 세상이 도래합니다. 이들은 이 세상을 신질서(new order)라고 합니다. 엘리트 인간들이 말하는 지상의 유토피아는 오직 그들만의 세상입니다. 가축인간들에게는 과학적 공산주의 완벽통제사회입니다. 이것을 지구촌 인간 목장화 프로젝트라고 합니다.

"그리스도가 나타나게 하고
그리스도에게 오게하라"
- 세계제자훈련원 -

값진 선물

"생각하건대 현재의 고난은 장차 우리에게 나타날 영광과 비교할 수 없도다 피조물이 고대하는 바는 하나님의 아들들이 나타나는 것이니 피조물이 허무한 데 굴복하는 것은 자기 뜻이 아니요 오직 굴복하게 하시는 이로 말미암음이라 그 바라는 것은 피조물도 썩어짐의 종 노릇 한 데서 해방되어 하나님의 자녀들의 영광의 자유에 이르는 것이니라 피조물이 다 이제까지 함께 탄식하며 함께 고통을 겪고 있는 것을 우리가 아느니라 그뿐 아니라 또한 우리 곧 성령의 처음 익은 열매를 받은 우리까지도 속으로 탄식하여 양자 될 것 곧 우리 몸의 속량을 기다리느니라 우리가 소망으로 구원을 얻었으매 보이는 소망이 소망이 아니니 보는 것을 누가 바라리요 만일 우리가 보지 못하는 것을 바라면 참음으로 기다릴지니라" (롬8:18-25)

년   월   일

_____ 님께 드립니다.

헐리우드 평행 우주론 SF 영화

헐리우드 SF 영화중에서 양자역학과 평행 우주론을 다룬 영화들이 많이 있습니다. 평행 우주론이란 다중 우주론을 말합니다. 같은 시공간 속에 공존하는 또 다른 우주이야기 입니다. 다른 사람들의 꿈속에 들어가 생각을 빼앗아 오거나 생각을 바꿔 버리는 영화 인셉션, 평행이론으로 같은 시간과 같은 공간에 같은 사람이 여럿이 존재할 수 있다는 사실을 알게 해 준 인터 스텔라, 시공간 개념이 사라진 양자 영역으로 들어 갈 수 있는 기술을 훔쳐 달아난 고스트를 쫓아간 앤트맨과 와스프 이야기를 주제로 한 앤트맨과 와스프, 다른 차원에서 온 여러 스파이더맨이 시공간의 차원을 뒤바꾸어 놓으려는 여러 악당과 싸우는 스파이더 맨 등의 영화에서 등장한 우주론이 양자 역학 우주론인 평행 우주론의 이야기들입니다.

이들 영화에서 강조한 내용은 우리가 살고 있는 삼차원의 우주론이 전부가 아니고 같은 공간과 시간 속에 수많은 다른 우주가 동시에 존재하고 있다는 사실을 깨우쳐 주는 영화들인데 모두 현대 양자 물리학을 다룬 영화들입니다.

황우석 박사 인간 체세포 복제 성공

서울대학교 수의학 교수였던 황우석 박사는 1998년 12월에 36살의 한국의 남성의 체세포를 이용하여 인간복제를 성공하여 배반포까지 배양하였으며, 이 기술을 미국을 비롯한 15개국에 특허 출원을 하였습니다. 이것이 그가 몰락하게 된 이유입니다. 그는 사람의 난자를 이용했는지, 황소의 난자를 이용했는지를 밝히지 않았습니다. 남자의 정자(精子) 하나의 세포 속에는 100조 개의 세포를 가진 인간의 설계도가 들어 있습니다. 이것이 하나의 세포(원자)속에 있는 우주론입니다. 지금까지는 눈에 보이는 세상만 바라보고 살았습니다. 앞으로는 눈에 보이지 않는 세계가 옵니다. 이것이 제 4차 산업혁명이고 심판입니다.

"너희 생명이 무엇이뇨 너희는 잠간 보이다가 없어지는 안개니라" (약4:14)

프롤로그(Prologue)

신세계(新世界)란 무엇입니까?

　신세계란 하나님의 품을 떠난 탕자의 문명이 꿈꾸는 지상의 낙원입니다. 최초로 플라톤은 이상국가를 꿈꾸며 '국가' 라는 책을 썼습니다. 토마스 모어는 '유토피아' , 프란시스 베이컨은 '뉴 아틀란티스' , 장 자크 루소는 '자연으로 돌아가라' 등의 책들은 모두 신세계에 대한 책들입니다. 그런데 놀랍게도 이들이 쓴 책에 나타난 신세계는 모두 공산주의자들이 꿈꾸는 지상 낙원입니다. 프란시스 베이컨이 말하고 있는 '뉴 아틀란티스' 는 오늘날 미국입니다. 미대륙은 콜럼버스와 같은 비밀결사들이 말하고 있는 신대륙이 아닙니다. 왜냐하면 주전 2세기부터 멕시코 아즈텍의 거대한 '테오티우아칸' 이라는 피라미드가 세워져 있었습니다. 멕시코 태양의 피라미드는 4km나 되는 죽은자의 길 중앙 우측에 웅장하게 서 있는데 길이는 224m, 계단은 252개이며, 64m 높이의 꼭대기에 오르면 희열감이 밀려올 정도입니다. 이들의 조상은 기원전 1200년부터 이곳에서 살았습니다.

신세계질서란 무슨 뜻입니까?

　신세계질서란 'New world order' 구세계질서 'Old world order' 의 반대말입니다. 이 단어는 공산주의 비밀결사들이 꿈꾸는 지상의 낙원에 대한 의미였는데 현대에 들어 와서는 다른 의미로도 사용되고 있습니다. 구질서 'old order' 는 비생산성, 비경제성, 비효율성이란 것입니다. 그러므로 구질서를 부수고 새질서 'new order' 를 구축해야 한다는 뜻입니다. 이것을 제 4차 산업 혁명이라고 합니다.
　지금까지는 거시적인 물질세계에서 인류는 과학 문명을 발전시켜 왔습니다. 자동차를 만들고, 학교를 세워 교육을 하고, 공장과 경제를 발전시켜 풍요로운 환경을 만들고, 의학을 발전시켜서 수술을 했습니다. 그러나 두뇌공학과 생명공학, 나노공학, 양자 물리학 등과 같은 최첨단 현대과학이 발전하면서 이런 일들이 3차원의 시간과 공간속에서 지루하고 비효율적으로 일어나고 있다는 사실을 알게 되었습니다. 예를 들어 학교에서 초등학교 6년, 중·고등학교 6년 대학교 4년, 16년 동안 교육을 받아서 계산하는 법과 언어를 구사할 수 있는 훈련을 합니다.

그러나 앞으로는 계산할 수 있는 인공지능 칩이나 언어를 구사할 수 있는 인공지능 칩 하나만 뇌에 부착을 시키면 마음대로 계산과 언어를 구사할 수 있게 됩니다. 즉 공간적인 학교와 시간적인 교육이 필요 없어지는 것입니다. 병이 들어 수술을 하는 대신 병의 원인인 유전자를 변경하고 조작하므로 병의 근본을 막을 수 있습니다. 자동차나 비행기를 타고 먼길을 여행해야 만날 수 있었던 사람들을 타임머신 자동차 안에서 이동하지 않고 양자 에너지로 만나서 모든 것을 할 수 있습니다. 지금까지 사람들이 했던 은행업무나 공장에서 상품을 생산하는 모든 것들은 인공지능을 가진 로봇이나 자동화 시스템이 대신하게 됩니다. 이렇게 되는 세상이 오면 자연스럽게 구질서는 사라지고 신질서 세상이 오는 것입니다.

과학이 발달하여 엄청난 경제성과 효율성과 편리성이 높아졌지만 정작 중요한 인간의 가치는 바닥에 떨어져 버리고 말았습니다. 과학이 발달하므로 과거에 살았던 구질서 'old order'는 종말을 고하고 사라져야 하는 시대가 온 것입니다. 농경사회에서는 대가족제도가 형성 되었습니다. 왜냐하면 많은 노동력이 필요했기 때문입니다. 이것이 'old order'입니다. 그러나 지금과 같은 최첨단 사회에서는 사람이 필요 없습니다. 왜냐하면 사람들이 할 수 있는 일들이 없어져 버렸기 때문입니다. 지금은 구질서가 가고 신질서가 다가오고 있는 시대입니다. 사람 90%가 할 일 없이 무위도식(無爲徒食)하는 시대가 오고 있습니다. 그래서 신세계질서를 꿈꾸는 엘리트 공산주의자들은 인종청소를 계획하고 있습니다. 이것이 신세계질서입니다.

엘리트 인간들은 가축인간들을 청소하고 소수만을 가지고 무경쟁 공산주의 낙원을 세우려 합니다. 이 나라가 배도의 나라 적그리스도의 나라입니다. 예수님께서 재림하셔서 심판하실 바벨론입니다.

종교적 신세계질서

과학적 신세계질서는 경제성과 효율성과 편리성을 위해 무경쟁 사회의 신세계질서를 인종청소와 같은 극단적인 방법을 취하여 세울 수밖에 없습니다. 그러나 이것을 종교적으로 보면 이런 과학적인 신세계질서는 타락한 인간들이 스스로 무덤을 파고 자멸하는 심판의 행위와 같은 것입니다. 탕자의 문명이 스스로 발전시킨 문명에 망한 것은 하나님의 구원을 외면하고 스스로 자초한 심판이기도 합니다.

하나님의 품을 떠난 탕자의 문명은 하나님의 끊임없는 구원의 초대에도 불구하고 스스로 생명을 연장하고 생로병사를 극복하기 위해 과학문명을 발전시켜 왔습니다. 뿐만 아니라 과학문명이 발전하여 편하고 풍요로운 삶을 살게 됨으로 하늘에 사무치는 죄를 범하게 되었습니다. 그 결과 인류는 자신들이 발전시킨 과학문명으로 심판을 받아 사라지게 된 것입니다.

사탄의 세력들은 루시퍼를 앞장 세워 종교다원주의 운동과 종교통합 운동을 하고 있습니다. 이들이 꿈꾸는 종교적인 신세계질서는 루시퍼가 왕이 되는 세상을 만드는 것입니다, 그래서 모든 사람들을 초자연적인 능력으로 신들이 되게 하고 있습니다.

그러나 마지막 루시퍼의 신세계질서 배도의 나라는 예수님이 만왕의 왕으로 재림하셔서 심판하실 것입니다. 그리고 물질세상에서 물질을 좇지 않고 하나님의 말씀에 순종해서 살아간 그리스도인들을 위해 이 땅에 천년왕국을 세우실 것입니다.

세상이란 무엇입니까?

세상이란 힘 있는 사람들이 마음대로 휘두르고 사는 곳이 아닙니다. 세상이란 하나님께서 교회라는 알곡을 키워 나가시는 하나님의 밭입니다. 사람들은 오늘도 대박을 꿈꾸며 요행을 기다립니다. 그러나 우연히 일어나는 일은 아무것도 없습니다. 하나님께서는 머리카락까지 세시고, 참새 한 마리까지 다스리십니다.

60초가 모여 1분이 되고, 60분을 기다려야 1시간이 됩니다. 철저하게 갇힌 시간과 공간속에서 모두는 공평한 경기를 하고 있는 것입니다. 때로는 불법자들이 앞서기도 하고, 사기 치는 사람들에 의해서 좌절을 맛보기도 합니다. 잠시 동안은 그들이 승리한 것 같습니다. 그러나 공정한 재판장이신 하나님은 엄격하게 판결을 내리십니다.

세상에서 공정한 게임을 하도록 섭리하시는 하나님

하나님께서는 창세전에 교회를 예비하시고 세상이란 밭을 만들어 씨를 뿌리고 경작을 하시어 이제 추수 때가 되었습니다. 하나님께서 세상에서 교회를 키우시기 위해 악한 자도, 선한 자도 있게 하셨습니다. 큰 나라도 작은 나라도 있게 하셨습니다. 낮도 만드시고, 밤도 만드셨습니다. 토기장이가 그러한 것처럼 하나님께서는 완벽하게 계획하셨고, 섭리하고 계십니다. 이런 과정 속에서 하나님은 공정한 재판관이 되셔서 구원할 자를 구원하시고, 심판할 자를 심판하십니다.

인간들이 바라보고 생각할 때는 불공평한 것 같고, 일방적인 것 같아서 때로는 원망도 하고, 불평도 하지만 하나님의 심판대 앞에 서면 다 의롭고, 다 공평하기에 지옥에서도 하나님을 아는 지식이 가득하여 찬양을 받으시는 것입니다.

당신은 세상을 얼마나 알고 있습니까?

당신은 세상에서 살면서 얼마나 세상에 대하여 알고 계십니까? 당신이 오늘도 걷고 있는 길과 삶의 종적을 남기고 떠난 자리마다 양자 에너지 속에는 당신의 이름으로 모든 데이터가 저장되고 있다는 사실을 알고 계시는지요? 눈에 보이지 않는다고 무시하십니까? 사람들이 알지 못한다고 안심하고 계십니까? 내 마음속에서 순간적으로 일어나는 모든 생각과 스치는 영상들이 모두 녹화되어 하나님과 사람들 앞에 공개될 수 있다고 생각하지 못하십니까?

　세상 재판관들은 잘못 판결을 내릴 수 있습니다. 왜냐하면 감춰진 것을 알지 못하기 때문입니다. 그러나 하나님 앞에서는 숨겨진 것이 없습니다. 그래서 공평한 재판을 하실 수 있는 것입니다. 우리 모든 인생들은 세상이란 올림픽 경기장에서 공정한 게임을 하고 있는 인생의 선수들입니다. 천태만상으로 게임을 하는 행태가 다를지라도 심판대 앞에서 받은 판결은 아주 간단합니다. 하나님의 말씀입니다. 순식간에 나의 과거, 현재, 미래가 한 순간에 하나님의 말씀 앞에 드러나 판결이 내려집니다.

세상에서 들려오는 구원의 소리와 멸망의 소리

　지금도 우리가 접하고 있는 수많은 뉴스와 정보들 속에는 우리를 지옥으로 부르는 사탄의 음성이 있고, 우리를 지옥에서 나오라고 부르시는 하나님의 음성이 있습니다. 촌각을 다투면서 정신없이 돌아가는 정치, 경제, 교육, 예술, 문화, 종교, 의학이란 매카니즘 속에서 하나의 부속물처럼 단단하게 고정되어 지옥을 향하여 달려가는 나 자신과 세상을 보아야 합니다.

　신기루와 같이 어른거리는 세상이란 환상에 빠져서 너도 나도, 우리 모두 허우적거린다면 과연 누가 나와 내 가족과 교회를 구원할 수 있겠습니까? 나 한 사람만이라도 죽으면 죽으리라는 믿음을 가지고 세상에서 좀 떨어져 나와 은혜의 보좌 앞에서 이 시대를 향한 질문을 해야 하지 않겠습니까?

남은 자들이 구원을 받은 세상

　신,구약 성경에는 남은 자에 대하여 기록을 하고 있습니다. 요지는 하나님께서 창세전부터 계획하신 놀라운 구원의 선물을 모든 사람들이 외면을 하고 받아들이지 않기 때문에 마지막 남은 자들이 주인공이 된다고 하는 것입니다. 그렇다면 남은 자들은 어떻게 하나님의 최고의 선물을 받을 수 있습니까? 성경에서 남은 자들이란 실패자, 낙오자, 눈 먼 자, 저는 자, 무능자, 버림받은 자, 쫓겨난 자들입니다. 세상에서 살아갈 1%의 소망도 없지만 그냥 살아 있는 자들입니다. 이들에게는 선택권이 없습니다. 이들에게는 내 편과 다른 사람 편이 없습니다. 이들에게는 원수라는 개념도 말라버린 사람들입니다. 마치 사형선고를 받고 모든 삶을 체념한 사형수와 같은 존재들입니다. 그러기 때문에 무엇이든지 받아들이고, 믿고, 의지할 수밖에 없습니다. 이들이 하나님의 최고의 선물을 받은 교회가 되는 것입니다.

인간이 불행한 이유

인간의 불행은 가지지 못한 것이 아닙니다. 낮은 곳에 있는 것이 아닙니다. 인간의 불행은 세상에 붙어서 사는 것입니다. 구원을 받기 위해서는 세상에 붙어 있는 나를 세상에서 멀어지게 해야 비로소 하나님의 은혜를 받을 수 있습니다. 부자가 천국에 들어가는 것이 낙타가 바늘귀로 들어가는 것보다 더 어렵습니다. 왜냐하면 가진 것이 너무나 많이 있기 때문입니다. 가진 것이 많은 사람들의 특징은 원망하는 자입니다. 불평하는 것입니다. 투기하고 시기하고 싸우는 자들은 그만큼 세상에서 가진 것이 많은 자들입니다.

예수님은 바리새인들에게 너희가 차라리 소경이 되었으면 볼 수 있었을 텐데 너희가 본다고 하니 그것이 불행이라고 하셨습니다. 지금 보이는 세상을 전부라고 보는 눈은 가짜 눈입니다. 보이지 않는 것을 볼 수 있는 눈이 진짜 눈입니다. 지금 소유하고 있는 것이 전부라고 생각한 것은 불에 타버리기 때문에 가짜입니다. 눈에 보이지 않는 것은 불에 타지 않고 남아 있기 때문에 진짜입니다.

성경은 세상이나 세상에 있는 것들을 사랑하지 말라고 했습니다. 이는 세상에 있는 모든 것이 하나님께로 난 것이 아니기 때문이라고 하셨습니다. 세상에 있는 모든 것이 육신의 정욕, 안목의 정욕, 이생의 자랑이라고 하셨습니다. 지금 우리가 살고 있는 세상이 마지막 시대라는 것을 만일 당신이 안다면 오늘부터 당신의 라이프스타일은 달라질 것입니다. 만일 당신과 내가 살고 있는 세상이 하나님께서 심판하시는 대상이라는 사실을 진정 아신다면 오늘부터 삶의 방향이 달라질 것입니다.

비밀결사들이 꾸미고 있는 세 가지 음모

비밀결사들이 세계를 지배하기 위해 세 가지 음모를 추진하고 있습니다. 그것은 중국을 통해 세계를 공산주의로 통합하는 일입니다. 그리고 미국을 통해 정치적으로 세계를 통제사회를 만드는 것입니다. 그리고 로마 바티칸을 통해 세계 모든 종교를 하나로 통합하는 것입니다. 이 세 가지 일들이 지금 진행되고 있습니다. 이 세 가지가 하나의 빅데이터 인공지능 시스템으로 완성되어 신세계질서인 과학적 공산주의 완벽통제 사회를 완성시키는 것이 제 4차 산업혁명의 진실입니다.

타락한 인간의 절대적인 명제는 의식주입니다. 즉 경제입니다. 정치도 종교도 일단 사람들이 먹고 살아난 이후의 일들입니다. 그러하기에 비밀결사들은 세상을 지배하기 위해 가장 먼저 손을 댄 것이 바로 경제 시스템을 통해서 인간들을 지배하는 것입니다. 이것이 제 4차산업 혁명의 포인트입니다.

제 4차 산업 혁명의 정체는 무엇입니까?

제 4차 산업혁명하면 떠오르는 단어가 빅 데이터, 인공지능, 스마트 팩토리, 스마트 시티, 로봇, 스마트 병원, 자율 주행 자동차 등입니다. 그러나 제 4차 산업 혁명의 가장 큰 목표는 공산주의 통제사회를 기반으로 한 세계정부를 세우는 것입니다. 스위스 다보스 포럼의 창설자인 클라우스 슈밥이 2012년 1월에 자본주의가 망했다고 선포하고 혁명적인 세계경제시스템을 개발해야 한다고 강조한 후 4년 만인 2016년 1월 20일 다보스 포럼에서 제 4차 산업혁명을 제창하였습니다.

클라우스 슈밥은 아슈케나지 유대인으로 1971년 세계경제정책을 주도하는 스위스 다보스 포럼을 만들어 지금까지 홀로 세계경제를 주도적으로 이끌고 있습니다. 세계 금융 권력을 독점하고 있는 유대인들이 다보스 포럼을 통해서 그들이 꿈꾸며 세우기를 원하는 과학적 공산주의 통제사회인 신세계질서를 마무리하고 있는 단계가 제 4차 산업 혁명입니다.

1981년부터 시작된 자본주의를 몰락시키는 신자유주의 경제학

　세계 경제를 독점하고 있는 유대 금융단은 1981년 미국 경제 패권주의 정책인 레이거노믹스와 영국의 대처리즘을 함께 묶어 신자유주의 경제를 발진시켰습니다. 1970년대부터 시카고 대학 경제학 교수들을 중심으로 입안된 신자유주의 경제학은 1980년대에 들어와 꽃을 피우고, 21세기에 들어와 결국 자본주의 몰락을 가져왔습니다. 신자유주의 경제학이란 1%의 금융권력자들에게 모든 부를 몰아준 정책입니다. 정부의 간섭을 일체 배제하고, 모든 규제를 철폐하고, 투자 개방과 자유화, 알짜 국영기업의 민영화, 국제자유무역, 다국적기업의 투자에 대한 개방정책 등을 어젠다로 삼고 전 세계 모든 부를 집어 삼키고 말았습니다.

　"1%를 위한 나쁜 경제학"이란 책은 존 F 웍스가 지었고, 권예리씨가 2016년 12월1일에 번역한 책입니다. 저자는 20여 년간 신자유주의 광풍이 휩쓸고 지나간 세계 경제를 신랄하게 파헤쳤습니다. 저자는 지금의 심각한 부의 편중, 양극화 현상을 낳은 금융자본주의자들과 자유시장주의자들의 이론적 욕망을 집중적으로 다루었습니다. 미국과 유럽의 대표적인 보수주의 정책 모순점들을 다양한 통계 자료를 바탕으로 분석한 것도 특징입니다. 1% 특권층이 세계 모든 부를 강탈해간 역사의 현장을 파헤쳐 고발하는 책입니다.

　"우리를 위한 경제학은 없다"라는 책은 영국의 스튜어트 랜슬리 교수가 지었고, 조윤정씨가 번역하여 2012년 4월20일에 출간된 책입니다. 저자는 이 책에서 세계 모든 경제학자와 경제정책을 입안하고 실행시킨 자들에 의해서 세계의 모든 부가 1%의 금융권력자들에게 안겨 주는 정책을 펼쳤다고 고발하고 있습니다. 특별히 스튜어트 랜슬리 교수는 부자들이 감추고 싶어 한 1% 대 99% 불평등의 진실을 담은 책이라고 소개를 합니다. 1% 부자와 불량한 경제학자들이 빚어낸 승부 조작의 진실이란 내용이 기록되어 있습니다.

가짜 유대인들이 1%의 부자와 99% 가난한자들을 만든 참 이유는 무엇입니까?

신세계질서를 통해서 공산주의 통제사회인 세계단일정부를 꿈꾸고 있는 비밀집단들은 세계 신자유주의 경제 정책을 통해 1% 가진 자들과 99% 못가진 자들로 만들어 프로레타리아 계급투쟁을 통해 세상의 모든 구질서를 파괴시키고 그들이 꿈꾸는 신세계질서인 과학적 공산주의 유토피아 세상을 만들어 가고 있는 것입니다. 이 나라가 예수님 재림전에 세워질 적그리스도배도의 나라입니다.

과학적 공산주의 이론이란 무엇입니까?

"과학적 공산주의란 무엇인가?" 빅토르 아파나시예프 저, 최경환 역 중 원문학 출 2010,11,15

과학적 공산주의 이론이란 자본주의를 일소하는 방법과 그 수단의 과학이며, 또한 새로운 공산주의 사회, 인류의 전면적인 발전을 위한 경제적·사회적·문화적 조건들을 건설하는 방법과 수단의 과학입니다. 저자 빅토르 아파나시예프는 이 책에서 과학적 공산주의는 그 자신의 고유한 객관적 법칙들과 내적인 모순의 작용 결과 결코 피할 수 없는 자본주의 붕괴의 역사적 필연성임을 증명하고, 자본주의를 밑바닥에서부터 뒤흔들고 붕괴시키는 혁명적 힘들을 밝히며, 또한 사회주의 혁명만이 낡은 자본주의 사회를 일소할 수 있는 유일한 혁명임을 보여 주고 있습니다.

탕자의 바벨탑 문명인 현대 과학 기술

하나님의 품을 떠나 터진 웅덩이를 파고 스스로 살아 보려고 발버둥치던 탕자의 문명은 바야흐로 종말을 맞이하게 되었습니다. 에덴동산에서 아담을 미혹하여 넘어뜨린 사탄은 이제 제 4차 산업 혁명을 통해 인간을 완전히 자신의 소유물로 만들기 위해 짐승의 표를 준비하고 있습니다. 이것이 제 4차 산업혁명의 진실입니다.

1984년 조지 오웰은 빅 브라더 시대를 예고했습니다. 그가 예고한 한 사람 독재자를 통한 통제사회는 제 4차 산업 혁명을 통해 완성되어지고 있습니다. 요한계시록 13장16-18절에서는 컴퓨터 빅 데이터에 통제받고 있는 공산주의 독재사회를 보여 주고 있습니다. 666 짐승의 표를 가진 자 외에는 아무도 매매를 할 수 없습니다. 그러나 666 표는 종들도 가난한 사람들도 다 가지고 매매를 하고 있습니다. 즉 공산주의 컴퓨터 통제 사회입니다.

성경은 마지막 시대 탕자의 문명이 과학을 발전시켜서 바벨탑을 쌓고 하나님을 배도할 것을 말씀하셨습니다. 그것이 바로 짐승의 표인 666 시스템입니다. 즉 컴퓨터 빅 데이터 시스템입니다. 다니엘서에서도 마지막 시대에는 지식과 정보화 시대가 도래할 것을 예언하고 있습니다.

단12:4 "다니엘아 마지막 때까지 이 말을 간수하고 이 글을 봉함하라 많은 사람이 빨리 왕래하며 지식이 더하리라"

타락한 인간들의 역사를 지배하고 있는 일곱 머리 열 뿔인 용의 제국들

성경은 타락한 인간 세계를 일곱 머리 열 뿔인 용이 지배하고 있다고 말을 합니다. 마지막에는 일곱 번째 머리인 적그리스도의 나라가 나타나 666 통제 사회를 만들고 배도를 할 것을 말씀하고 있습니다.

계17:7-11 "내가 여자와 그의 탄바 일곱 머리와 열 뿔 가진 짐승의 비밀을 네게 이르리라 네가 본 짐승은 전에 있었다가 시방 없으나 장차 무저갱으로부터 올라와 멸망으로 들어갈 자니 땅에 거하는 자들로서 창세 이후로 생명책에 녹명되지 못한 자들이 이전에 있었다가 시방 없으나 장차 나올 짐승을 보고 기이히 여기리라 지혜 있는 뜻이 여기 있으니 그 일곱 머리는 여자가 앉은 일곱 산이요 또 일곱 왕이라 다섯은 망하였고 하나는 있고 다른 이는 아직 이르지 아니하였으나 이르면 반드시 잠간 동안 계속하리라 전에 있었다가 시방 없어진 짐승은 여덟째 왕이니 일곱 중에 속한 자라 저가 멸망으로 들어가리라"

다섯은 이미 망했습니다. 애굽, 앗수르, 바벨론, 페르시아, 그리스입니다. 여섯 번째는 사도 요한 당시에 있습니다, 로마제국입니다. 그리고 일곱 번째 나라는 이 세상 마지막에 나타날 제국입니다. 즉 적그리스도의 나라입니다.

일곱 번째 적그리스도의 나라는 제 4차 산업혁명을 통해서 일어날 빅데이터 공산주의 독재국가입니다. 즉 빅 데이터 컴퓨터 시스템을 통해서 인간을 완전하게 장악한 국가입니다. 완벽한 제도적인 시스템을 통해서 인간을 장악하고 하나님을 향해 배도를 선포할 나라입니다.

이미 적그리스도의 나라는 고대 바벨론에서부터 현대에 이르기까지 일곱 개 제국을 통해서 세상을 지배해 왔습니다. 이제 마지막 일곱 번째 제국이 준비되고 있는 것입니다.

강력한 철기무기로 세계를 지배한 사탄의 제국들과 배도의 국가

일곱 머리 열 뿔인 사탄의 제국들은 가인의 후손 두발가인에서부터 강력한 동철(銅鐵) 무기로 무장을 하고 무자비한 전쟁을 통해서 제국을 세워왔습니다. 지금도 세계 최강의 초공룡국가인 미국은 엄청난 신무기를 가지고 유엔을 통해 전 세계를 정복해 나가고 있습니다. 청교도 개신교의 나라, 기독교 종주국으로 속인 미국은 이미 조지 워싱톤과 토마스 제퍼슨 때로부터 성경을 문자적으로 해석하는 사람들은 죽이라고 했습니다. 성경대로 사는 사람들을 감옥에 가두는 법인 차별금지법이 미국에서 2007년 11월8일 제정했습니다. 미국 장로교 총회(PCUSA)는 2015년 6월20일 총회에서 동성애 결혼과 동성애 목사를 허용하는 안건을 통과시켰습니다.

이미 기독교에 대한 배도가 기독교 종주국인 미국에서부터 시작되었습니다. WCC와 WEA를 중심으로 종교다원주의와 종교통합운동이 쓰나미와 같이 밀려오고 있습니다. 이제 성경적 기독교는 풍전등화와 같은 처지에 놓여 있습니다. 정신을 차리고 근신하면서 하나님의 말씀에 순종하면서 살아가야 합니다.

본 저서에서는 제 4차 산업혁명과 마지막 세상에 등장할 적그리스도 배도의 나라에 대하여 자세하게 기록하고 있습니다. 좀 더 자세한 내용들에 대하여 알기를 원하시는 분들은 본 저서 마지막에서 소개하고 있는 세계제자훈련원 출판 도서들을 참고적으로 읽으시면 영적인 분별력과 함께 이 시대를 살아가는 깨어 근신하는 신앙을 소유하게 될 것입니다.

엘리트 신인간(神人間)들이 꿈꾸는 지상의 유토피아

아담이 타락한 후 세계를 지배해 온 자칭 엘리트 인간들은 고대 문명인 수메르와 이집트 비밀지식을 독점(獨占)한 자칭 신인간(神人間)들입니다. 이들의 상징은 피라미드인데 현대과학이 풀지 못한 4500년 전의 미스테리 지식의 상징입니다. 이들은 고대로부터 현대에 이르기까지 세계문명을 이끌어온 세상의 주인들로서 이집트 제국, 앗시리아 제국, 바벨론 제국, 페르시아 제국, 그리스 제국, 로마 제국을 통해 유럽과 미국에 둥지를 튼 프리메이슨, 일루미나티, 장미십자 비밀결사들입니다.

이들의 고대문명은 피다고라스라는 현대문명의 아버지로부터 시작해서 제 4차 산업 혁명에 이르기까지 지속적으로 이어 내려오고 있습니다. 고대 바벨론, 이집트 비밀지식―피다고라스 신비주의 종교―소크라테스 엘리트 인간론―플라톤 소피아 철학―아리스토텔레스 형이상학 철학―플로티누스 뉴 플라톤 관상철학―어거스틴-토마스 아퀴나스―피렌체 천재들―문예부흥―종교개혁―계몽주의―산업혁명―신자유주의―프로레타리아 공산혁명―제 4차산업 혁명을 통한 AI인공지능 통제사회―신세계질서 지상 유토피아, 적그리스도의 나라―배도―하나님의 심판으로 끝이 납니다.

이 책속에서 전개되는 모든 이야기가 바로 이러한 세계를 요약하고 정리해서 오늘날 과학의 바벨탑이 가져올 심판을 경고하고 세속적인 기독교 신앙을 버리고 새로운 신앙으로 무장할 수 있도록 도움을 주는 것이 이 책을 쓰는 목적입니다.

엘리트 인간들의 비밀 지식은 유대 카발라

엘리트 인간들이 가지고 있는 비밀 지식은 유대 카발라입니다. 유대 카발라는 종교이면서 과학입니다. 왜냐하면 물질로부터 시작된 종교이기 때문입니다. 그리고 그 섬기는 대상이 바로 물질계를 지배하고 있는 루시퍼 광명의 천사이기 때문입니다. 유대 카발라는 생명나무 신비종교로 고대로부터 점성술과 연금술을 통해서 비밀지식을 지켜오고 있습니다. 유대 카발리스트들이 세상을 지배하기 위해 만든 것이 철학입니다. 그들의 철학이란 학문속에는 종교와 과학이 있습니다. 이 종교철학이 바로 피다고라스-플라톤-아리스토텔레스로 이어지는 형이상학철학이고, 플로티누스의 뉴 플라톤 관상철학입니다. 이들은 물질로부터 시작해서 눈에 보이지 않는 루시퍼에게 연결되는 신비주의 종교집단입니다. 666이란 숫자는 고대로부터 그들이 가지고 있는 우주 대통합의 종교와 과학의 원리입니다. 그들은 수 천 년 전부터 신들과 같이 우주와 자연과 사람 사이를 마음대로 왕래하면서 무식한 인간들을 지배해 왔습니다.

 자칭 엘리트 인간들의 특징은 그들이 가진 비밀종교지식을 가지고 3차원의 시공간을 초월한 능력을 가지고 있습니다. 즉 최소한 4차원의 세계를 넘나들 수 있는 지식을 가지고 있기 때문에 2500년 전에 고대 그리스 자연주의 철학자들이 가지고 있었던 우주론이나 원자론들이 현대과학에서도 그대로 사용되고 있는 것입니다. 지금은 물체를 전자 현미경을 통해서 보고 구성요소들이 운동을 하고 있다는 사실을 알았습니다. 그러나 2500년 전 데모크리토스는 물체를 투시할 수 있는 능력을 가지고 물체들이 운동하는 모습을 볼 수 있었던 것입니다. 이것이 데모크리토스의 원자론입니다.

 특히 피다고라스 수비학(數秘學)이나 피다고라스 정리와 같은 기하학은 오늘날 우주선을 보내고 양자역학을 계산하는 수학으로 그대로 사용되는 것은 오늘날의 현대과학의 뿌리가 그들이 2500년 전에 그리스와 4500전에 이집트에서 만들어진 수비학(數秘學)이라는 사실을 입증해 주고 있는 것입니다.

 비밀결사, 자칭 신들 중에는 과거 현재 미래를 여행하는 유체이탈자들이 많이 있었습니다. 시공간을 초월해서 마음대로 움직일 수 있는 사람들이 많이 있었습니다. 물체를 투시(透視)해서 볼 수 있는 능력, 머나 먼 우주를 여행하는 능력으로 4500년 전에 우리가 사용하고 있는 달력과 같은 시리우스 달력과 일식과 월식을 정확하게 맞출 수 있었습니다. 집단 최면을 통해 군중들을 통제하는 능력, 귀신을 쫓아내고 병을 고치는 신유(神癒)의 능력, 마인드 컨트롤, 텔레파시, 공중부양 등과 같은 초능력과 마술과 같은 이적으로 인간 세계를 지배해 왔습니다. 지금도 그들은 보통 인간들이 근접(近接)할 수 없는 종교적인 능력과 과학적인 능력과 금융시스템을 운용할 수 있는 능력을 가지고 세계를 지배하고 있습니다.

배도의 시대

배도(背道)의 쓰나미가 몰려오고 있습니다. 기독교가 아닌 짝퉁 기독교가 진짜 기독교 행세를 하고 진짜 기독교는 개독교로 무너지고 있는 시대에 살아가고 있습니다. 동성애가 세계시민교육 어젠다로 채택이 되어 초, 중, 고등학교에서 교육이 되고 있고, 종교 차별금지법이 만들어져서 성경대로 살면 범법자가 되는 세상에서 살고 있습니다. 교회는 세금을 내야하고 차별금지법에 의해서 사찰(査察)을 받아야 합니다. 목사는 노동자와 같은 세속적인 직업인이 되어 소득세를 내야 합니다. 양성평등(兩性平等)을 넘어서 성평등(性平等)이란 교묘한 법을 만들어 하나님이 주신 남녀의 성별을 초월하여 50가지 이상의 성(性)을 자기 마음대로 선택하여 바꾸어 가면서 살 수 있고 또 호적에도 올릴 수 있는 시대가 오고 있습니다. 남녀구분이 없어지고, 어른과 아이의 벽이 무너지고, 가족제도가 무너져 누가 아버지이고 누가 어머니인지 모르는 시대가 오고 있습니다. 짐승과 사람의 구별이 없어지고, 나라와 인종간의 차별은 물론이고 모든 도덕과 윤리의 벽이 무너지고 있습니다. 소돔과 고모라와 같은 멸망의 시대가 우리 눈앞에 전개되고 있습니다.

종교다원주의 종교통합의 시대

2014년 5월 22일 11시 서울성공회 서울대성당에서 로마 카톨릭과 KNCC교단에 속한 1) 대한 예수교 장로회 통합교단 2) 기독교 대한 감리회 3) 한국기독교 장로교회 4) 한국 구세군 5) 대한 성공회 6) 기독교 대한 복음교회 7) 기독교 대한 하나님의 성회(여의도측, 서대문측) 8) 기독교 한국루터회 9) 한국 정교회 10) 대한 성공회 이상 11개 교단 대표들이 모여서 로마 카톨릭과 개신교를 하나로 통합하는 직제일치연합회를 만들었습니다. 이는 마틴 루터, 존 칼빈, 쯔빙글리와 같은 종교 개혁자들에 의해서 시작된 개신교가 다시금 로마 카톨릭의 품으로 돌아가 중세시대 하나의 종교로 통합되는 것을 의미합니다. 하나의 종교로 통합이 되는 것은 기독교 뿐 만 아니라 다른 모든 종교를 포함한 단일종교통합운동입니다.

  2013년 부산 WCC 총회를 기점으로 세계 모든 종교를 하나로 통합하는 종교통합운동들이 활발하게 펼쳐지고 있고, 그동안 양의 탈을 쓰고 복음주의 기독교 행세를 하면서 사회참여복음운동을 하던 WEA(세계복음주의협의회)조차도 종교다원주의인 종교통합운동에 합류를 하여 WCC와 WEA는 종교다원주의 종교통합운동의 쌍두마차가 되었습니다.

  가짜 유대인 바리새파 유대인들이 만든 예수회(일루미나티)를 통해 기독교 배도의 나라인 미국과 네델란드에서 시작된 이스라엘 중심의 다윗왕국의 신국운동은 신사도운동, 24시간 기도운동, 무천년주의 종말론, 아브라함 카이퍼의 문화대명령 주권운동, CCC 빌 브라이트와 예수 전도단 로렌 커닝햄의 7영역의 주권운동인 사회복음운동, 예루살렘 회복운동, 늦은비 운동, 오순절운동, 리차드 포스터의 레노바레운동, 알파운동, 베뢰아운동, 임파테이션 은사운동 등은 WCC와 WEA안에서 이루어지고 있는 종교통합운동의 든든한 효자(孝子)로 자리매김을 하고 있습니다.

성경적 참 기독교는 사람교회

  성경적 참 기독교는 창세전에 하나님께서 예비하신 교회를 세우는 것입니다. 눈에 보이는 건물 교회가 아닌 하나님의 아들 예수 그리스도의 형상을 닮은 하나님의 아들들이 되는 사람교회입니다. 성경적인 기독교는 철저하게 말씀중심의 인격적인 기독교로 성도들 마음속에 이루어진 하나님의 나라가 곧 교회입니다. 하나님의 형상으로 지은바 된 인간들이 예수님의 십자가 복음으로 거듭나서 하나님의 아들들로 새로운 피조물이 되는 것입니다. 그러므로 성경적인 기독교의 뿌리는 예수님의 십자가 복음과 66권의 신구약 성경입니다.

역사적 짝퉁 기독교는 은사주의 기독교

마지막 시대 짝퉁 기독교는 초자연적인 이적과 기적을 일으키는 은사주의 기독교입니다. 예언, 입신, 초혼(招魂), 축사(逐邪), 신유(神癒), 유체이탈, 시간이동, 공간이동, 마인드컨트롤, 텔레파시, 최면술, 강신술, 전생여행, 투시(透視) 등입니다. 하나님께서는 마지막 시대에 알곡과 가라지를 분리시키기 위해 유혹의 역사를 일으켜 거짓 것을 믿게 해서 진리의 말씀을 믿지 않고 구원 받지 못한 사람들을 심판하시기 위해 적그리스도들과 거짓 선지자들에게 기사와 표적을 일으키도록 허락하십니다.

살후2:8-12 "그 때에 불법한 자가 나타나리니 주 예수께서 그 입의 기운으로 저를 죽이시고 강림하여 나타나심으로 폐하시리라 악한 자의 임함은 사단의 역사를 따라 모든 능력과 표적과 거짓 기적과 불의의 모든 속임으로 멸망하는 자들에게 임하리니 이는 저희가 진리의 사랑을 받지 아니하여 구원함을 얻지 못함이니라 이러므로 하나님이 유혹을 저의 가운데 역사하게 하사 거짓 것을 믿게 하심은 진리를 믿지 않고 불의를 좋아하는 모든 자로 심판을 받게 하려 하심이니라"

하나님께서도 마지막 시대에 적그리스도에게 자기 마음대로 배도(背道)를 하여 참 성경적 기독교를 핍박할 수 있도록 일치된 마음을 허락하십니다. 그 이유는 알곡을 가라지로부터 분리시키기 위함입니다.

계17:17-18 "하나님이 자기 뜻대로 할 마음을 저희에게 주사 한 뜻을 이루게 하시고 저희 나라를 그 짐승에게 주게 하시되 하나님 말씀이 응하기까지 하심이니라 또 네가 본바 여자는 땅의 임금들을 다스리는 큰 성이라 하더라"

적그리스도의 종교는 공산주의 맘몬 종교

세상에는 오직 두 가지 종교만이 존재합니다. 영혼을 구하는 종교와 육체를 구하는 종교입니다. 영혼을 구하는 종교는 오직 십자가 복음을 가진 성경적 기독교이고 육체를 구하는 종교는 세상의 물질을 구하는 맘몬종교인 공산주의입니다. 같은 기독교라도 세상의 물질의 풍요와 성공을 구하는 종교라면 그것은 성경에서 말하고 있는 기독교가 아니라 맘몬종교입니다. 성경에서 말하고 있는 기독교는 오직 영혼을 구하는 종교입니다. 예수님께서 겟세마네 동산에서 잡히실 때 베드로가 칼을 사용하였습니다. 그때 예수님은 칼을 다시 거두라고 말씀하시면서 내 나라가 이 세상에 속하지 않았다고 말씀하시고 만일 내 나라가 세상에 속한 것이었다면 열두 영이나 더 되는 천사들을 동원해서 자신을 붙잡아 가지 못하도록 하실 수 있었을 것이라고 강조하셨습니다.

무저항주의 참 기독교

만일 오늘날 기독교가 살아남기 위해서 물질을 구하고 칼을 사용하고 무력을 사용한다면 그 기독교는 성경에서 말하고 있는 기독교가 아닙니다. 성경에서 말하고 있는 기독교는 세상에서 성공하고 잘 사는 종교가 아니라 예수님의 십자가 대속의 은총으로 영혼이 구원받은 종교입니다. 그래서 사망에 대하여 자유합니다. 사망에 대하여 자유하다는 말은 물질에 대하여 자유하다는 말입니다. 성경적 참 기독교는 세상의 부와 명예와 자존심을 버린 내세(來世)적인 종교입니다. 예수님께서 이 땅에 세우실 천년왕국에서 왕노릇 할 때까지 우리는 예수님과 함께 십자가의 길을 가는 것입니다. 기독교인이 자신의 신앙을 지키기 위해 보복을 한다든지 무력과 칼을 사용하는 것은 참 기독교가 아닙니다.

마5:38-42 "또 눈은 눈으로, 이는 이로 갚으라 하였다는 것을 너희가 들었으나 나는 너희에게 이르노니 악한 자를 대적지 말라 누구든지 네 오른편 뺨을 치거든 왼편도 돌려 대며 또 너를 송사하여 속옷을 가지고자 하는 자에게 겉옷까지도 가지게 하며 또 누구든지 너로 억지로 오리를 가게 하거든 그 사람과 십리를 동행하고 네게 구하는 자에게 주며 네게 꾸고자 하는 자에게 거절하지 말라"

공산주의 독재국가와 제 4차산업은 666시대를 여는 것

예수님께서도 물질을 섬길 것인가?, 하나님을 섬길 것인가?를 택하라고 하셨습니다. 절대로 물질과 하나님을 겸하여 섬길 수 없다고 하셨습니다. 두 주인을 섬길 수 없다는 것입니다. 물질을 신으로 섬기는 종교가 바로 공산주의라는 종교입니다. 공산주의는 독재자를 세워서 먹고 사는 물질을 미끼로 영혼을 사냥해 가는 사탄의 종교입니다. 마지막 시대 배도의 나라는 공산주의 독재국가입니다. 적그리스도의 나라입니다. 적그리스도는 모든 성경에 기록된 진리를 반대로 고칠 것입니다. 그리고 그 법을 받아들이지 아니하는 사람에게는 먹을 것을 주지 않을 것입니다. 그리고 목을 베어서 죽일 것입니다. 이것이 짐승의 표 666입니다.

계13:15-18 "또 짐승의 우상에게 경배하지 아니하는 자는 몇이든지 다 죽이게 하더라 저가 모든 자 곧 작은 자나 큰 자나 부자나 빈궁한 자나 자유한 자나 종들로 그 오른손에나 이마에 표를 받게 하고 누구든지 이 표를 가진 자 외에는 매매를 못하게 하니 이 표는 곧 짐승의 이름이나 그 이름의 수라 지혜가 여기 있으니 총명 있는 자는 그 짐승의 수를 세어 보라 그 수는 사람의 수니 육백 육십 륙이니라"

적그리스도의 666시대가 열리고 있습니다. 제 4차 산업혁명이 바로 666시대를 여는 산업입니다. 인공지능과 빅데이터 통제사회입니다. 사탄은 인공지능과 통제시스템이 탑재된 생체칩을 공산주의 독재국가인 자기 백성들의 이마와 오른손에 심을 것입니다. 이것은 물건을 사고 팔 수 있는 돈입니다. 또한 신분증입니다. 666표는 적그리스도의 나라 시민증이자 유전자 화폐입니다. 이 표를 받으면 영원토록 구원을 받을 수 없습니다. 왜냐하면 인공지능 칩을 통해서 빅데이터 통제사회로 연결되는 시스템이기 때문입니다. 74억의 인구를 마치 한 사람을 통제하듯이 통제할 수 있는 시스템입니다. 인공지능 통제시스템에 연결이 되면 인간의 자유의지를 결정하는 뇌파가 통제를 받게 되어 사이보그 인간이 되므로 자신의 죄를 뉘우치는 회개가 불가능하게 됩니다. 그러므로 성경은 짐승의 표를 받지 말라고 하십니다. 한 번 받으면 생체칩이기 때문에 우리 몸속에 있는 피부처럼 이식이 되어 버립니다.

계14:9-13 "가로되 만일 누구든지 짐승과 그의 우상에게 경배하고 이마에나 손에 표를 받으면 그도 하나님의 진노의 포도주를 마시리니 그 진노의 잔에 섞인 것이 없이 부은 포도주라 거룩한 천사들 앞과 어린 양 앞에서 불과 유황으로 고난을 받으리니 그 고난의 연기가 세세토록 올라가리로다 짐승과 그의 우상에게 경배하고 그 이름의 표를 받는 자는 누구든지 밤낮 쉼을 얻지 못하리라 하더라 성도들의 인내가 여기 있나니 저희는 하나님의 계명과 예수 믿음을 지키는 자니라 또 내가 들으니 하늘에서 음성이 나서 가로되 기록하라 자금 이후로 주 안에서 죽는 자들은 복이 있도다 하시매 성령이 가라사대 그러하다 저희 수고를 그치고 쉬리니 이는 저희의 행한 일이 따름이라 하시더라"

마지막 시대는 순교신앙으로 승리해야 합니다.

마지막 시대는 먹고 살기 위해 수많은 사람들이 배도(背道)를 합니다. 그래서 짐승에게 경배하고 짐승의 표를 받아들입니다. 그러나 그렇게 하면 안됩니다. 그렇게 하면 절대로 천국에 갈 수 없습니다. 잠시 동안 세상에서 몇 년 더 살려고 영원한 심판을 받아서는 안됩니다. 마음을 굳세게 하고 지금부터 순교신앙을 훈련해야 합니다. 성경은 예수 외에 다른 이로서는 구원을 얻을 수 없다고 했습니다. 왜냐하면 다른 종교는 속죄(贖罪)의 은총이 없기 때문입니다. 마지막 시대 배도자들은 미혹을 할 것입니다. 예수 믿는 자들은 예수 믿어 구원을 받고, 불교의 부처를 믿는 자들은 부처를 믿고 구원을 받고, 이슬람의 마호메드를 믿는 자들은 마호메드를 믿어서 구원을 받을 수 있다는 사실을 인정하라고 할 것입니다. 이것이 종교다원주의입니다. 우리는 목숨을 걸고 예수님의 십자가 대속의 복음 외에는 구원을 받을 수 없다고 주장을 하면서 목숨 걸고 신앙을 지켜야 합니다.

사탄의 세력들은 여호와의 이름과 예수님의 이름으로 통합된 짝퉁기독교를 가지고 와서 받아들이라고 강요를 할 것입니다. 그러나 아무리 이름이 같다고 하더라도 내용은 종교다원주의입니다. 자세하게 살펴보고 각별하게 분별해야 합니다. 이름이 여호와 종교와 예수님 종교라고 해서 분별하지 않고 받아들이면 안됩니다.

　마24: 23-27 "그 때에 사람이 너희에게 말하되 보라 그리스도가 여기 있다 혹 저기 있다 하여도 믿지 말라 거짓 그리스도들과 거짓 선지자들이 일어나 큰 표적과 기사를 보이어 할 수만 있으면 택하신 자들도 미혹하게 하리라 보라 내가 너희에게 미리 말하였노라 그러면 사람들이 너희에게 말하되 보라 그리스도가 광야에 있다 하여도 나가지 말고 보라 골방에 있다 하여도 믿지 말라 번개가 동편에서 나서 서편까지 번쩍임 같이 인자의 임함도 그러하리라"

이 책에 기록된 세 가지의 내용

　1부에서는 공산주의 신세계질서를 세우는 4차 산업혁명에 대하여 기록되어 있습니다. 2부에서는 제 4차 산업혁명을 주도하는 비밀 결사들에 대하여 설명을 하고 있습니다. 아울러 세상에서 하나님께서 섭리하신 구원의 목적과 방법에 대하여 기록되어 있습니다. 특히 창세기부터 예수님이 재림하셔서 심판하실 세상 나라들의 정체인 일곱 머리 열 뿔의 용과 일곱 제국들의 역사를 폭로하고 있습니다. 3부는 적그리스도의 배도의 나라와 역사를 자세하게 기록하고 있습니다.

2019년 2월 25일
이 형 조

목 차

값진 선물 • 3

프롤로그 • 4

제 1부 제 4차 산업혁명과 과학적 공산주의 혁명

1. 제 4차 산업혁명이란 무엇입니까? ·····················29
2. 2012년 스위스 다보스 경제포럼 자본주의를 버리다 ······30
3. 2016년 1월 20일 다보스 경제포럼에서 시작된 제 4차 산업혁명 ·································31
4. 제 4차 산업혁명을 제창한 클라우스 슈밥은 누구입니까? ·······································32
5. 아서 쾨스틀러의 제 13지파 아쉬케나지 유대인 ··········34
6. 티핑 포인트(Tipping Point)란 무엇입니까? ···············34
7. 2025년에 일어날 티핑 포인트 21개 조항 ··············35
8. 자본주의 역사, 1% 부자 은행가와 99% 빈민 노동자 ······42
9. 뉴 아틀란티스 (미국) – 프랜시스 베이컨 ················50
10. 제 4차 산업혁명에서 말하고 있는 티핑 포인트란 무엇입니까? ·······································53
11. 공유기업과 재벌 해체 ·····························53
12. 공산주의 뿌리와 역사 ····························57

제 2부 일곱 머리 열 뿔, 세상 임금과 비밀 결사

1장 성경에서 말하고 있는 세상·····················65

  1. 세상을 아십니까? ································· 65
  2. 세상 임금을 아십니까? ·························· 66
  3. 세상 임금은 누구입니까? ······················· 67
2장 일곱 머리 열 뿔인 붉은 용의 정체 ············ 68
  1. 세상 임금인 용은 어떻게 세상을 통치하고 있습니까? ······ 68
3장 일곱 머리 열 뿔인 붉은 용이 다스리는 나라들 ········ 69
  1. 일곱 머리 열 뿔의 비밀 ························· 69
4장 일곱 머리 열 뿔인 붉은 용이 다스리는 나라의 종교 ··· 71
  1. 붉은 용의 태양 종교의 정체 ··················· 71
5장 세계를 움직이는 비밀결사와 일곱 머리 열 뿔 ········ 72
  1. 비밀결사란 무엇입니까? ······················· 72
  2. 비밀결사의 종류 ······························· 72
  3. 고대 종교는 과학이었습니다. ················· 73
6장 하나님의 통치 방법과 비밀결사 ··············· 75
  1. 공평과 정의로 열방을 다스리시고 심판하신 하나님 ········ 75
  2. 본질이 변하지 말아야 심판을 받지 않습니다 ·············· 77
  3. 악한 자들을 통해서 선한 자들을 거룩하게 하신 하나님 ··· 77
  4. 제 4차 산업혁명과 신세계질서 책을 통해 얻을 수 있는 교훈 ······ 77
7장 세계를 지배하고 있는 비밀 결사들 ············ 78
  1. 장미십자단 ····································· 78
  2. 프리메이슨 ····································· 83
  3. 일루미나티 ····································· 88
  4. 유대 카발라 ···································· 96

제3부 적그리스도의 배도의 나라

1장 적그리스도 배도의 나라와 공산주의 ··················106
  1. 공산주의 유토피아를 꿈꾸고 있는 가짜 유대인들 ··········106
  2. 공산주의 신세계질서 설계자 플라톤 ··················108
  3. 유대 카발리스트 플라톤의 정체 ····················111
  4. 탈무드 종교란 무엇입니까? ······················116

2장 적그리스도 배도의 나라와 철학 ····················118
  1. 철학의 정체 ································118
  2. 유대 카발리스트 비밀 결사 소크라테스 정체 ············118

3장 적그리스도 배도의 나라와 예수회 일루미나티 ··········122
  1. 예수회와 일루미나티 ··························122
  2. 예수회 일루미나티의 정체 ·······················123
  3. 예수회 일루미나티가 일으킨 전쟁 ··················130
  4. 예수회 일루미나티 조직 ························147

4장 적그리스도 배도의 나라와 유엔 ····················153
  1. 아담의 타락과 사탄에게 넘어간 지상왕국 ··············153
  2. 적그리스도의 나라 롤 모델 UN(국제연합) ·············161
  3. 유엔을 세운 사바테안 프랑키스트 유대인의 정체 ·········164
  4. 유엔을 세계 권력기관으로 세우기 위해 일으킨 6·25
    한국전쟁 ··································167
  5. 역사적으로 나타난 적그리스도의 혈통 ···············176
  6. 동성애를 조장하고 찬성한 UN(국제연합) ·············180
  7. 유엔이라는 바벨론 짐승인 적그리스도의 정체 ··········181

5장 적그리스도 배도의 나라와 미국 ····················187

  1. 마지막 적그리스도의 나라는 미국속에 감춰진 UN
    (국제연합) ··187
  2. 유엔을 통해 신세계질서를 꿈꾸는 일루미나티(예수회) ···193
  3. 미국이 사라지고 UN(국제연합)이 중심이 된 세계정부
    국가 ··195
  4. 미국과 소련을 중심으로 탄생한 UN(국제연합)의 정체 ···200

6장 적그리스도 배도의 나라와 제 4차 산업 생체칩 ·········207
  1. 제 4차 산업과 666 시대 ·································207
  2. 666은 신세계질서의 시스템 ···························209
  3. 적그리스도의 최후의 병기 생체칩(베리칩) ·····················218
  4. 트럼프 케어법이 좌절되었다 ·························222

7장 적그리스도 배도의 나라와 종교통합 ······················223
  1. 유엔 중심의 바벨론 음녀의 종교통합과 기독교 사탄신학 ···223

8장 적그리스도 배도의 나라와 순교의 기독교 ··············231
  1. 대환난 때 구원을 받을 수 있는 방법 ···················231
  2. 기독교인들이 순교를 해야 하는 이유는 무엇입니까? ······232

에필로그
참고도서
세계제자훈련원 출판사 도서목록

제 1부 제 4차 산업혁명과 과학적 공산주의 혁명

1. 제 4차 산업혁명이란 무엇입니까?

1) 산업혁명의 역사

제 1차 산업혁명: 1760~1840년, 철도, 증기기관의 발명으로 기계생산 시작

제 2차 산업혁명: 1840~1960년, 전기와 생산 조리 라인의 출현으로 대량생산

제 3차 산업혁명: 1960~2000년, 반도체와 컴퓨터, 인터넷의 발달, 정보통신산업

제 4차 산업혁명: 2000년~ 현재, 빅데이터 인공지능 디지털 혁명산업

2) 제 4차 산업혁명의 핵심 기술

빅데이터와 사물인터넷을 이용한 도시 유비쿼터스, AI 인공지능을 탑제한 로봇 공학산업, 헬스케어 원격진료산업, 무인운송수단 및 생산수단, 3D 프린팅 기술로 인한 재벌들의 해체와 1인 창조기업, 전자동화 인공지능 시스템(스마트 카, 스마트 배, 스마트 병원, 스마트 도시, 스마트 공장, 스마트 주택), 웨어러블(옷으로 입을 수 있는) 컴퓨터 나노기술, 인체 삽입형 스마트 폰, 인공지능 로봇, AI 인공지능을 탑재한 사이보그 인간 등이 있습니다.

2. 2012년 스위스 다보스 경제포럼 자본주의를 버리다

"다보스포럼, 자본주의를 버리다" 매일경제 세계지식포럼 사무국 지음, 매일경제신문사 펴냄. 출판일 2012/03/30

    1971년부터 매년 초 스위스 다보스에서 세계 각국의 정관계, 재계의 수뇌들과 경제석학들이 모여 세계의 경제 발전 방안 및 정보 교환을 위해 회의를 개최합니다. 2012년 다보스포럼의 주제는 "대전환 : 새로운 모델의 형성"이었습니다. 2008년부터 시작되어 끝나지 않는 세계 금융위기로 지칠대로 지친 세계 경제에 대하여 다보스 포럼은 혹독한 반성을 통해 새로운 해답을 찾고자 하였습니다. 세계적인 경제 석학들은 자본주의는 더 이상 정답이 아니기 때문에 새로운 모델을 만들어야 한다고 하였습니다. 이것이 2012년 다보스포럼에서 세계 석학들이 공통적으로 외치는 말이었습니다.

    특별히 다보스 포럼의 회장인 클라우스 슈밥은 무너져버린 세계 자본주의는 부분적인 개혁이나 제도개선을 통해서는 도저히 회생이 불가능한 상황에 도달하였기 때문에 세계는 무너져버린 자본주의를 대체시켜 세계경제를 다시 회복시킬 수 있는 특단의 혁명적인 조치를 취하지 않으면 안된다고 천명했습니다. 그래서 나온 특단의 대책이 바로 제 4차 산업 혁명입니다.

    매일경제신문사에서는 2012년 3월20일에 "다보스포럼, 자본주의를 버리다"라는 책을 통해 자본주의의 반성과 치유법을 찾아야 한다는 주제로 2012년 다보스 포럼의 보고서를 만들었습니다. 2012년 다보스포럼에서 논의된 다양한 문제들과 세계 석학들이 제시한 해답을 담은 "다보스 포럼 자본주의를 버리다" 이 책은 다보스 포럼 현장에서 매일경제가 직접 만난 CEO 등 수십여 명의 석학과 기업인, 정부 관계자들을 직접 인터뷰하고 주요 세션에 참여한 내용을 토대로 핵심 이슈별로 생생하게 담았습니다. 매일경제신문은 거대한 전환의 시기를 맞은 세계 경제는 "다보스는 더 이상 자본주의를 믿지 않는다"라고 정의를 내립니다.

    이 책의 구성과 주요내용은 다음과 같습니다.

1장은 '자본주의 위기설'에 대한 글로벌 리더와 석학들의 진단과 해결법 등을 종합했습니다. 세계 경제가 불황을 겪고 있다는 지적에서 한 발짝 더 나아가 자본주의 시스템 자체에 대한 위기가 공론화되었습니다. 위기가 확산되자 해결법이 적극적으로 개진되었습니다. 3장에서는 세계질서가 재편되고 있음을 지적했습니다. 지난 12년간 주요 의제로 다뤄졌던 세계화가 마무리되고 있음을 다뤘습니다. 6장은 '초연결 사회', '빅데이터' 등 2012년 다보스에서 언급된 신조어들을 중심으로 이야기를 펼쳐 나갔습니다. 미래를 이끌 기술 등 새로운 성장동력에 대한 부분들도 자세히 다뤘습니다.

3. 2016년 1월 20일 다보스 경제포럼에서 시작된 제 4차 산업혁명

1) 2016년 1월 20일 다보스포럼 클라우스 슈밥

제 4차 산업혁명은 2016년 1월 20일 다보스포럼에서 클라우스 슈밥에 의해서 시작되었습니다. 클라우스 슈밥은 이미 2012년 1월 다보스 포럼에서 파멸된 자본주의를 대체시킬 혁명적인 세계질서를 세워야 할 당위성을 설파하였습니다. 그리고 2016년 1월 다보스포럼에서 제 4차 산업혁명을 선포했습니다. 그는 "제 4차 산업혁명"이란 책을 통해서 제일 첫 장에서 4차 산업은 대체 무엇이고 그 근간이 되는 기술을 물리·디지털·생물학으로 나누어 설명합니다. 이후 산업혁명이 구체적으로 경제, 기업, 국가, 세계, 사회, 개인에게 어떤 변화를 가져다주어 어떤 영향을 끼칠 것인지 설명합니다.

그리고 후반부에는 현재 개발 중인 또는 미래에 생겨날 것으로 보이는 변화에 대해 긍정적, 부정적 방향으로 분석하고 또 현재 동향이 어떠한가를 설명하는 부분은 미래의 모습을 엿보기에 좋은 예시들을 제공합니다. 또 저자는 4차 산업의 긍정적 영향을 강조하면서도 불평등·노동시장·생명윤리 등 부정적 영향에 대해서도 함구하지 않고 이를 어떻게 대처하고, 과연 인류는 앞으로 펼쳐질 미래에 어떤 의식과 태도를 가져야 하는지 끊임없이 질문을 던져 독자에게 스스로 한 번 더 생각할 기회를 줍니다.

  인공지능(AI), 자율주행차, 3D 프린팅, 가상현실, 빅데이터, 사물 인터넷, 헬스케어, 드론산업 등의 키워드를 뽑자면 단연코 4차 산업혁명의 주산업이라 말할 수 있습니다. 과학기술의 융·복합적 비약적 발달을 담고 있는 4차 산업혁명은 인류가 겪었던 그 무엇과도 다른 혁명으로 보다 빠르고, 넓고, 복합적인 부분에서 현재 우리 사회를 이루고 있는 시스템을 흔들면서 찾아올 것입니다. 하늘을 나는 자동차, 사람이 없어도 운전할 수 있는 자율주행차, 3D 프린터가 만들어낸 세포조직, 복제인간, 감정을 읽는 로봇 등 불과 몇 십 년 전에는 상상만 했던 일들이 지금 현실화 되어가고 있고, 곧 우리에게 현실로 다가올 것입니다.

  사탄의 세력들이 그동안 꿈꾸어 오던 신세계질서가 우리 눈앞에 펼쳐지고 있습니다. 요한계시록 13장에서 언급하고 있는 666 컴퓨터 빅데이터 전자 화폐시대가 제 4차 산업혁명과 함께 도래하고 있습니다.

2) 클라우스 슈밥이 제시하고 있는 제 4차 산업혁명의 미래

  체내 삽입형 모바일, 디지털 정체성, 새로운 인터페이스로서의 시각, 웨어러블(Wearable) 인터넷, 유비쿼터스(Ubiquitous) 컴퓨팅, 주머니 속 슈퍼컴퓨터, 누구나 사용할 수 있는 클라우드 저장소, 사물 인터넷(Internet of Things), 커넥티드 홈(Connected Home), 스마트 도시, 빅 데이터를 활용한 의사결정, 자율주행자동차, 인공지능과 의사결정, 인공지능과 화이트칼라, 로봇공학과 서비스, 비트코인과 블록체인, 공유경제, 정부와 블록체인, 3D 프린팅 기술과 제조업, 3D 프린팅 기술과 인간의 건강, 3D 프린팅 기술과 소비자 제품, 맞춤형 아기(Designer Beings), 신경기술 등.

4. 제 4차 산업혁명을 제창한 클라우스 슈밥은 누구입니까?

  클라우스 슈밥은 독일 태생 유대인으로 스위스 세계경제포럼의 창립자이자 회장입니다. 1938년 독일의 라벤스부르크에서 태어났습니다. 프리부르대학교(University of Fribourg)에서 경제학 박사, 스위스 연방공과대학교(Swiss Federal Institute of Technology)에서 공학 박사, 하버드대학교 케네디 공공 정책 대학원(Kennedy School of Government at Harvard University)에서 행정학 석사 학위를 받았습니다. 1972년 제네바대학교에 최연소 교수로 임용된 바 있습니다.

클라우스 슈밥은 학자이자 기업가, 정치인으로 활동했던 독특한 이력을 갖고 있으며, 지난 47년간 세계 경제 포럼을 통해 세계경제를 견인해왔습니다. 1971년 클라우스 슈밥이 창립한 세계경제포럼은 스위스 제네바에 본부를 둔 민관협력을 위한 국제기구입니다. 세계경제포럼은 전 세계에 걸쳐 비즈니스, 정부, 시민사회까지 다양한 이해 그룹의 리더들이 세계의 상황을 개선시키기 위해 함께 공동의 의무를 다 할 수 있도록 포괄적이고 통합적인 플랫폼 역할을 합니다.

포럼의 방향성은 1971년 클라우스 슈밥이 창시한 다중이해관계자 이론(multistakeholder theory)에서 파생되었고, 이로 인해 사회 참여자 누구에게나 신뢰를 주는 국제기구로 거듭날 수 있었습니다. 그의 리더십 하에, 세계경제포럼은 다양한 협력과 국제적 주도권을 통해 세계 각국의 조정 및 화합을 이끌어 왔습니다.

다보스 세계경제포럼은 독립적 국제기구로서 비즈니스, 정치, 학회 및 사회 리더들과 함께 국제적, 지역적, 산업적 어젠다를 구축하여 세계의 상황을 개선시키기 위해 힘쓰고 있습니다. 이 기구는 중립적이고 공정하여, 그 어떤 정치적 이익이나 국익에 무관하며 모든 이해 관계자들이 대화를 나눌 수 있는 플랫폼을 구축한다는 하나의 목적만을 갖고 있습니다.

그러나 두렵고 무서운 것은 이렇게 중요한 세계경제정책과 국제적 환경을 주도적으로 이끌고 있는 다보스포럼이 오직 한 사람에 의해서 독점되고 있다는 사실입니다. 그것도 독일계 유대인에 의해서입니다. 유대인들은 우리가 알다시피 세계 모든 은행들을 소유하고 있습니다. 그리고 그들은 끊임없이 지상의 메시아 신국을 세우기 위해 준비해 왔습니다. 다시 말해서 클라우스 슈밥이 이끌고 있는 다보스 포럼이 단지 유대인 한 사람이 이끌고 있는 것이 아니라 세계를 지배하고 있는 모든 유대인들의 전략적 지배구조 하에 그들의 원하는 세계정복 프로젝트를 수행하고 있다는 사실을 예측할 수 있는 것입니다.

5. 아서 쾨스틀러의 제 13지파 아쉬케나지 유대인

아서 쾨스틀러는 독일계 유대인으로 러시아 공산당 볼세비키 운동에 참여를 했다가 러시아가 공산화 되고난 다음 볼세비키 공산당들이 행한 살육과 재산 강탈을 목격하고 공산당을 탈퇴하고 '한낮 밤'이란 책과 '13지파 유대인'이란 책을 저술하였습니다. 그가 저술한 '한낮 밤'은 낮과 같은 광명한 세상 속에서 어둡고 캄캄한 비밀 사회가 존재한다는 내용으로 러시아 볼세비키 공산당들의 만행을 고발한 내용입니다. 그리고 '13지파 유대인'이란 책속에서 제 13지파 유대인들이 아쉬케나지 독일계 유대인이란 사실을 폭로합니다.

그가 폭로한 아쉬케나지 유대인들은 코카서스 지역에 세워졌던 공산국가인 하자르 짝퉁 유대왕국이 주후 11세기에 블라디미르 러시아 왕자와 비잔틴 제국의 협공으로 멸망한 후 헝가리와 독일로 유입된 가짜 유대인들이라고 주장합니다. 이들은 자신들의 나라인 하자르 공화국을 멸망시킨 러시아를 다시 공격하여 공산화를 완성시켰다고 아서 쾨스틀러는 주장하고 있습니다. 아서 쾨스틀러는 두 권의 책을 저술하고 자살로 위장된 암살을 당하고 말았습니다.

6. 티핑 포인트(Tipping Point)란 무엇입니까?

티핑 포인트란 뾰쪽한 송곳 끝을 의미합니다. 이는 위기, 또는 갑자기 일어나는 혁명과 같은 의미로 사용됩니다. 예상하지 못한 일이 한꺼번에 몰아닥치는 극적인 변화의 순간, 어떤 상황이 처음에는 미미하게 진행되다가 어느 순간 갑자기 모든 것이 급격하게 변하기 시작하는 극적인 순간을 뜻합니다. 말콤 글래드웰은 같은 이름의 저서에서 "티핑 포인트"란 예상하지 못한 일들이 갑자기 폭발하는 바로 그 지점을 일컫는다고 묘사했는데, 이 책이 베스트셀러가 되면서 이 용어도 함께 유명해졌습니다. 클라우드 슈밥이 언급하고 있는 2025년 티핑 포인트는 앞으로 8년 안에 이루어질 혁명적인 과학적 산업의 변화를 통한 새로운 세계질서가 도래할 것을 의미하고 있습니다. 특히 자본주의 세계경제가 몰락하고 빅데이터 컴퓨터가 통제하는 기획경제 시대가 도래할 것을 의미합니다.

티핑 포인트는 그로진스(Morton Grodzins)가 1957년 화이트 플라이트(white flight, 백인 이주 현상) 연구에서 처음 사용한 용어로 1960년대 백인들의 거주하는 동네에 흑인들의 비율이 일정 수준을 초과하면 백인들이 그 동네를 갑자기 떠나 버리는 현상입니다. 티핑 포인트는 갑자기 뒤집히는 지점이라는 의미로 어떠한 현상이 서서히 진행되다가 작은 요인으로 한 순간 폭발하는 것을 말합니다. 스마트폰은 우리 시대의 대표적인 티핑 포인트의 사례에 속하는데 제 4차 산업혁명을 통한 666 전자화폐 신세계질서도 티핑 포인트로 일어날 것입니다.

7. 2025년에 일어날 티핑 포인트 21개 조항

클라우스 슈밥과 800명이 넘는 정보통신기술 분야의 경영진과 전문가가 참여하여 만든 티핑 포인트 21가지는 다음과 같습니다.

1위 인구의 10%가 인터넷에 연결된 의류를 입는다.(91.2%)
2위 인구의 90%가 (광고료로 운영되는) 무한 용량의 무료 저장소를 보유한다.(91%)
3위 1조 개의 센서가 인터넷에 연결된다.(89.2%) 4위 미국 최초의 로봇 약사가 등장한다.(86.5%)
5위 10%의 인구가 인터넷이 연결된 안경을 쓴다.(85.5%)
6위 인구의 80%가 인터넷상 디지털 정체성을 갖게 된다.(84.4%)
7위 3D 프린터로 제작한 자동차가 최초로 생산된다.(84.1%)
8위 인구조사를 위해 인구 센서스 대신 빅 데이터를 활용하는 최초의 정부가 등장한다.(82.9%)
9위 상업화된 최초의(인체) 삽입형 모바일폰이 등장한다.(81.7%)
10위 소비자 제품 가운데 5%는 3D 프린터로 제작된다.(81.1%)
11위 인구의 90%가 스마트폰을 사용한다.(80.7%) 12위 인구의 90%가

언제 어디서나 인터넷 접속이 가능하다.(78.8%)

13위 미국 도로를 달리는 차들 가운데 10%가 자율주행자동차다. (78.2%)

14위 3D 프린터로 제작된 간이 최초로 이식된다.(76.4%)

15위 인공지능이 기업 감사의 30%를 수행한다.(75.4%)

16위 블록체인을 통해 세금을 징수하는 최초의 정부가 등장한다.(73.1%)

17위 가정용 기기에 50% 이상의 인터넷 트래픽이 몰리게 된다.(69.9%)

18위 전 세계적으로 자가용보다 카셰어링을 통한 여행이 더욱 많아진다.(67.2%)

19위 5만명 이상이 거주하나 신호등이 하나도 없는 도시가 최초로 등장한다.(63.7%)

20위 전 세계 GDP의 10%가 블록체인의 기술에 저장된다.(57.9%)

21위 기업의 이사회에 인공지능 기계가 최초로 등장한다. (45.2%)

"최고의 시절이자 최악의 시절, 지혜의 시대이자 어리석음의 시대였다. 믿음의 세기이자 의심의 세기였으며, 빛의 계절이자 어둠의 계절이었다. 희망의 봄이면서 곧 절망의 겨울이었다. 우리 앞에는 모든 것이 있었지만 한편으로 아무것도 없었다. 우리는 모두 천국으로 향해 가고자 했지만 우리는 엉뚱한 반대 방향으로 걸었다." -찰스 디킨스(두 도시 이야기)-

빅데이터 시대

기술적 측면에서 4차 산업혁명은 인공지능, 사물인터넷(IoT), 빅데이터, 3D 프린터 등으로 대변되는 제조 과정, 데이터 수집 및 활용 등에 광범위한 혁신을 불러올 것입니다. 많은 관점이 있겠지만 4차 산업 혁명을 '데이터'에 초점을 맞춰서 바라봅니다. 4차 산업혁명을 '디지털 트랜스포메이션(Digital Transformation)'이라고 부릅니다. 이 단어는 몇 십년 전부터 있던 개념이지만 양자컴퓨팅 등 컴퓨터의 처리 능력이 비약적으로 발전하면서 역사상 가장 빠른 속도로, 광범위한 디지털로의 변환이 실현될 것이라고 보는 것입니다.

디지털 세계로 편입되고 나면, 그곳에서는 모든 정보가 일률적으로 처리될 수 있게 됩니다. 얼마든지 디지털 도구로 만질 수 있고 결과를 도출해 내고, 사용할 수 있습니다. 그래서 빅데이터라는 말이 나오는 것이고, 인간 대신 그것을 처리할 알고리즘인 인공지능이 개발되는 것이고, 그것을 언제 어디서든 내려받을 수 있는 클라우드 기술이 각광받는 것입니다.

인간이 만든 모든 정보와 모든 기술이 빅데이터에 의해서 운용이 될 경우에는 빅데이터를 지배한 사람의 완벽통제사회가 되는 것입니다. 이것이 조지 오웰의 통제사회입니다. 그리고 인공지능이 활용화되어 사람에게 적용이 될 때 순식간에 꼭두각시와 같은 존재로 만들어 버릴 수 있게 됩니다.

헬스 케어 산업

4차 산업혁명에서 바이오 산업의 발전은 생체 정보를 수집할 수 있는 다양한 센서가 개발된다는 의미이고, 역으로 그 수집된 생체 정보를 디지털 기기에 입력하여 인체에 영향을 줄 수 있다는 것을 의미합니다. 각종 웨어러블 기기의 의미도 따지고 보면 센서 역할을 하는 장치를 24시간 몸에 지님으로써 여태 흩어져 사라지던 생체 정보를 수집하여 활용하겠다는 데 그 목적이 있습니다.

그래서 이런 데이터 수집과 활용 측면에서 보면, 4차 산업혁명의 순기능은 정보 사각지대가 없어지게 함으로써 컨트롤할 수 있는 것들이 좀 더 많아지게 하는 것이라고 할 수 있습니다. 예를 들자면, '미처 눈치 채지 못한 질병'으로 갑자기 쓰러져서 응급실에 가는 일은 사라질 것입니다. 더 나아가 자신의 DNA를 분석해서 발병할 가능성이 있는 유전병을 미리 예방할 수도 있습니다. 반대로 자신이 가지고 있는 모든 생체정보를 가지고 원격으로 조정을 받아서 피해를 볼 수도 있을 것입니다.

통제사회의 도래

역기능은 있는데 통제사회가 도래한다는 것입니다. 앞으로 생겨날 수 있는 많은 센서는 말하자면 '스스로 생각할 수 있는 CCTV'가 전 세계 곳곳에, 내 몸에 생긴다고 비유할 수도 있습니다. CCTV는 시각적 정보만 저장할 수 있지만 센서는 무수히 많은 종류의 정보를 저장할 수 있다는 점에서 차이가 있습니다.

거의 모든 공간의 정보와 개인의 정보가 저장이 될 텐데, 그 정보를 누가 어떤 목적으로 사용하느냐는 아주 중요한 문제입니다. 여기에서 빅브라더 정부나 독재자가 탄생할 수 있습니다.

빅데이터 · AI 기반의 맞춤형 치료와 정밀의학

정밀의학이란 치료(테라피, Therapy)와 진단(다이어그노시스. Diagnosis)을 동시에 진행하는 '테라그노시스' 연구로 국내에서도 10여 년 전부터 진행 중입니다. 헬스케어+빅데이터, 헬스케어+ICT의 결합과 융합이 의료 분야의 화두가 된 지도 오래입니다. 빅데이터와 AI를 적용하는 헬스케어 기술은 빠른 속도로 진화하고 있습니다. 의료계의 패러다임은 단순한 진단과 치료에서 환자 개개인의 유전적 · 환경적 요인과 생활 습관까지 고려해 환자별로 최적화된 치료법을 제공하는 개인별 맞춤 치료로 전환하고 있습니다.

이른바 '정밀 의학(Precision Medicine)' 입니다. 유전자 해독과 빅데이터를 기반으로 한 알고리즘화가 의료의 키워드가 되는 셈입니다. 구글의 딥마인드 헬스 프로젝트, IBM의 왓슨 인공지능 암센터 등이 이러한 변화를 주도하고 있습니다.

식물로 전기를 만드는 시대가 옵니다.

네델란드에서는 식물생명공학인 식물로 전기를 만들어 스마트폰을 충전시키고 저녁이면 식물로 가로등을 밝히는 사업을 추진하여 성공하였습니다. 식물이 광합성작용을 할 때 유기물질이 생기게 되는데 이 유기물질은 식물에 흡수되지 않고 뿌리를 통해 흙속으로 배출이 됩니다. 이때 뿌리 주변의 미생물들이 유기물질을 해체하면서 에너지가 발생하는 원리입니다.

로봇 산업의 시대

전기 꽃을 피우고 심부름은 드론에게 맡깁니다. 전쟁이 일어나도 걱정할 게 없습니다. 드론이 폭탄을 실어 나르고, 로봇 군인들이 전쟁을 대신해 줍니다. 일선 학교에 선생님보다 더 실력 있는 로봇 교사들이 등장하고 운전도 환자의 수술도 로봇이 감당하고 로봇 목사가 3D 안경 없이 볼 수 있는 홀로그램을 통해 펼쳐지는 시공간 속에서 펼쳐지는 예배를 볼 수 있어서 더 이상 시간을 들여서 교회에 갈 필요성을 느끼지 않습니다.

대량의 빅데이터가 들어간 분석 시스템을 통해서는 직접 만나기 힘들었던 목사와 교수들을 면대면으로 상담도 하고 대화도 나눕니다.…… 손톱보다 작은 칩 하나엔 8만1,258개에 달하는 대장경판 뿐 아니라 세계 곳곳에 흩어진 경전 자료가 들어있어 그 어느 불교학자, 심리학자보다 전문적이고 깊이 있는 정보 취득과 학습이 가능합니다. 캐릭터 로봇 목사와 로봇 스님 이야기입니다.

유전자 변이 농산물

GMO 유전자 변이 농산물이라는 괴물이 지구촌을 엄습하고 있습니다. 병충해 없는 농산물, 수박만한 감자… 병들지 않는 가축을 키워 생산력을 높이면 풍요가 찾아올까요? 자연의 섭리를 초월한 인간의 지혜는 자연 속에 사는 사람들에게 어떤 결과로 다가 올 것인가요? 봄, 여름, 가을, 겨울 없이 전기로 꽃을 피워 인공 나비가 찾아드는 그런 꽃을 보면 사람들은 행복을 느낄까요? 아름다움에 감탄할까요? 돈이 되는 거라면 자연 따위야 파괴되든 말든 정복의 대상일 뿐입니다. 인공 꽃을 피우고 노동자의 파업은 로봇으로 얼마든지 대체가 가능합니다. 제 4차 산업혁명이 완성되면 90%가 실업자가 됩니다. 이 많은 실업자들을 누가 먹여 살릴 수 있습니까?

자율 주행 자동차 시대

구글, 애플, 우버, 최근 자율 주행 자동차를 제작한다고 하는 회사들입니다. 하지만 지금 구글과 애플 그리고 우버는 자동차를 직접 제작하는 자동차 제조사가 아닙니다. 이런 그들이 어떤 기술과 노하우를 가지고 자동차를 만들어낸다는 것일까요?

앞으로 자동차는 컴퓨터와 정보가 필요합니다. 꼭 첨단 기술이 장착되지 않은 차량에도 기본적인 컴퓨터가 장착되어 있을 정도로 수많은 자동차에는 컴퓨터가 내장되어 있습니다. 특히 앞으로 상용화될 자율주행 자동차를 바라보면 더욱 많고 성능 좋은 컴퓨터가 필요하다는 것을 알 수 있습니다. 이제 자동차는 단순히 앞으로 달리는 일 뿐만 아니라 다양한 컴퓨터가 장착되어 자동차가 직접 생각하고 판단해야하는 시대가 온 것입니다. 이러한 수행능력을 지녀야 하는 컴퓨터의 하드웨어와 소프트웨어를 다루는 실력은 벤츠보다 애플이 더 탁월합니다.

앞으로는 내연기관의 시대가 저물고 전기자동차의 시대가 옵니다. 자동차를 만들어 본적이 없는 입장에서는 더욱 반가운 전기차입니다. 전기차는 내연기관보다 훨씬 간단하게 제작 할 수 있습니다. 구글이나 애플 같은 회사들은 모터 회사에서 모터를 사오고 삼성, LG 등 배터리를 구매하고 브레이크와 같은 나머지 부품을 구매한 다음 열심히 섀시와 차량 디자인을 하고 마지막으로 조립만 한다면 자동차를 만드는데 어려울 것이 없습니다. 한마디로 내연기관보다 전기자동차가 상대적으로 더욱 제작하기 쉬워졌다는 이야기입니다. 앞으로 3D 프린팅 기술로 자동차를 찍어냅니다. 세계에서 하나 밖에 없는 자동차를 소유할 수 있게 됩니다.

5만 명 이상의 유비쿼터스 도시

5만 명 이상의 도시는 유비쿼터스 시스템이 완성이 되어 신호등이 필요 없는 도시가 세워집니다. 쓰레기 처리 및 도시 청결문제가 모두 자동화로 해결이 됩니다. 도시를 드나드는 모든 사람들의 신분은 수시로 점검되고 등록되어 있지 않는 사람들의 출입이 제한되어 테러가 예방됩니다. 이상한 행동을 하는 사람들을 감시하는 시스템이 작동되어 도둑들과 도시 파괴자들을 자동적으로 색출합니다. 백화점이나 편의점들은 모두 무인화되어 계산대가 없어집니다.

인체 내에 삽입된 모바일 스마트 폰과 인공지능 알고리즘 센서

현재 모든 결제 수단이 핀테크 산업의 발달로 스마트 폰으로 집중되고 있습니다. 그런데 이런 모바일 폰이 인체 내에 삽입이 됩니다. 뿐 만 아니라 각종 알고리즘으로 장착된 인공지능의 센서들이 우리 몸안으로 삽입됩니다. 그 결과 기억력, 계산력, 응용력, 해석력이 초자연적으로 증가합니다. 무능한 인간이 아닌 초능력을 가진 슈퍼인간이 되는 것입니다. 이것을 사이보그 인간이라고 합니다. 현대 과학과 합성화된 합성 인조 인간입니다. 이렇게 되면 더 이상 인간은 자유의지를 갖는 인간이 아닌 컴퓨터 빅데이터에 의해서 움직이는 기능성 인간이 되고 맙니다.

생로병사를 조절하는 DNA 염기서열의 조작과 교체

인간 몸속에 삽입된 센서들을 통해서 우리 몸 안에서 일어나는 모든 신진대사들의 정보가 빅데이터에 저장이 되고 특이한 사항들이 일어날 경우에는 경고음이 나와 대처를 하게 됩니다.

유전병을 비롯하여 노화를 일으킨 DNA들을 특별히 관리하여 모든 병들의 근원을 사전에 제거하는 헬스 케어 시스템이 작동됩니다. 3D 프린팅으로 DNA 염기서열까지 정확하게 맞는 간이나 우리 몸속의 장기들이 만들어져 로봇 의사들에 의해서 교체됩니다.

"This time is different"

클라우스 슈밥이 '이번은 다르다' 고 지적하는 이유는 기술과 디지털화가 모든 것을 완전히 바꿀 것이라는 점을 전제로 합니다. 혁신의 파괴적 변화와 전파 속도는 그 어느 때보다 빠릅니다. 이는 인류의 변화를 수반합니다. 오늘날 우리는 삶과 일, 인간관계의 방식을 근본적으로 변화시키는 혁명의 문 앞에 서 있습니다. 우리는 이 새로운 혁명의 속도와 깊이를 아직 완전히 이해하지 못하고 있습니다. 수십억 인구가 모바일 기기로 연결되어 유례없는 저장 및 처리 능력과 정보에 접근성을 가질 때 발생할 무한한 가능성을 경험하고 있습니다. 여기에다 인공지능, 로봇공학, 사물인터넷(IoT), 자율주행자동차, 3D프린팅, 나노기술, 생명공학 등 폭넓은 분야에서 기술의 약진과 융합을 기반으로 문명의 변곡점에 도달할 것입니다.

감정까지 읽을 수 있는 인공지능의 인간

현재 인공지능 로봇 산업의 발달로 여자 가정부나 남자 청소부들이 할 수 있는 일들이 인공지능 로봇들로 대체되고 있습니다. 심지어 아내와 남편을 대신 할 수 있는 인공지능 아내와 인공지능 남편들의 로봇이 1600만원에 팔리고 있습니다. 앞으로 인공지능 로봇이 사람의 감정까지 읽을 수 있는 수준으로 발달한다고 합니다. 그렇다고 한다면 인공지능 로봇은 사람과 모든 것을 공유할 수 있는 경지에 도달하게 됩니다. 결국 인간들은 인공지능 로봇에 의해서 멸망할 수 밖에 없는 지경에 이르게 될 것입니다.

인간이 발전시킨 과학의 바벨탑과 적그리스도의 배도의 시대

시날 평지에서 하나님을 대적했던 사탄 마귀는 타락한 인간들을 통해 과학을 발전시켜 언어를 통합시키고, 하나님의 형벌인 생로병사를 정복하여 하나님을 대적하려고 합니다. 이것이 바로 뉴 에이지 사이언톨로지 종교입니다. 사탄은 선악과를 따먹으면 하나님처럼 된다고 약속을 했습니다. 이것이 바로 신인간 사이보그 인간입니다. 빅데이터 컴퓨터 시스템을 통해 인간을 완전하게 통제하여 하나님을 대적하게 만드는 사탄의 음모입니다.

사탄은 무천년주의 종말론과 아브라함 카이퍼를 통해 하나님의 주권과 일반은총이란 신학을 만들어 타락한 인간의 바벨탑 문명인 과학, 교육, 의학 등을 하나님의 축복으로 세뇌를 시켰습니다. 그리고 마지막 시대에 지상의 세계 교회를 종교다원주의 배도의 기독교로 몰아가고 있습니다.

하나님은 절대로 타락한 인간들이 하나님께서 예비해 주신 예수님의 십자가 복음을 외면하고 스스로 터진 웅덩이를 판것과 같은 현대 과학을 통해 죄의 삯인 생로병사를 정복하도록 내버려두시지 않으실 것입니다. 반드시 그전에 인간들을 심판할 것입니다.

8. 자본주의 역사, 1% 부자 은행가와 99% 빈민 노동자

1) 아담 스미스(Adam Smith)의 국부론

아담 스미스(1723~1790)의 국부론은 1776년 3월 9일에 출판되었습니다. 이는 미국이 독립을 선언한 1776년 7월 4일과 같은 해입니다. "국부론" 의 원제목은 "모든 국가의 부의 성질과 원인에 관한 한 연구" 입니다. 아담 스미스는 이 책에서 그때까지 남아 있던 봉건제와 중상주의적 통제 정책을 비판하면서 자유주의적 시스템이 어떻게 생산력 증진을 가져오고 일반 시민들을 전반적으로 부유하게 만들 수 있는가를 논증하고자 했습니다. 이 과정에서 역사상 최초로 가치 법칙을 수립하며 분업론과 자본축적론을 사회적 생산력 구조의 기본 축으로 삼아 자신의 논리를 전개했습니다.

아담 스미스는 자본주의 체제가 가격의 기능을 통해 질서를 형성하고 있음을 주장함으로써, 자유 경쟁으로 자본을 축적하는 것이 국부를 증진시키기 위한 바른 길이라고 설명했습니다.

자유무역주의는 역사의 필연

아담 스미스는 중상주의의 정책 체계를 비판하고 자유 무역 정책으로 이행하는 것이 역사적 필연임을 논증하고자 했습니다. 아담 스미스가 살펴본 바에 따르면, 중상주의의 정책 체계는 수입을 억제하고 수출을 장려해 식민지 무역을 독점하는 것으로 이루어져 있으며, 그 요점은 무역 균형을 유지하며 국외로부터 금속 화폐를 확보하려는 것이었습니다.

아담 스미스는 철저한 생산력적 분업 및 자본 축적의 이론을 기준으로 중상주의의 정책 체계를 비판하고 있습니다. 보호와 억제 정책은 한 나라의 자본을 자연스럽지 않은 왜곡된 흐름으로 유도하며, 아울러 철저한 생산력적 분업 구조를 왜곡해 자본의 축적을 방해한다고 본 것입니다.

보이지 않는 손

아담 스미스는 모든 시민들이 제각기 흩어져 밤낮없이 자신의 이기심만을 추구함에도 불구하고 사회의 전체적 결과가 이같은 조화를 이룰 수 있는 것은 '보이지 않는 손(Invisible hand)'이 이끌어 주기 때문이라고 했습니다. 이 표현은 아담 스미스의 시민 사회의 분석을 특징짓는 단어로서 줄곧 인식되어 왔습니다. 아담 스미스가 이런 생각을 펼친 것은 그 무렵의 중상주의적 보호 및 간섭 정책 체제를 근본적으로 비판하기 위함이었습니다.

아담 스미스가 자본주의체제를 자연적 질서로 보는 견해는 근대 자연법 사상에 뿌리를 두고 있습니다. 근대 자연법 사상은 누구에게도 침해될 수 없는 자연권(생존, 자유, 재산)을 가진 개인에서 출발하여 근대 시민사회가 어떻게 구성되고 기능하는가의 문제에 대한 응답이라고 할 수 있습니다. 아담 스미스는 홉스와 로크를 거치면서 정립된 근대 자연법 사상을 한층 더 발전시켰습니다. 아담 스미스의 사상사적 과제는 근대자연법사상의 유산(개인의 권리, 소유, 자유의 관념)을 이어받으면서도 다른 한편, 그것에 은폐되어 있는 공리주의적 요소를 제거하는 것이었습니다.

2) 미국의 자본주의 발달과 뉴욕

세계 자본주의 경제의 메카이며 세계무역센터 본부가 있는 뉴욕은 미국의 자본주의 본산입니다. 뉴욕시는 1610년경 맨해튼 섬의 최남단에 네델란드 사람들이 모피 거래를 하기 위해 정착하면서 형성되기 시작하였습니다. 이때 이곳은 뉴 암스테르담으로 불렸습니다. 그러나 곧 1664년 영국의 프리메이슨인 요크파가 이 지역을 점령하면서 이름을 뉴욕으로 개명이 되었습니다.

영국의 식민지인 미국의 13개 주는 본국인 영국과의 사이에 점차 갈등이 발생하자 1776년7월4일에 영국으로부터의 독립을 선언하였고, 두 나라 사이에는 전쟁이 일어났습니다. 우리가 미국 독립전쟁이라고 부르는 이 전쟁은 1775년에 시작하여 1783년에 끝이 났습니다. 1790년, 뉴욕은 독립선언서가 발표된 필라델피아를 제치고 미국에서 가장 인구가 많은 도시가 되었습니다.

네델란드는 스페인과 베네치아에서 이주한 유대인들이 세운 국가로 세계 최초 증권거래소가 만들어져 자본주의 경제가 세계 최초로 뿌리를 내린 곳이기도 합니다. 이들이 세웠던 뉴 암스텔담이 현재의 뉴욕인데 세계자본주의 메카가 된 이유이기도 합니다.

3) 케인즈의 수정 자본주의

시장 경제와 자본주의의 발전은 독점의 횡포, 빈부 격차, 실업, 공황 등의 사회적 모순을 초래했습니다. 시장경제의 결점으로 인한 문제들은 20세기 들어 더욱 심화 되었고, 국가는 경제개입을 통해 적극적으로 대처했습니다. 그 결과 현대 자본주의는 18~19세기 자유방임제도하의 경쟁자본주의와는 다르게 수정자본주의 · 지도자본주의 · 인민자본주의 · 복지자본주의 등의 모습을 띠게 되었습니다. 케인스는 공황과 실업을 해소하기 위한 방법으로 국가가 개입하는 적극적인 재정 · 금융 정책을 제시했습니다. 수정자본주의는 자본주의 경제 자체를 부정하지 않고, 내재적 모순을 수정 · 완화함으로써 자본주의 체제를 지속적으로 유지하기 위한 정책적 노력의 표현이라 할 수 있습니다.

4) 신자유주의 경제이론

신자유주의 경제는 국가의 개입으로부터 시장을 자유화하고 시민사회 내에서 일어나는 문제들이 가능한 시장 자체의 자연적인 움직임에 따라 조절 및 해결되도록 하는 이론입니다. 국가가 경제에 개입하는 것을 반대하고 자유로운 시장을 통해 국가의 부를 확대시켜 사회적 복지를 극대화해야 한다는 것입니다. 19세기 고전적 자유주의 노선을 이어받아 장기불황의 문제를 해결하지 못한 케인즈의 수정자본주의 정책의 무능력과 초국가적 자본의 세계화에 따른 민족국가 형태의 제한성을 비판하며 1970년대에 등장했습니다. 프리드리히 하이에크와 밀튼 프리드만과 같은 자유시장 경제학자와 로버트 노직과 같은 학자들에 의해 발전했습니다.

신자유주의자들은 비효율적 국영기업을 민영화하고 복지예산을 줄이며, 정부의 규모를 축소하면서 세금을 줄이고, 노동의 유연성을 확보해 기업환경을 개선하여 시장을 활성해야 한다고 주장했습니다. 1979년 대처리즘과 1981년 레이거노믹스가 신자유주의의 대표적인 정책입니다. 신자유주의적 전략은 자본의 자유로운 이동을 따라 세계 곳곳에 자리 잡았으며, 세계 각국의 개방을 촉구하게 되었습니다. 영국의 대처는 수상으로 집권하면서 비효율적인 국영기업을 민영화하고, 복지예산을 줄이며, 정부의 규모를 축소하면서, 세금을 줄이고, 노동의 유연성을 확보해 기업환경을 개선함으로써 시장을 활성화시켰습니다. 미국의 레이건 대통령은 '강한 미국'을 주장하면서 복지예산과 환경예산을 축소하고 세금을 감면해 시장의 활성화를 꾀했습니다. 이런 신자유주의적 전략은 자본의 자유로운 이동을 따라 세계 곳곳에 자리 잡았으며, 세계 각국의 개방을 촉구하게 되었습니다.

우루과이라운드 타결과 세계무역기구(World Trade Organization/WTO)의 설립은 자본의 자유로운 이동을 보장하기 위한 것이었고, 후진국들은 공산품은 물론 농산물과 서비스 분야까지 시장을 개방함으로써 유치산업을 보호할 수 없게 되었습니다. 이렇듯 신자유주의 정책의 근간 논리는 경제 및 사회 모든 영역에서 시장원리의 도입, 교육·의료·복지 등

사회 공공서비스 재정의 감축, 자유시장 질서를 가로막는 모든 규제의 철폐, 공공부문의 민영화, 공공재 또는 공동체 이념의 배제, 감세를 통한 기업경쟁력 제고, 산업의 구조조정, 권력의 지방이양, 자본의 자유로운 이윤추구를 보장하는 범세계화 등입니다.

5) 신자유주의 산실이었던 하이에크 시카고 대학의 경제학

뉴딜정책이 성공하며 세계 각국은 자유시장경제를 버리고 케인스의 계획경제에 동참하기 시작했습니다. 하지만 이를 우려하는 시각으로 바라보는 경제학자가 있었으니 바로 프리드리히 하이에크 영국 경제학자였습니다. 그는 케인스의 계획경제가 반드시 문제를 일으킬 것이라 생각했습니다. 1970년대를 지나면서 세계경제는 다시금 요동치기 시작했습니다. 오일쇼크, 금융 불안 등으로 위기에 처한 것입니다, 경제학자들은 원인 분석에 골몰했고 그중 신자유주의를 주장하고 나선 미국 시카고 대학을 중심으로 한 경제학자들의 모임인 시카고 학파의 의견이 주목받기 시작했습니다.

그들은 국가의 과도한 시장 개입이 경제의 효율성을 악화시키는 원인이라고 진단했습니다. 그보다는 자유시장, 즉, 규제 완화의 국제금융의 자유화, 시장 개방을 통해 안정된 경제성장에 도달할 수 있다고 주장했습니다. '세계화', '자유화', '무한경쟁' 이라는 용어도 신자유주의에서 나온 말입니다. 1974년에 하이에크가 노벨경제학상을 수상함으로 시작된 시카고 학파의 질주는 무서웠습니다. 그후 노벨 경제학상은 미국 신자유주의 산실인 시카고 학파 경제학자들이 싹쓸이를 했습니다. 그리고 결국에는 2008년 미국의 경제위기가 도래하였고 2012년 스위스 다보스 포럼에서는 자본주의 사형선고를 내리고 말았습니다.

6) 신자유주의 악마의 경제학

유대자본가들은 1980년대부터 신자유주의 경제이론을 통해 지구촌을 무한 경쟁체제로 몰아갔습니다. 신자유주의의 부산물이라 할 수 있는 양극화가 진행됨에 따라 극단적으로 99% 극빈자 1%부자라는 등식이 세워졌습니다.

일본의 경제학자 나카타니 이와오는 미국 하버드대에서 유학해 신자유주의 경제학 박사학위를 받고 1974년 귀국해 일본에서 규제완화와 구조개혁 등 신자유주의 경제제도를 진두지휘했으며, 1990년대 호소카와 내각과 오부치 내각의 수상자문기관의 일원이었습니다. 이런 대표적인 신자유주의 경제학자였던 나카타니 이와오는 최근 갑자기 "내가 틀렸다"란 책을 통해 일본 사회를 충격에 빠뜨렸습니다.

그는 이 책에서 글로벌 자본주의와 신자유주의를 맹렬히 비판하며, 특히 글로벌 자본주의는 인류를 파멸로 몰고 갈 악마의 경제학이라는 극단적인 표현까지 사용했습니다.

"글로벌 자본이 세계 경제를 불안정하게 만들고 소득 격차 확대가 불행한 사람을 대량으로 생산하고 지구 환경도 이제는 회복 불가능에 가까울 정도로 오염시키고 말았다는 점에서 자본주의의 자괴작용은 이미 시작됐다고 할 수 있습니다. 이 괴물의 움직임에 족쇄를 채우기에 앞서 우리들은 욕망의 억제라는 것을 배우지 않으면 안 된다"고 말을 했습니다.

"1%를 위한 나쁜 경제학"이란 책은 존 F 웍스이 지었고, 권예리씨가 2016년 12월 1일에 번역한 책입니다. 저자는 20여년간 신자유주의 광풍이 휩쓸고 지나간 세계 경제를 신랄하게 파헤쳤습니다. 저자는 지금의 심각한 부의 편중, 양극화 현상을 낳은 금융자본주의자들과 자유시장주의자들의 이론적 허구를 집중적으로 다루었습니다. 미국과 유럽의 대표적인 보수주의 정책의 모순점들을 다양한 통계 자료를 바탕으로 분석한 것도 특징입니다. 1% 특권층이 세계 모든 부를 강탈해간 역사의 현장을 파헤쳐 고발하는 책입니다.

"우리를 위한 경제학은 없다"라는 책은 영국의 스튜어트 랜슬리 교수가 지었고, 조윤정씨가 번역하여 2012년 4월 20일에 출간된 책입니다. 저자는 이 책에서 세계 모든 경제학자와 경제정책을 입안하고 실행시킨 자들에 의해서 세계의 모든 부가 1%의 금융권력자들에게 안겨 주는 정책을 펼쳤다고 고발하고 있습니다. 특별히 스튜어트 랜슬리 교수는 부자들이 감추고 싶어 한 1% 대 99% 불평등의 진실을 담은 책이라고 소개를 합니다. 1% 부자와 불량한 경제학자들이 빚어낸 승부 조작의 진실이란 내용이 기록되어 있습니다.

전 세계적으로 99% 가난한 이들의 데모가 불길처럼 번지고 있습니다. 유럽은 100조불이라는 부채 늪에 빠졌습니다. 미국도 15조불의 부채 늪에 빠졌습니다.

공산주의 역사, 칼 마르크스의 공산주의 역사발전 5단계

"과학적 공산주의"란 책은 빅토르 아파나시예프 지음, 최경환 옮김, 중원문화출판사에서 2010.11.25.에 출판한 책입니다. 저자는 이 책에서 역사발전 5단계를 거쳐 최종적으로 과학적 공산주의가 세계를 지배할 것을 말하고 있습니다.

칼 마르크스의 역사발전 5단계는 변증법적 유물론의 역사관으로 역사를 바라본 자신만의 결과입니다. 우선 5단계에 대한 설명입니다. 1단계는 인간이 최초 원시생활을 할 때는 주인, 노예, 사유재산 같은 것이 없었기 때문에 모두 다같이 사냥하고, 채집하고, 간단히 농사짓고 살면서 공동 생산 공동 소비를 했습니다. 즉 원시시대는 공산사회였습니다. 그래서 이것을 원시 공산사회라고 합니다. 2단계는 사람들이 국가를 이루고, 전쟁도 하면서 사회는 계급이 생기게 됩니다. 주인이 생기고 노예가 생기고… 고대 그리스, 로마 시대는 노예라는 것이 존재하는 사회였습니다. 일부 시민과 귀족은 편히 살 수 있었지만 노예들은 막중한 육체노동을 견뎌야 했습니다. 이런 사회가 고대 노예제 사회입니다. 3단계는 고대가 지나고 중세가 오면서 장원제 경제체제와 봉건제 사회체제가 생겨나게 되었습니다. 4단계는 근대 산업 혁명이 일어나고 자본주의가 발전되면서 1% 부자와 99% 가난한 자들로 분리가 되고 프로레타리아 혁명이 일어난 후 새로운 세계가 일어납니다. 그 나라가 칼 마르크스가 말하고 있는 과학적 공산주의 마지막 유토피아입니다. 원시공산사회－고대노예제사회－중세봉건사회－자본주의사회－과학적공산주의사회 5단계가 마르크스가 이야기한 역사 발전 5단계입니다.

과학적 공산주의 이론이란 자본주의를 일소하는 방법과 그 수단의 과학이며, 또한 새로운 공산주의 사회, 인류의 전면적인 발전을 위한 경제적·사회적·문화적 조건들을 건설하는 방법과 수단의 과학입니다. 저자 비토르 아파나시예프는 이 책에서 과학적 공산주의는 그 자신의 고유한 객관적 법칙들과 내적인 모순의 작용 결과 결코 피할 수 없는 자본주의 붕괴의 역사적 필연성임을 증명하고, 자본주의를 밑바닥에서부터 뒤흔들고 붕괴시키는 혁명적 힘들을 밝히며, 또한 사회주의 혁명만이 낡은 자본주의 사회를 일소할 수 있는 유일한 혁명임을 보여 주고 있습니다.

유토피아 토마스 모어

유토피아는 1516년 영국의 토마스모어가 쓴 책입니다. '유토피아'는 그리스어에서 유래한 말로 '어디에도 없는 곳'이라는 뜻입니다. 유토피아 Utopia, 그리스어 ou 없다는 의미, 그리스어 topos 장소라는 의미, 즉 어디에도 없는 장소…라는 말입니다.

이 책이 출간된 이후에는 이 세상에 존재하지 않는 이상향을 가리키는 말로 사용되었습니다. 아름다운 이상 사회 유토피아를 그리며 모어는 사유재산의 부정, 계획적인 생산과 소비, 인구 배분의 합리화, 사회적 노동의 계획화, 노동 조건의 개선, 소비의 사회화가 실현되는 새로운 사회를 염원했습니다. 그러나 유토피아 역시 노예가 존재하며 필요에 따라 전쟁을 하거나 식민지를 만드는 등 제국주의적 모습 때문에 유럽 중심적 세계관과 사고의 한계라는 평가를 받고 있습니다. 원재는 "사회의 가장 좋은 정치 체제에 관하여 그리고 유토피아 새로운 섬에 관한 즐거움 못지않게 유익한 황금의 저서"입니다. 제목이 꽤나 깁니다.

1478년 런던에서 태어난 토마스모어는 어린 나이인 14세에 옥스퍼드에 입학합니다. 그후 법학원으로 전학, 23세에 변호사가 되고 27세에 하원 의원으로 선출됩니다. 토마스모어는 부지런하고, 공정하며, 정의로운 사람으로 기록되어 있습니다. 새벽 2시에 기상해 7시까지 기도와 공부를 했다고 전해집니다. 1510년에는 런던 부시장으로 취임하고 공정하고 치밀한 업무 능력으로 원칙주의자로 통했습니다. 그래서 헨리 8세의 부름을 받아 중앙 부처로 옮겨가게 됩니다. 하지만 궁녀를 사랑한 헨리 8세가 캐서린 왕비와 이혼을 하려고 하는 것을 반대해 반역죄로 단두대에서 처형당합니다. 이 처형 과정에서 토마스모어는 의연한 모습을 보이게 됩니다. 사후 모어는 교황청으로 부터 성인으로 추대됩니다.

신비롭고, 재미있는 섬나라 '유토피아'는 당시로는 상상하기 힘든 체제로 운영되는 것으로 기록되어 있습니다. 안락사의 허용, 공공 의료의 모습, 성문법 대신에 관습법으로 운영되는 시스템, 황금을 돌 같이 여기는 풍습, 공동 식사, 검소한 생활과 옷차림, 무력에 대한 견해, 학습을 중시하는 시스템 등 이색적인 내용들이 많습니다. 가장 특징적인 것은 사유재산 제도가 아닌 공유재산 제도가 근간 이라는 점입니다. 이상 사회의 근간이 공유재산 제도라는 모어의 생각은 예리합니다. 토마스 모어가 그린 유토피아는 플라톤이 쓴 이상국가인 스파르타와 카르타고와 같은 나라를 롤 모델로 사용하고 있습니다. 이들의 모든 나라는 바벨론 탈무드에서 주장하고 있는 사탄문화로 공산주의와 노예 계급사회를 미화시키고 있습니다. 이들은 한결같이 독재주의, 공산주의, 이원집정제, 양당제도, 과두제, 집단지도체제 등과 같은 정치 경제 문화를 가지고 있습니다. 이러한 문화적, 정치 경제적 제도 배경에는 지상의 자신의 왕국을 꿈꾸는 사탄 루시퍼가 있습니다. 결국 사탄 루시퍼는 또 다시 한 번 니므롯처럼 인류를 단합시켜 하나님을 향해 배도를 선포할 것입니다.

9. 뉴 아틀란티스 (미국)—프랜시스 베이컨

프랜시스 베이컨은 "아는 것이 힘이다"라고 주장하는 근대 과학의 아버지입니다. 그는 1627년 과학적 유토피아 세상을 그린 뉴 아틀란티스 책을 출판했습니다. 그는 이 책에서 과학이 이룩한 지상의 천국을 그렸습니다. 그가 과학적 산업 사회를 통해 이룩하기를 원했던 이상세계는 바로 오늘날 미국이었습니다.

근대 과학을 이끌었던 계몽주의 사상가들은 모두 마틴 루터가 속한 장미십자회 비밀 결사들이었습니다. 그들은 동일하게 신(神)중심의 노예에서 벗어나 인간들이 만든 지상의 유토피아를 동경하며 꿈꾸는 자들이었습니다. 1492년 콜럼버스를 통해 신항로와 신대륙이 발견되면서 그들의 꿈들은 날로 새롭게 진화했습니다. 1516년 토마스 모어는 유토피아를 썼습니다. 그가 그린 지상의 천국은 공산주의 세계였습니다. 1517년 마틴 루터는 독일의 제후들의 후원을 받아 중세 신(神)중심의 봉건제도를 무너뜨리기 위해 로마 카톨릭 교황주의에 선전포고를 했습니다.

프랜시스 베이컨은 뉴아틀란티스에서 잠수함과 비행기와 같은 최첨단 문명세계를 통한 유토피아를 그리고 있습니다. 프랜시스 베이컨은 400년 전 오늘날 펼쳐지는 최첨단의 과학시대를 어떻게 알았을까요? 2500년 전 그리스 자연 과학자 데모크리토스는 원자론을 발표했는데 오늘날까지 그가 주장한 원자론은 유지되고 있습니다. 지금부터 2500년 전에 데모크리토스는 어떻게 원자가 운동을 하고 있다고 주장할 수 있었을까요?

오늘날의 최첨단 과학은 마인드 콘트롤, 텔레파시, 투시, 4차원의 시간여행과 공간여행을 현실화 시키고 있습니다. 그러나 유대 카발라 영지주의자들은 이미 수 천 년 전부터 오늘날 과학시대가 열고 있는 모든 세계를 알고 있었고 경험했습니다. 피타고라스 신비주의 종교, 사막 수도원 안토니우스 신비주의, 평생 빛의 세계를 여행한 어거스틴, 4차원의 영성체계를 완성시킨 이그나티우스 로욜라, 반신반인(半神伴人)으로 추앙받은 프랜시스 베이컨, 진젠도르프 신비주의, 늦은비 운동의 윌리엄 브래넘 등도 역시 시간과 공간을 초월한 세상을 경험하고 한 동안 그들만의 세상을 펼쳐 보였던 사람들입니다. 지금부터 4500년 전에 만든 이집트 시리우스 달력은 정확하게 1년을 365.25일로 정했습니다. 그들이 만든 피라미드의 동서남북의 방위각은 그리니치 천문대가 만든 기준보다 더 정밀합니다.

프랜시스 베이컨은 이집트 비밀종교를 숭배하고 그 전통을 이어 받아 문예부흥을 일으켜 중세 암흑시대를 밝히고 종교개혁과 계몽주의 운동을 주도적으로 이끌고 있었던 비밀결사 장미십자단의 수장이었습니다. 뉴아틀란티스는 그리스 현자 솔론이 이집트로 유학을 가서 이집트 사제를 통해서 전수받은 이상세계로 플라톤의 티마이오스 국가론에서 자세하게 설명되고 있습니다. 이는 세상을 지배하고 있는 사탄 루시퍼가 그들의 사제들을 통해서 세상에 세우는 지상왕국의 모델입니다.

17세기에 신대륙이 식민지화가 되던 당시의 사람들은 미대륙이 뉴아틀란티스라고 믿었습니다. 그리고 그 당시 영국의 비밀조직 장미십자회의 수장이었던 프랜시스 베이컨경도 그렇게 믿었고 '뉴아틀란티스' 라는 작품을 기록했습니다. 베이컨은 이 새로운 국가에 대해 이야기하며 이 국가는 고도의 과학문명에 의해 다스려지는 국가가 될 것이라 했습니다. 베이컨은 이 뉴아틀란티스에는 잠수함과 상상할 수 없이 무시무시한 전쟁무기들이 있을 것이며, 날아다니는 기계들과 높은 건물들이 있을 것이라고 이야기 하였습니다.

그의 이름을 가진 도시나 주는 없지만 그가 미국의 건국에 끼친 신비한 영향력 때문에 어떤 사람들은 그를 진정한 미국의 설계자라고 말하기도 합니다. 1910년도 미국 정부가 발행한 뉴파운드랜드 우표는 신세계에 끼친 베이컨의 영향력을 기념하며 "베이컨경―식민지화 정책을 인도하는 영"라고 기록하고 있습니다.

물론 프랜시스 베이컨은 오컬트 비밀조직 장미십자회의 수장이었기 때문에 초월명상을 통해 사탄과 교통을 하고 사탄으로부터 직접 영감을 받아서 뉴아틀란티스 책을 기록하였습니다. 베이컨 연구협회 설립자 피터 도킨스는 다음과 같이 말합니다.

"그는 당시 장미십자회의 수장으로서 엄청난 영향을 가졌고 현대 프리메이슨의 탄생에도 큰 영향을 끼쳤습니다. 당시의 장미십자 회원들은 새로운 레벨로 프리메이슨을 끌어 올리려 프리메이슨에 입단했습니다. 프리메이슨은 미국의 건국에 지대한 영향력을 가졌습니다. 그때까지 프리메이슨은 거의 건물을 건축하는 공예에 연관되어 있었습니다. 각 나라는 각각 프리메이슨들이 있었습니다. 당시에는 매우 인종차별적이었고 종교적이었는데 베이컨이 그것을 가져다가 전 세계적인 조직으로 만들었습니다."

― 베이컨 연구협회 설립자 피터 도킨스 ―

뉴아틀란티스의 계획을 세워 그것을 이루기 위해 미대륙으로 프리메이슨들을 보낸 사람이 바로 "아는 것이 힘"이라는 명언으로 유명한 영국의 장미십자회 수장 프랜시스 베이컨경입니다. 이 사실에 대해 멘리 P. 홀은 "많은 미국의 건국자들이 메이슨이었을 뿐 아니라 유럽에 존재하는 비밀스럽고 위엄있는 조직의 도움을 받았다. … 프랜시스 베이컨이 설계한 프로그램에 따라 뉴아틀란티스는 잘 형성되어갔다."고 기록하였습니다. 우리는 미국에서 오컬트 세력의 활발한 활동에 대하여 미국의 수도인 워싱턴 D.C.만 살펴보아도 너무나 분명히 깨닫게 됩니다. 특히 미국 동해안의 다섯 도시 '보스턴, 뉴욕, 볼티모어, 필라델피아, 워싱턴

DC가 완벽한 직선 위에 위치하고 있으며 그 직선을 대서양 건너편으로 이어가면 영국의 스톤헨지를 오차 없이 정확히 통과합니다. 영국의 스톤헨지는 장미십자단이 숭배하고 있는 이집트 이시스 태황후를 숭배하는 제단으로 우주 에너지가 지구로 내려오는 통로 역할을 합니다. 그리고 또한 워싱턴 D.C는 그들이 신성시하며 '신(神)의 경도'라고 부르는 77번째 서쪽 자오선에 위치해 있습니다.

10. 제 4차 산업혁명에서 말하고 있는 티핑 포인트란 무엇입니까?

티핑 포인트는 그로진스(Morton Grodzins)가 1957년 화이트 플라이트 (white flight, 백인 이주 현상) 연구에서 처음 사용한 용어로 1960년대 백인들의 거주하는 동네에 흑인들의 비율이 일정 수준을 초과하면 백인들이 그 동네를 갑자기 떠나 버리는 현상입니다.

티핑 포인트는 갑자기 뒤집히는 지점이라는 의미로 어떠한 현상이 서서히 진행되다가 작은 요인으로 한순간 폭발하는 것을 말합니다. 제 4차 산업 혁명의 빅데이터와 인공지능은 우리 시대의 대표적인 티핑 포인트의 사례에 속하는데 휴거의 날도 티핑 포인트로 일어날 것입니다.

11. 공유기업과 재벌 해체

1) 우버(Uber) 교통중개 서비스

우버(Uber)의 차량 공유서비스가 전 세계 택시업계를 뒤흔들고 있습니다. 우버는 스마트폰 앱으로 택시가 아닌 일반 자가용 차량을 배정 받을 수 있게 해주는 교통 중개 서비스입니다. 우버는 남의 차를 잠간 함께 쓰고자 하는 소비자(승객)와 원하는 시간대에 내 차를 남에게 제공하고자 하는 판매자(기사)를 연결해주며 공유경제 비즈니스라는 새로운 모델을 제시했습니다. 일종의 중개업을 앱에서 구현한 셈입니다. 현행 제도보다 앞서 나가는 혁신성 때문에 불법 논란에 휘말리고 있지만 그것이 우버의 확산을 막진 못했습니다. 오히려 우버는 공유경제의 붐을 일으키며 무섭게 질주하고 있습니다. 실제로 우버의 성공을 눈으로 확인한 사업가들이 제2의 우버를 표방한 새로운 회사를 설립하여 차량 공유 업계에 뛰어들고 있습니다. 게다가 BMW와 포드, GM 등 전통의 자동차 메이커들마저 차량 공유 서비스를 새로 선보이고 있다는 사실은 그들도 더 이상 공유경제 비즈니스라는 트렌드를 무시할 수 없는 현실을 말해주고 있습니다.

가공할 만한 파괴력으로 평가받고 있는 이런 위력 때문에 우버를 둘러싼 논쟁도 뜨겁습니다. 이용자들은 대체로 우버를 찬양하지만 그러나 각국 정부와 기존 택시 업계는 우버를 사라져야 하는 존재로 간주하고, 또 택시면허를 받지 않고 택시영업을 하는 것은 위법이라고 규정함으로써 영업정지 명령을 내렸습니다. 우버는 IT 기술의 발달로 탄생한 새로운 산업과 기존 산업간의 충돌을 일으키는 상징으로 보는 전문가들의 견해도 있습니다.

IT 기술 발전 속도가 과거와 비교되지 않게 빨라지면서 새로운 IT 기술에 의해 야기되는 비즈니스 분야 파괴의 영향력도 훨씬 커졌습니다.

콜택시를 타고 목적지까지 갈려면 여러 과정이 필요합니다. 소비자는 콜택시 회사의 전화번호를 찾고, 전화를 걸어, 상담원과 서비스 이용 상담을 해야 하고 콜택시 회사는 보유 택시를 보내는 일을 해야 합니다. 사후 정산문제 등도 택시회사의 일입니다. 그러나 우버는 이 같은 과정 일부가 생략돼 있는 것입니다.

2014년 전 세계 37개국, 140여개 도시에서 사업을 펼치고 있는 우버에 대한 소비자 호응은 뛰어나며 이를 토대로 우버의 기업가치는 2014년 12월 412억달러(약 45조)로 현대 자동차의 40조원에 비교해 압도적으로 높습니다. 전 세계를 대상으로 스마트폰을 판매하는 LG전자(10여조)보다 기업 가치가 높습니다. 우리나라에서도 카카오 택시가 바로 공유경제 시스템입니다.

2) AirBnB 민간주택 숙박업 서비스

전 세계 숙박 공유기업인 에어비앤비(AirBnB)는 민간주택의 남은 방들을 숙소로 소개시켜주는 사업을 합니다. 세계 어느 도시 뿐만 아니라 시골까지도 연결된 인터넷 연결망을 통해 값싸고 품질 좋은 숙박시설을 이용할 수 있도록 만들어진 공유기업입니다. 출발한지 얼마 되지 않는 역사 속에서 이미 255억달러(약 31조2700억원)의 기업가치로 힐튼호텔과 같은 글로벌 기업을 앞질렀습니다. 우리 정부도 '공유 민박업' 조항을 신설해 주거 중인 주택을 숙박서비스에 제공할 수 있도록 할 방침입니다. 관광산업을 지역 전략산업으로 규제프리존을 신청한 부산과 강원, 제주 등 3곳에서 시범적으로 운용한 뒤 전국적으로 확대한다는 구상입니다. 특히 신설되는 공유민박업은 전용거주지역을 제외한 도시지역 주거용 주택에서 내·외국인을 대상으로 숙박서비스를 제공할 수 있게 됩니다. 도심에서 큰 평수의 아파트나 주택에서 사는 은퇴자들이 남는 방을 적극 활용할 수 있는 길이 열리는 것입니다.

향후 민간주택 숙박업 에어비앤비(AirBnB) 서비스가 전 세계적으로 정착이 되면 세계 모든 호텔업 등이 사라지게 될 것입니다. 그리고 세계 모든 주택들이 세계 모든 사람들이 공유하는 세상으로 변하게 될 것입니다.

3) 카 세어링 서비스

'쏘카'와 '그린카'는 차를 함께 필요할 때 나눠타는 차량공유(카셰어링) 업체의 대표회사입니다. 전 세계 젊은 사람들을 중심으로 일어나는 차량공유(카셰어링) 사업이 빠른 속도로 발전하고 있습니다. 국내에서도 공유차량이 공영주차장을 이용할 수 있도록 관련 규제도 풀립니다. 사실 도심 차량 공유서비스 성공의 최대 관건은 주차장 확보입니다. 국토교통부는 이달 중 주차장법이 정한 주차장 이용에 대한 유권해석을 통해 카셰어링 업체 차량이 공영 또는 사설주차장을 이용해도 위법하지 않도록 근거를 마련하고 있습니다. 국토부는 카셰어링 시범도시를 지정해 이 같은 다양한 지원제도를 시행하기로 했습니다. 또한 임대주택 카셰어링 서비스를 행복주택, 뉴스테이까지 확대하기로 하고 500가구 이상 신규 단지를 물색하고 있습니다.

차량은 운전자의 생명과 직결되는 만큼 안전장치도 마련했습니다. 현재 카셰어링 업체의 경우 경찰청 정보를 통해 사용자의 운전면허번호가 유효한지만 확인할 수 있고 이마저도 하루 3000회 정도로 제한돼 있습니다. 하지만 앞으로는 운전면허 취소·정지 여부, 면허종류까지 실시간으로 확인할 수 있도록 국토부가 관련 시스템을 구축하기로 했습니다.

정부는 대도시와 20~30대를 중심으로 차량 공유가 빠르게 확산하면서 시장이 형성된 만큼 신규 투자와 일자리 창출의 선순환이 일어날 것으로 기대합니다.

4) 핀테크 금융산업

핀테크는 금융(Financial)과 정보기술(Technology)의 합성어로, 인터넷·모바일 공간에서 결제·송금·이체, 인터넷 전문 은행, 크라우드 펀딩, 디지털 화폐 등 각종 금융 서비스를 제공하는 산업을 뜻합니다. 핀테크는 스마트폰, 인터넷을 통해 간편하게 금융 업무를 처리할 수 있도록 해주기 때문에 전 세계에 금융 혁명을 몰고 올 것으로 예측되고 있습니다. 베스트셀러 "머니 볼"의 저자 마이클 루이스는 2014년 11월 "금융회사들은 스스로는 느끼지 못하지만 이미 사형을 기다리는 상태"라면서 "그동안 자금을 투자하려는 사람과 빌리려는 사람 사이에서 중개자 역할을 해왔는데, 인터넷과 테크놀로지가 월스트리트가 독점했던 이런 비즈니스를 파괴적으로 변화시킬 것"이라고 했습니다.

핀테크가 금융업에 파란을 불러올 것으로 예측되면서 전 세계 주요 IT 업체들은 금융업을 새로운 먹거리로 보고 경쟁적으로 핀테크에 뛰어들고 있습니다. 애플은 모바일 결제 서비스 '애플페이'를 출시했으며, 구글, 아마존 등도 핀테크 시장에 진출했습니다. 글로벌 핀테크 업체의 한국 공략도 시작되었습니다. 중국의 1, 2위 전자 결제 회사인 알리페이와 텐페이가 국내 영업을 시작했으며, 대만의 최대 온·오프라인 전자 결제 업체인 개시플러스(Gash+)와 싱가포르의 전자 결제 회사인 유페이도 한국 시장에 진출하겠다고 밝혔는데, 글로벌 핀테크 업체의 한국 진출이 본격화하면 연간 15조 원 규모로 성장한 국내 모바일 결제 시장을 잠식할 것이라는 전망도 나왔습니다.

글로벌 핀테크 업체에 맞서 한국의 IT 업체들도 핀테크 경쟁에 합류하고 있습니다. 온라인 메신저 업체인 카카오가 제공하는 카카오페이(결제), 뱅크월렛카카오(송금), 결제·송금이 모두 가능한 서비스인 네이버의 '라인페이' 등이 그런 경우입니다. 삼성전자도 2015년 2월 미국 매사추세츠에 위치한 모바일 결제 솔루션 업체 루프페이(LoopPay)를 인수해 삼성페이를 내놓았습니다.

12. 공산당의 뿌리와 역사

가짜 유대인들은 누구입니까?

먼저 가짜 유대인들의 뿌리는 가나안 7족속들입니다. 이들의 종교는 비밀종교입니다. 인신제사와 동성애 축제입니다. 이들은 이와 같은 비밀 종교를 감추고 유지시키기 위해 가짜 유대인으로 신분을 세탁했습니다. 바리새파 유대인들이 장로들의 유전을 지킨다는 명목으로 이방인들과 철저하게 분리된 삶을 추구한 가장 큰 이유는 그들의 비밀종교를 철저하게 숨기기 위한 전술입니다. 이들이 가짜 유대인으로 신분을 세탁한 장소가 카르타고입니다. 그리고 하자르 공화국입니다. 카르타고는 페니키아인들이 세운 도시국가로 로마제국에게 망할 때 그들이 살아남기 위해 가짜 유대인으로 신분을 세탁합니다. 그리고 하자르 공화국은 7세기에 카스피해 북쪽에 세워진 투르크계 민족으로 사라센 이슬람과 비잔틴 사이에서 중립을 지키기 위해 유대국가가 된 후 러시아 블라디미르 왕자에게 멸망한 후 흩어져 헝가리, 폴란드, 독일 등지로 흩어졌는데 독일에 정착한 하자르게 유대인들을 아쉬케나지 유대인이라고 부릅니다.

가짜 유대인들은 왜 공산당들입니까?

1776년 5월 1일 일루미나티 창설자 아담 바이스하우프트는 왜 유대인들이 비밀결사를 만들어야 하는가에 대하여 설명했습니다.

"평등과 자유는 태고의 원형적 인간이 자연으로부터 선물받은 근본적인 권리다. 이 평등을 최초로 침해한 것은 사유재산제도였고, 자유를 속박한 것은 권력집단, 혹은 정부라고 하는 것이었다. 서구문명에서 사유재산제도와 정부의 존립기반은 기독교적인 시민사회의 규범과 제도이다. 그러므로 인간이 그의 태고적 원시상태의 평등과 자유를 회복하기 위해서는 먼저 기독교와 시민사회를 타도해야하며 마지막으로는 사유재산을 폐지해야 한다." 아담 바이스하우프트의 이러한 논리는 프리메이슨을 비롯한 모든 비밀결사(secret society)들의 가장 근원적인 사상입니다. 이러한 독소는 하급단계에서 배양되고, 고급단계에서는 과학적으로 체계화되며, 인터내셔널 공산주의와 사민주의를 통해 이 땅에 실현됩니다.

'빛을 받은 자'를 의미하는 일루미나티는 프랑크푸르트의 로스차일드, 암스테르담의 멘델손과 베르타이머, 함부르크의 오펜하이머, 런던의 골드슈미트 등 18세기 후반 유대인 大은행가들이 비밀리에 후원했던 많은 급진적 비밀결사들 가운데 하나였습니다. 이들의 목표는 기독교에 기초한 유럽의 권력구조의 타도였습니다. 계몽주의로 대변되는 세속인본주의와, 자유-평등을 내건 자유주의적 혁명사조의 확산으로 사양길에 접어든 전통적 토지귀족을 밀어내고 국제적인 연결망을 구축한 유대인 금융재벌들은 유럽의 신흥 지배계급으로 부상했습니다. 1789년 프랑스 대혁명은 그 신호탄이었고, 1917년 러시아 볼셰비키 공산혁명이 본 게임이었습니다.

러시아 볼셰비키 혁명을 지원한 유대 금융가들은 로스차일드 미국 에이전트인 쿤앤롭(Kuhn & Loeb)의 야콥 쉬프, 로스차일드 네이션 메이어, 미국 FRB 창설자 폴 워버그, 존 D. 록펠러 등입니다. 이들은 독일과 미국 발전에 기여한 유대인 영웅들입니다. 야콥 쉬프는 일본을 지원하여 러일전쟁을 승리로 이끈 장본인입니다.

러시아를 공산화 시킨 유대인들은 제 2차 세계대전을 일으켜 중국을 공산화시키고, 미국과 연합군이 되어 제 2차 세계 대전을 승리로 이끈 뒤 유엔과 철의 장막을 만들어 세계 절반을 소련에게 넘겨주고 미국과 냉전체계를 확립시켰습니다. 그후 1991년 소련을 붕괴시키고 대신 중국이란 대국을 통해 과학적 공산주의 신세계질서를 준비하고 있습니다.

1971년 닉슨 대통령은 핑퐁외교를 통해 중국과의 관계를 정상화시키고, 1979년 등소평은 미국을 방문하여 흑묘백묘정책(黑猫白猫政策)을 통해 개방 사회를 열었습니다. 1980년부터 미국은 매년 5,000억 달러 이상의 무역 흑자를 중국에 안겨주므로 오늘날 중국은 미국과 어깨를 나란히 할 수 있는 대국이 되어 패권주의 전쟁이 가능한 국가가 되었습니다. 이런 일들을 닉슨 대통령 때부터 지금까지 막후에서 조정한 사람이 바로 미국 유대인의 최고의 거물급 인사인 헨리 키신저입니다.

헨리 키신저와 같이 신세계질서를 만들어 가고 있는 미국의 일루미나티는 300만 명입니다.

이들은 정치적으로, 경제적으로, 종교적으로 세분화시켜 차분하게 자본주의를 무너뜨리고 공산주의를 내세워 기독교를 파괴시키고 종교통합으로 유엔을 중심으로 세계정부를 세워가고 있는 중입니다.

최초의 공산국가인 니므롯의 나라

최초의 공산주의 국가는 바벨탑을 쌓았던 니므롯입니다. 유대주의 학자들은 니므롯은 기계로 찍어낸 벽돌처럼 공산주의 획일화 통제사회와 하나의 언어를 무기로하여 인류 최초 공산주의 제국을 세워서 배도를 했다고 주장했습니다. 공산주의 경제정책은 반드시 독재정치와 통제사회를 통해서만 성공할 수 있습니다. 그래서 공산주의는 절대 권력의 상징인 독재와 통제사회 정치 경제 시스템을 발전시켜 왔습니다. 그들이 바로 니므롯의 후예들인 가나안 7족속들입니다.

스파르타와 카르타고

스파르타와 카르타고의 특징은 공산주의 경제와 강력한 군대문화를 가진 독재주의 경찰국가입니다. 소크라테스의 엘리트 신인간론과 플라톤의 이상국가의 모체가 되는 나라가 스파르타와 카르타고입니다. 이 두 나라는 가나안 7족속들이 세운 나라입니다. 스파르타와 카르타고는 이원집정제와 같은 정치제도처럼 자유시민과 농노(農奴)를 구분했습니다. 철저히 신분을 고착화시키는 사회로 만들었습니다. 이것이 또한 중세의 정치제도와 같습니다. 획일화 사회입니다.

철저하게 신분이 나누어진 고착화된 사회입니다. 지금도 프리메이슨들이 지배하고 있는 인도는 카스트 제도를 통해서 브라만들은 신처럼 군림하고 살아가고 있습니다.

베네치아 경찰국가와 공산주의

베네치아는 카르타고 상인들이 세운 국가입니다. 이들은 아무도 주목하지 않았던 외딴 산호섬을 개발하여 수상도시를 만들었고, 1000년 만인 1204년 제 4차 십자군 원정을 통해 비잔틴을 멸망시키고 세계를 주름잡은 강대국으로 부상했습니다. 그후 그들은 신대륙의 발견을 통해 넓어진 세계 경제시장을 독점하기 위해 해저(海底)의 습지(濕地)도시인 암스텔담을 개발하여 네델란드를 세웠습니다.

네델란드에 세워진 최초의 은행과 증권거래소

1600년 네델란드는 동인도회사를 세웠습니다. 1602년 최초로 암스텔담에 증권거래소가 세워져서 주식들이 거래되기 시작했습니다. 이 모든 일들이 바로 가짜 유대인들이 주도적으로 했던 정책들입니다. 그후 청교도 혁명과 명예혁명을 통해 영국을 지배한 네델란드 유대인들은 영국의 중앙은행과 조폐공사를 점령하여 영국경제를 독점했습니다. 이들이 미국의 지금의 뉴욕을 뉴암스텔담의 이름으로 세우고 세계 무역센터를 통해 세계경제를 주도하고 있습니다.

왜 유대공동체는 공산주의 경제를 유지해 나가고 있습니까?

놀라운 사실은 지금도 세계 금융 카르텔의 주인인 유대인들은 공산주의 경제체제를 유지하고 있다는 사실입니다. 겉으로 보면 그들이 돈이 많이 있고, 세계 경제를 독점하고 있기 때문에 흥청망청 살아가고 있다고 생각하지만 그들처럼 검소하고, 그들처럼 알뜰하게 살아가는 사람들이 없다는 것입니다. 미국의 데이비드 록펠러 같은 사람도 청바지를 입고, 허름한 조끼나 걸치고 다니는 실용주의 사람이었습니다. 그들은 철저하게 외부와 단절된 그들만의 세계에서는 고대로부터 이어 내려온 프리메이슨의 고백인 형제애를 지키고 살아갑니다. 이것은 비밀단체가 가지고 있는 일종의 서약입니다. 이들은 이 서약을 배반하면 죽음밖에 없습니다. 고대로부터 내려온 비밀결사들의 서약은 목숨을 담보로 한 고백이었습니다. 이들이 바로 바리새파 유대인들입니다. 진젠도르프의 칼의 서약이기도 합니다. 반지의 제왕, 겨자씨 기사단, 말타 기사단, 템플(성전)기사단, 일루미나티, 장미십자단, 스컬 앤 본(Skull and Bones) 등 수많은 비밀결사들이 그들만의 세계를 만들어 가기 위해 목숨을 걸고 맹세를 하고 지금까지 전 세계 정치, 경제, 종교 문화를 만들어 가고 있는 것입니다. 이들이 철저하게 지켜온 것이 바로 형제애를 누릴 수 있는 그들만의 세계에서의 공산주의 경제와 평등사회입니다.

　프랑스 혁명의 평등, 박애, 자유는 비밀결사들에게 주어진 약속과 구호일 뿐 일반 노동자와 시민들은 들러리에 불과했던 것입니다. 지금도 그들이 약속한 찬란한 미래의 청사진들이 있습니다. 그러나 이 모든 것들도 그들이 말하고 있는 가축인들을 위한 것이 아니고 비밀결사체인 그들만을 위한 세계입니다.

왜 유대인들은 돈을 버는가?

　왜 유대인들이 목숨 걸고 돈에 집착을 합니까? 그들이 단지 먹을 것을 위해서 그런 것이 아닙니다. 그들이 돈을 많이 벌어 허세를 부리기 위함도 아닙니다. 그들이 목숨을 걸고 돈을 모은 이유는 그들의 세계를 만들기 위함입니다. 곧 지상의 유토피아 다윗의 메시아 왕국을 세상에 세우려 하는 것입니다. 이것을 현대어로 신세계질서라고 합니다. 이들이 돈을 버는 방법은 다양합니다. 전쟁, 환율조작, 주가조작, 경제정책, 금융통화정책 등입니다.

　성경에 나타난 두 가지 세계관이 있습니다. 하나는 하나님께서 아담에게 주신 세계관입니다. 창1:28에서 생육하고 번성하여 땅에 충만하라고 하셨습니다. 하늘과 땅과 바다의 모든 생물을 다스리라고 하셨습니다. 이것이 하나님께서 인간들에게 주신 명령입니다. 그래서 지금도 하나님께서는 인간의 구원을 이루시기 위해 일하시고 계십니다.

　또 하나의 세계관이 있습니다. 하나님께서 아담에게 주신 명령을 훼방하고 무너뜨리는 세계관입니다. 이것이 바로 적그리스도의 세력들이 가지고 있는 세계관입니다. 즉 가인의 후예들입니다. 이들의 목적은 하나님께서 창세전부터 계획하신 창조와 구속의 목적이 이루어지지 못하도록 하는 것이 그들이 존재한 이유입니다. 그래서 그들은 하나님께서 계획하신 목적의 반대로 모든 일들을 행하는 것입니다. 이것이 바로 짝퉁 천년왕국입니다. 하나님께서는 창세전부터 교회의 천년왕국을 세우시기를 원하셨습니다. 그리고 지금까지 이를 이루시기 위해 역사를 섭리하고 계십니다. 눈에 보이는 세계를 지으시고 눈에 보이지 않는 나라를 세우시고 계십니다. 눈에 보이는 물질세계의 왕국을 통해서 눈에 보이지 않는 영원한 왕국을 세우시는 것입니다.

악한 자들을 사용하시는 하나님의 섭리

성경에서는 세상을 지배하고 있는 세상 임금의 나라 즉 붉은 용인 사탄이 다스리고 있는 나라를 일곱 머리 열 뿔이라고 했습니다.(계12:3) 이들의 나라가 바로 애굽, 앗수르, 바벨론, 페르시아, 그리스, 로마, 그리고 마지막 적그리스도의 나라입니다. 이러한 일곱 나라들의 조상들이 바로 가나안 7족속입니다.

하나님께서는 이들의 나라를 통해서 하나님의 구원섭리를 이루어가십니다. 용은 일곱 머리 열 뿔을 통해서 구약에서는 이스라엘을 신약에서는 교회를 핍박하고 박해를 합니다. 그러나 오히려 하나님은 이들을 통해서 구약의 이스라엘과 신약의 교회를 정결하게 하시고 더욱 더 거룩하게 하셨습니다. 하나님은 세상 것들을 통해서 하나님의 백성과 교회를 더욱 더 멋지게 만들어 가시는 것입니다.

마지막 나라인 일곱 머리 열 뿔인 적그리스도의 나라

지금 우리가 살고 있는 세계에 마지막에 세상에 나타날 짐승의 나라가 등장했습니다. 오랜 세월 동안 준비된 배도의 나라가 세워졌습니다. 이것을 요한 계시록의 시대라고 합니다. 왜냐하면 요한 계시록은 예수님이 재림하시기 7년 전에 일어날 일들이 집중적으로 기록되어 있기 때문입니다. 말세에 살고 있는 우리는 이 모든 것들을 분별할 수 있어야 합니다. 그래서 제 4차산업의 혁명과 신세계질서라는 책이 필요한 것입니다.

세계 은행의 역사

세계은행은 고리대금으로부터 시작됩니다. 그리고 고리대금업자들이 전당포를 운영합니다. 전당포가 발전하여 은행이 됩니다. 고대로부터 발전된 경제도시는 베니게입니다. 베니게는 비블로스라는 이름을 가진 항구이기도 합니다. 두로와 시돈 그리고 베니게는 고대 무역항입니다. 이집트 파피루스 종이와 레바논의 백향목과 잣나무가 모여져서 이루어진 무역항구입니다.

여기에서 고대무역을 장악한 사람들이 가나안 7족속들입니다. 일명 붉은 빛 자주장사들입니다. 베니게는 나중에 페니키아라는 이름으로 변경되어 지중해로 뻗어 나가 카르타고를 건설합니다. 이들은 인류 최초의 무역상들이고 거부들입니다. 이들에 의해서 고리대금, 전당포, 은행들이 발전되어 세계 경제는 처음부터 가나안 7족속으로 주인이 정해진 것입니다.

이들에 의해서 세계 지도와 복식부기가 만들어지고, 페니키아 알파벳이 오늘의 세계 언어가 되었습니다. 세계 최초로 만들어진 정치와 경제 공동체는 가나안 7족속들입니다.

아쉬케나지 유대인의 정체

하자르 공화국은 주후 7세기-10세기 카스피해 북쪽 지역 최초 유대 공산주의 국가로 있다가 러시아 블라디미르 왕자에게 멸망을 당했습니다. 이들이 흩어진 지역이 바로 헝가리, 독일입니다. 이중에 독일로 도망한 하자르계 유대인들이 아쉬케나지 유대인들이 됩니다. 볼세비키 공산주의 유대인들로 1917년 러시아 공산주의 혁명을 주도한 세력들로서 1000년 전에 망했던 공산주의 주권을 다시 빼앗아 오는 역사적 보복이기도 했습니다.

오늘날 아쉬케나지 유대인들은 세계 금융권력을 장악한 자들이고, 일루미나티 세력들입니다. 미국의 네오콘들의 주축이 또한 아쉬케나지 유대인들입니다. 칼 마르크스를 비롯하여 세계 공산당 선언을 했던 대부분의 유대인들이 아쉬케나지 유대인들입니다.

러시아 기독교인들의 학살 현장

THE DEFENDER 1930년대 미국 기독교-보수 월간지

"마침내 유대인은 힘없는 러시아 기독교인들을 상대로 대량학살과 고문에 대한 그들의 백일몽을 마음대로 행동으로 옮길 수 있게 되었다. 이들은 기독교인들을 잠든 침대에서 끌고 나와 고문하고 살해했다. 유대인들은 실제로 희생자의 신체를 조금씩 썰기도 했고 또 어떤 이들은 불에 달군 쇠꼬치로 지졌으며 견딜 수 없는 고통을 안기기 위해 안구를 뽑아내기도 했다. 어떤 경우 희생자들은 머리와 사지가 드러난 상자에 들어갔고 그 상태에서 상자 안으로 투입된 굶주린 쥐들에 의해 몸통을 뜯겼다. 또 어떤 이들은 손과 발에 못질을 당하여 천정에 매달린 상태에서 서서히 죽어 갔다. 쇠사슬로 바닥에 묶여있는 어떤 이들의 입에는 액화된 뜨거운 납이 부어지기도 했다. 많은 이들이 말에 묶여 거리에 질질 끌려 다녔으며 이를 보고 몰려든 유대인 군중이 던진 돌과 발길질에 맞아

죽었다. 기독교도 여인들은 그들의 아기들과 함께 광장에 끌려나왔고 유대인 적색분자들은 그들에게 그리스도를 부정하라고 명령했다. 만약 여인이 이를 거부할 경우 유대인은 아기를 허공에 던졌고 또 다른 유태인이 총검으로 아기를 낚았다. 유대인들은 기독교도 임산부들을 나무에 묶어놓고 그들의 배를 갈라 태아를 꺼냈다."

혁명 당시 러시아의 많은 곳에서 공개처형식이 벌어졌는데 이중 한 사례에 관하여 미국에서 파견된 로박 위원회(Rohrbach Committee)는 다음과 같이 기술하고 있다: "키에프(Kiev) 체카 사령부 안에 있는 한 처형실의 시멘트 바닥은 희생자들이 흘린 피로 질퍽한 상태에 있었는데 그 수위가 3인치에 달했다. 피에는 사람의 뇌수와 두개골 파편들이 섞여 있어 괴기스러운 장면을 연출했다. 처형실의 벽은 피로 범벅이 되어 있었으며 어떤 곳에는 뇌수와 머리가죽의 일부가 말라붙어 있었다. 피를 빼내기 위해 만들어져 있었던 너비 25센티미터, 직경 10미터, 그리고 깊이 25센티미터 크기의 배수구 역시 피로 가득차 있었다. 일부 시신은 내장이 제거된 상태였으며 또 다른 시신들은 사지가 절단되어 있었고 또 일부는 형체를 알아 볼 수 없을 정도로 난도질을 당한 상태였다. 일부는 안구가 없었으며 머리와 얼굴, 목, 가슴 등에 깊은 자상을 입고 있었다. 또한 우리는 가슴에 말뚝이 박혀있는 시신과 혀가 없는 시신들도 발견할 수 있었다. 구석에는 주인을 알 수 없는 많은 수의 절단된 팔과 다리들이 쌓여 있었다."

(October, 1933)

제 2부 일곱 머리 열 뿔, 세상 임금과 비밀 결사

1장 성경에서 말하고 있는 세상

1. 세상을 아십니까?

땅에서 사는 그리스도인은 세상을 알아야 합니다. 그렇지 않으면 성도는 세상에서 믿음으로 살아갈 수 없습니다. 세상은 아무렇게나 무질서하게 돌아가는 것이 아닙니다. 어떤 사람이 생각한 것처럼 우연히 모든 일들이 일어나는 것도 아닙니다. 비록 세상이 아담이 타락한 이후 사탄에게 지배를 받고 있지만 지금까지 하나님은 세상을 공평과 정의로 다스리시고 계십니다. 머리카락 하나까지 세시는 하나님께서 죄로 말미암아 타락한 세상을 붙드시고 통치하시면서 하나님의 구속의 역사를 만들어 가고 계십니다.

예수님께서는 세상에서 좋은 씨를 뿌려서 하나님의 아들들을 세워 가십니다. 그런데 사탄은 가라지를 뿌려서 하나님의 아들들을 훼방하게 합니다. 분명히 예수님께서는 가라지를 악한 자의 아들들이라고 하셨습니다.

마13:38-40 "밭은 세상이요 좋은 씨는 천국의 아들들이요 가라지는 악한 자의 아들들이요 가라지를 뿌린 원수는 마귀요 추수 때는 세상 끝이요 추수꾼은 천사들이니 그런즉 가라지를 거두어 불에 사르는 것 같이 세상 끝에도 그러하리라"

예수님은 세상에서는 하나님의 빛의 아들들보다 마귀의 아들들이 더 지혜롭다고 하셨습니다.

눅16:8 "주인이 이 옳지 않은 청지기가 일을 지혜 있게 하였으므로 칭찬하였으니 이 세대의 아들들이 자기 시대에 있어서는 빛의 아들들보다 더 지혜로움이니라"

2. 세상 임금을 아십니까?

예수님께서는 자기가 십자가에 돌아가신 후에는 세상 임금이 땅에서 심판을 받아 쫓겨나리라고 하셨습니다. 그리고 또 다른 세상 임금이 오겠다고 하셨습니다. 이는 사탄 마귀는 쫓겨나고 대신 예수님께서 성령으로 오신다는 것입니다.

요12:30-32 "예수께서 대답하여 이르시되 이 소리가 난 것은 나를 위한 것이 아니요 너희를 위한 것이니라 이제 이 세상에 대한 심판이 이르렀으니 이 세상의 임금이 쫓겨나리라 내가 땅에서 들리면 모든 사람을 내게로 이끌겠노라 하시니"

요16:11 "심판에 대하여라 함은 이 세상 임금이 심판을 받았음이라"

요14:29-31 "이제 일이 일어나기 전에 너희에게 말한 것은 일이 일어날 때에 너희로 믿게 하려 함이라 이 후에는 내가 너희와 말을 많이 하지 아니하리니 이 세상의 임금이 오겠음이라 그러나 그는 내게 관계할 것이 없으니 오직 내가 아버지를 사랑하는 것과 아버지께서 명하신 대로 행하는 것을 세상이 알게 하려 함이로라 일어나라 여기를 떠나자 하시니라"

창3:15 "내가 너로 여자와 원수가 되게 하고 네 후손도 여자의 후손과 원수가 되게 하리니 여자의 후손은 네 머리를 상하게 할 것이요 너는 그의 발꿈치를 상하게 할 것이니라 하시고"

예수님께서 십자가에서 우리의 모든 죄를 지시고 죽으셨다가 다시 부활하심으로 죄의 권세를 가지고 사망으로 왕노릇하던 사탄의 머리를 깨뜨리신 것입니다. 그리고 승천하셔서 보내 주신 성령으로 말미암아 세워진 교회의 머리되신 왕으로 오신 것입니다.

3. 세상 임금은 누구입니까?

　세상 임금은 붉은 용, 옛 뱀, 사탄, 마귀입니다. 요한계시록에서는 예수님께서 부활 승천하셔서 하나님 보좌 우편에 앉으시고, 하나님 보좌 앞에서 밤낮으로 참소하던 사탄이 쫓겨나는 모습을 기록하고 있습니다.
　계12:7-11 "하늘에 전쟁이 있으니 미가엘과 그의 사자들이 용과 더불어 싸울새 용과 그의 사자들도 싸우나 이기지 못하여 다시 하늘에서 그들이 있을 곳을 얻지 못한지라 큰 용이 내쫓기니 옛 뱀 곧 마귀라고도 하고 사탄이라고도 하며 온 천하를 꾀는 자라 그가 땅으로 내쫓기니 그의 사자들도 그와 함께 내쫓기니라 내가 또 들으니 하늘에 큰 음성이 있어 이르되 이제 우리 하나님의 구원과 능력과 나라와 또 그의 그리스도의 권세가 나타났으니 우리 형제들을 참소하던 자 곧 우리 하나님 앞에서 밤낮 참소하던 자가 쫓겨났고 또 우리 형제들이 어린 양의 피와 자기들이 증언하는 말씀으로써 그를 이겼으니 그들은 죽기까지 자기들의 생명을 아끼지 아니하였도다"
　예수님께서 십자가에서 죄인들의 죄를 구속하시기 전에는 세상 임금인 사탄 마귀가 하나님 앞에서 밤낮 송사하면서 죄의 삯인 사망의 권세를 가지고 땅에서 임금 노릇을 했습니다. 그러나 예수님께서 모든 죄를 없이 하신 후 하나님 보좌 우편에 대제사장으로 앉으신 다음에는 사탄이 하늘에서 쫓겨났습니다. 그리고 세상 임금의 자격도 예수님께 빼앗겨 버린 것입니다.
　구약에서는 사탄 마귀가 합법적으로 죄인들을 송사하여 통치를 했습니다. 마치 검사가 죄인을 합법적으로 송치를 하여 감옥에 가두어 통제하는 것과 같습니다. 그러나 예수님께서 모든 죄를 속량하시므로 합법적으로 마귀의 할 일을 폐(廢)하여 버리신 것입니다. 그리고 대신 예수님께서 하늘과 땅의 모든 권세와 음부의 권세까지 가지시고 성령으로 이 세상에 오셔서 교회를 세우시고 계신 것입니다.
　마28:18-20 "예수께서 나아와 말씀하여 이르시되 하늘과 땅의 모든 권세를 내게 주셨으니 그러므로 너희는 가서 모든 족속으로 제자로 삼아 아버지와 아들과 성령의 이름으로 세례를 주고 내가 너희에게 분부한 모든 것을 가르쳐 지키게 하라 볼지어다 내가 세상 끝날까지 너희와 항상 함께 있으리라 하시니라"

2장 일곱 머리 열 뿔인 붉은 용의 정체

1. 세상 임금인 용은 어떻게 세상을 통치하고 있습니까?

예수님의 죄에 대한 구속으로 말미암아 뱀의 머리는 상하여 세상 임금의 자격은 박탈당하였지만 하나님께서 죄인을 구하여 내실 때까지 사탄의 심판을 연기하시고 계십니다. 땅끝까지 복음이 증거되고 교회가 완성이 되고 나면 예수님께서 왕으로 재림하셔서 사탄을 심판하십니다. 그때까지 사탄은 세상 사람들을 속이면서 왕노릇을 계속하고 있는 것입니다. 요한계시록에는 용이 어떻게 세상을 다스리고 있는지 보여 줍니다.

계12:3-5 "하늘에 또 다른 이적이 보이니 보라 한 큰 붉은 용이 있어 머리가 일곱이요 뿔이 열이라 그 여러 머리에 일곱 왕관이 있는데 그 꼬리가 하늘의 별 삼분의 일을 끌어다가 땅에 던지더라 용이 해산하려는 여자 앞에서 그가 해산하면 그 아이를 삼키고자 하더니 여자가 아들을 낳으니 이는 장차 철장으로 만국을 다스릴 남자라 그 아이를 하나님 앞과 그 보좌 앞으로 올려가더라"

붉은 용이 예수님이 태어나면 죽이려고 기다리다가 실패하고 예수님께서 부활 승천하시는 모습을 기록하고 있습니다. 여기에서 붉은 용의 모습은 머리가 일곱이요 뿔이 열이라고 했습니다. 머리가 일곱이라는 의미는 일곱 왕관으로 일곱 나라의 왕을 말합니다. 그리고 뿔이 열이라 함은 완전한 권세를 말합니다. 즉 세상을 지배하고 있는 제국(帝國)입니다. 요한계시록 17장에서는 좀 더 구체적으로 세상을 다스리는 용의 나라에 대하여 기록을 하고 있습니다.

제2부 일곱 머리 열 뿔, 세상 임금과 비밀 결사

3장 일곱 머리 열 뿔인 붉은 용이 다스리는 나라들

1. 일곱 머리 열 뿔의 비밀

　마지막 예수님이 재림하시기 전에 전 세계적인 배도가 있습니다. 이 배도에 앞장을 선 사람은 바벨론 음녀라는 종교 지도자입니다. 바벨론 음녀는 종교 지도자로서 전 세계 종교를 하나로 통합을 하여 정치적인 지도자인 짐승에게 권세를 몰아줌으로 해서 정치적인 지도자는 하늘의 하나님을 향해 배도를 선포하고 하나님을 대적하다가 예수님의 재림으로 심판을 받게 됩니다.
　그런데 요한계시록 17장에서는 종교 지도자인 바벨론 음녀가 정치 지도자인 짐승을 타고 먼저 권세를 행사하는 모습이 기록되어 있습니다. 그러나 곧 바로 정치적인 지도자가 종교적인 지도자인 바벨론 음녀를 죽이고 정치권력과 종교권력을 통합한 막강한 권력을 가지고 하나님을 향해 배도를 선포하고 하나님의 뜻대로 교회를 박해(迫害)하여 알곡을 추수하시는 모습이 기록되어 있습니다.
　계17:7-17 "천사가 이르되 왜 놀랍게 여기느냐 내가 여자와 그가 탄 일곱 머리와 열 뿔 가진 짐승의 비밀을 네게 이르리라 네가 본 짐승은 전에 있었다가 지금은 없으나 장차 무저갱으로부터 올라와 멸망으로 들어갈 자니 땅에 사는 자들로서 창세 이후로 그 이름이 생명책에 기록되지 못한 자들이 이전에 있었다가 지금은 없으나 장차 나올 짐승을 보고 놀랍게 여기리라 지혜 있는 뜻이 여기 있으니 그 일곱 머리는 여자가 앉은 일곱 산이요 또 일곱 왕이라 다섯은 망하였고 하나는 있고 다른 하나는 아직 이르지 아니하였으나 이르면 반드시 잠시 동안 머무르리라 전에 있었다가 지금 없어진 짐승은 여덟째 왕이니 일곱 중에 속한 자라 그가 멸망으로 들어가리라 네가 보던 열 뿔은 열 왕이니 아직 나라를 얻지 못하였으나 다만 짐승과 더불어 임금처럼 한동안 권세를 받으리라 그들이 한 뜻을 가지고 자기의 능력과 권세를 짐승에게 주더라 그들이 어린 양과 더불어 싸우려니와 어린 양은 만주의 주시요 만왕의 왕이시므로 그들을 이기실 터이요 또 그와 함께 있는 자들 곧 부르심을 받고 택하심을 받은 진실한 자들도 이기리로다 또 천사가 내게 말하되 네가 본 바 음녀가 앉아 있는 물은 백성과 무리와 열국과 방언들이니라 네가 본 바 이 열 뿔과 짐승은 음녀를 미워하여 망하게 하고 벌거벗게 하고 그의 살을 먹고 불로 아주 사르리라 이는 하나님이 자기 뜻대로 할 마음을 그들에게 주사 한 뜻을 이루게 하시고 그들의 나라를 그 짐승에게 주게 하시되 하나님의 말씀이 응하기까지 하심이라"

　일곱 머리는 일곱 왕인데 다섯은 망하였고 여섯째는 있고 일곱 번째는 아직 이르지 않았지만 마지막 시대에 나타날 것이라고 했습니다. 일곱 번째 왕은 여덟 번째에서 나온다고 했습니다. 그런데 일곱 번째 왕은 전에 있었던 나라라고 했습니다. 바벨탑을 쌓고 최초로 하나님을 대적했던 니므롯입니다. 그리고 망한 다섯 왕은 애굽, 앗수르, 바벨론, 페르시아, 그리스입니다. 사도 요한 당시 있었던 여섯째 왕은 로마입니다.

　다니엘 2장과 7장에서도 동일한 예언을 하고 있습니다. 바벨론, 페르시아, 그리스를 이어 철같은 로마와 마지막 나올 열 발가락 시대 열 명의 왕이 나라를 다스릴 때 예수님께서 재림하셔서 세상을 심판하고 영원한 나라를 세우실 것을 말씀 하셨습니다.

　단2:36-44 "그 꿈이 이러한즉 내가 이제 그 해석을 왕 앞에 아뢰리이다 왕이여 왕은 여러 왕들 중의 왕이시라 하늘의 하나님이 나라와 권세와 능력과 영광을 왕에게 주셨고 사람들과 들짐승과 공중의 새들, 어느 곳에 있는 것을 막론하고 그것들을 왕의 손에 넘기사 다 다스리게 하셨으니 왕은 곧 그 금 머리니이다 왕을 뒤이어 왕보다 못한 다른 나라가 일어날 것이요 셋째로 또 놋 같은 나라가 일어나서 온 세계를 다스릴 것이며 넷째 나라는 강하기가 철(鐵) 같으리니 철(鐵)은 모든 물건을 부서뜨리고 이기는 것이라 철이 모든 것을 부수는 것 같이 그 나라가 뭇 나라를 부서뜨리고 찧을 것이며 왕께서 그 발과 발가락이 얼마는 토기장이의 진흙이요 얼마는 철인 것을 보셨은즉 그 나라가 나누일 것이며 왕께서 철과 진흙이 섞인 것을 보셨은즉 그 나라가 철 같은 든든함이 있을 것이나 그 발가락이 얼마는 철이요 얼마는 진흙인즉 그 나라가 얼마는 든든하고 얼마는 부서질 만할 것이며 왕께서 철과 진흙이 섞인 것을 보셨은즉 그들이 다른 민족과 서로 섞일 것이나 그들이 피차에 합하지 아니함이 철과 진흙이 합하지 않음과 같으리이다 이 열 왕들의 시대에 하늘의 하나님이 한 나라를 세우시리니 이것은 영원히 망하지도 아니할 것이요 그 국권이 다른 백성에게로 돌아가지도 아니할 것이요 도리어 이 모든 나라를 쳐서 멸망시키고 영원히 설 것이라"

4장 일곱 머리 열 뿔인 붉은 용이 다스리는 나라의 종교

1. 붉은 용의 태양 종교의 정체

용(龍)인 사탄 마귀는 일곱 제국들을 통해서 세상을 다스립니다. 일곱 제국은 이름이 다르고 그 제국이 시작되었다가 망한 시대가 다르지만 혈통이 하나입니다. 바로 함과 가나안 7족속들입니다. 이는 최초의 배도자 니므롯이 함의 자손인 것과 같습니다. 애굽과 그리스 제국은 함의 둘째 아들 미스라임의 후손들입니다. 앗수르, 바벨론, 페르시아, 로마는 함과 가나안의 자손들입니다. 애굽과 그리스의 주신은 이시스라는 여신 태양 종교입니다. 앗수르, 바벨론, 페르시아, 로마의 주신은 바알, 드무지, 담무스라는 남신 태양종교입니다. 애굽과 그리스는 여신 유일신 태양종교로 교육, 과학, 철학, 종교들을 발전시켰습니다. 반대로 앗수르, 바벨론, 페르시아, 로마는 남신 3위1체 다신(多神) 태양종교로 정치와 경제와 전쟁문화를 발전 시켰습니다. 비잔틴을 중심으로 세워진 동방교회는 이집트 유일신 태양종교의 전통을 지켜왔습니다. 로마 바티칸을 중심으로 세워진 서방교회는 3위1체 다신론인 태양종교의 전통을 지켜왔습니다. 그러다가 1875년 뉴욕에서 만들어진 신지학(神智學) 협회를 통해서 동서(東西)의 모든 종교들이 하나로 통합을 했습니다.

5장 세계를 움직이는 비밀결사와 일곱 머리 열 뿔

1. 비밀결사란 무엇입니까?

비밀결사란 비밀종교를 지키기 위한 방편으로 조직된 단체입니다. 비밀종교란 밀교(密敎)인데 가나안 7족속들이 가지고 있었던 인신제사, 동성애, 수간(獸姦) 등을 통해 사탄을 숭배하는 종교입니다. 사탄숭배 종교의 목적은 단지 인신제사, 동성애, 수간(獸姦) 등을 통한 집단 혼음(混淫)축제에서 끝난 것이 아니라 이와 같은 종교적인 제전(祭典)을 통해 루시퍼에게 자신들의 영혼을 팔아서 신비적인 종교 체험을 하고, 비밀지식을 전수 받는 것입니다. 이것을 종교적인 밀교(密敎)라고 합니다.

비밀결사들의 이런 종교적인 밀교(密敎)를 통해 얻은 비밀 지식은 유체이탈(幽體離脫), 투시(透視), 전생여행, 신유(神癒), 초능력, 축사(逐邪), 공중부양, 마인드컨트롤, 텔레파시, 예언 등과 같은 것입니다. 비밀결사들은 세상을 지배한 사탄 루시퍼를 통해서 이러한 초자연적인 능력을 전수 받아 왔기 때문에 지난 6000년 동안 단 한 번도 세상의 부와 명예와 정치적인 권력을 빼앗긴 적이 없습니다.

비밀결사들은 사탄이 통치하고 있는 악한 영들에 의해서 지배를 받고 있는 꼭두각시와 같은 존재들입니다. 사탄은 자신에게 목숨 바쳐 헌신한 비밀결사들에게 비밀 지식을 심어 이 세상에서 지금까지 임금 노릇을 하고 있는 것입니다. 이것이 바로 일곱 머리 열 뿔의 정체입니다.

지금도 신사도 운동을 하고 있는 자들은 세상에 없어져 버리고, 썩어질 것들을 얻기 위해 자신의 영혼을 사탄 마귀에게 제물로 바치고 대신 초자연적인 능력을 얻어 사탄의 나라를 확장하는데 쓰임을 받고 있는 것입니다. 신비주의 신사도 운동가들이 직통계시라고 속이면서 행하는 초자연적인 능력은 오늘도 루시퍼에 의해서 전달되고 있는 비밀지식입니다.

2. 비밀결사의 종류

비밀결사의 종류는 크게 네 가지로 압축할 수 있습니다. 카발라, 프리메이슨, 일루미나티, 장미십자단 입니다. 그리고 작게는 수 백 개로 나눠질 수 있습니다. 툴레회, 황금 새벽회, 신지학, 스컬 앤 본, 오르므즈, 시온 수도회, 템플 기사단, 말타 기사단, 콜럼버스 기사단, 겨자씨 기사단, 벡타쉬, 어쌔신, 동방 템플러 기사단, 대백색형제, 이시스, 두루킹, 바리새파, 프랑키스트, 된메, 수피즘, 무슬림 형제단, 하마스, 알카에다, IS, 빌더버그, 루시스 트러스트, 삼변회(삼극회), 원탁회의, 300인 위원회, 연구분석코퍼레이션, 로마클럽, 타비스톡 인간 연구소, 인간 자원 연구소, 보헤미안 클럽, 스탠포드 연구소, 영국 왕립국제문제연구소(RIIA), 미국 외교문제 연구소(CFR) 등이 있습니다.

3. 고대 종교는 과학이었습니다

비밀지식을 가진 결사들의 고향은 고대 바벨론인 수메르와 고대 이집트입니다. 고대 종교로부터 전수된 비밀지식은 초자연적인 영적인 능력으로만 나타나는 것이 아닙니다. 크게는 우주의 비밀을 통달한 점성술(우주의 구성과 운동)과 황금을 만들 수 있는 연금술과 같은 과학의 원리도 이들에게서 나온 것입니다.

고대 수메르와 고대 이집트는 60진법을 통한 대수(代數)와 피라미드 건축과 같은 기하학(幾何學)으로 유명한 지식을 가지고 있었습니다. 이들이 가진 대수나 기하학은 단지 수학이나 과학이 아니라 그들의 종교였습니다. 왜냐하면 점성술의 발달로 우주를 이해(理解)하고 이를 설명하기 위해 만든 수비학(數秘學)이었기 때문입니다. 고대 종교는 과학이었습니다. 그래서 과학의 원리가 철학이 되고, 철학의 원리로 종교의 교리를 만들었던 것입니다. 이것이 바로 그들이 만든 스콜라 철학입니다. 스콜라 철학은 아리스토텔레스의 형이상학 철학으로 보이는 물질세계로부터 보이지 않는 영적인 세계로 연결되는 사탄의 신학입니다. 초대 교회는 뉴플라톤 철학을 통해서 오리겐, 플로티누스, 어거스틴으로 이어져 기독교 신학이 만들어졌습니다. 뉴플라톤 철학을 기반으로 한 기독교 신학은 단지 영적인 관조의 세계를 통해서 신과의 만남을 이룰 수 있는 관상철학이자 관상신학(觀想神學, theoria)이었습니다. 그러나 주후 8세기부터 수도원에서 시작되었다가 12세기 토마스 아퀴나스에 의해서 완성된 스콜라 철학은 아리스토텔레스의 형이상학 철학 즉 물질로부터 시작된 관조의 세계를 통해서 신과의 만남을 이룰 수 있는 실용주의 신학이 탄생한 것입니다. 이렇게 해서 만들어진 현대신학이 진화론적 유신론입니다.

오늘날 종교통합운동을 하는 사람들이 사용한 용어가 우주교회입니다. 눈에 보이는 우주와 눈에 보이지 않는 우주가 하나라는 개념으로 그리스 일원론 철학입니다. 이는 영적인 세계와 물질적인 세계가 하나라는 이론입니다. 이것을 양자물리학적으로 증명한 사람이 바로 영국의 물리학자 존 폴킹혼입니다. 그는 '양자물리학 그리고 기독교 신학' 이란 책을 통해서 어거스틴의 삼위일체 하나님을 증명하고 있습니다. 영혼과 육체는 양자적 에너지로서 하나라고 주장합니다. 그래서 그는 종교통합운동가들에게 주는 템플턴 상을 받았습니다.

고대 수메르와 이집트에서는 오늘날 현대 과학이 근접(近接)할 수 없는 고도의 천문지식과 우주의 원리를 대수나 기하학으로 이해하고 제도화 할 수 있는 단계까지 발전되어 있었습니다. 그런데 놀라운 사실은 그것이 우리가 지금까지 배운 천문학, 과학, 물리학, 수학 등을 통해 얻어진 지식이 아니라 그들이 섬기는 비밀 종교를 통해서 초자연적으로 얻어진 비밀지식이었다는 것입니다. 이것이 초과학시대에 살고 있는 지금에도 이런 방법으로 오늘날 현대 과학이 필요한 모든 지식들이 전수되고 있다면 아마도 당신은 믿지 못할 것이지만 사실입니다.

예를 들어서 에디슨은 현대인들이 누리고 있는 문명에 필요한 1000가지 이상을 발명한 천재입니다. 그런데 에디슨은 8살에 초등학교에 들어가 단지 3개월 만 정규 교육을 받았습니다.

르네상스 문예부흥을 일으켰던 피렌체는 천재들이 탄생하는 곳입니다. 왜냐하면 그곳에서는 천재교육 프로그램이 진행되었기 때문입니다. 지금도 유대 카발라는 천재교육 프로그램을 진행하고 있습니다. 이것이 유대인들을 천재로 만들었던 것입니다. 유대 카발라 천재교육을 통해 나타난 종교가 사이언톨로지 종교입니다. 여기에서 탄생한 천재들이 지금 세계를 통치하고 있습니다.

바벨론 탈무드, 유대 카발라의 천재교육은 생명나무 종교이론입니다. 이들의 지혜의 근본은 뱀으로 상징되는 소피아라고 하는 스피로트를 통해서 루시퍼로부터 지혜를 공급 받습니다. 그래서 천재를 탄생시킵니다. 이들이 세계를 지배하는 가짜 유대인들입니다. 일곱 머리 열 뿔인 붉은 용이 세계를 통치하는 방법입니다.

6장 하나님의 통치 방법과 비밀결사

1. 공평과 정의로 열방을 다스리시고 심판하신 하나님

하나님께서는 창세전부터 교회를 예정하시고 준비하셨습니다. 특히 악한 자들까지도 예비하셨습니다. 하나님께서는 악한 자들에게는 악한 일을 하도록 준비하셨고, 선한 자들에게는 선한 일을 하도록 준비하셨습니다. 사탄이 아담을 미혹하고 미혹당한 아담을 통치하게 하는 것은 하나님의 정하신 법입니다. 그렇다고 해서 하나님이 아담을 사탄에게 미혹당하게 하셨다는 말은 아닙니다. 아담은 뱀과 사탄을 다스리고 통제할 수 있는 능력이 있었습니다. 그럼에도 불구하고 하나님과 같이 되고 싶은 욕심과 탐욕에 미혹을 받아 타락한 것입니다. 하나님은 타락하여 사탄에게 지배를 받고 있는 인간을 구원하시기 위해 예수님을 아담과 같은 인간의 모양으로 보내시어 죄의 값인 사망을 지불하시고 인간을 구원하셨습니다. 이렇게 하신 것도 하나님의 정의로우신 방법입니다.

악한 자들이 있습니다. 애굽, 앗수르, 바벨론, 페르시아, 그리스, 로마, 적그리스도의 나라들입니다. 이들은 하나님 말씀에 불순종하고 죄를 범해 악을 행하는 나라들을 징벌하시기 위해 하나님이 준비하신 도구들입니다. 그러나 이들은 하나님께서 주신 세상 권세를 자기들의 능력과 힘으로 되어진 것처럼 교만하고, 자긍했습니다. 그리고 자신들에게 권세를 주신 하나님의 이름을 능멸하고, 대적했습니다. 그래서 심판을 받았고 또 받을 것입니다.

선한 자들도 역시 마찬가지입니다. 선한자들이 선을 행하면 더 이상 심판은 없습니다. 그러나 선한 자들도 악한 자들에게 미혹을 받아 악을 행하기 때문에 심판을 받습니다.

하나님께서는 앗수르라는 나라를 세워 열방과 이스라엘의 죄를 징계하여 정결케 하시는 도구로 사용하셨습니다. 그러나 앗수르는 교만하여 자신의 능력으로 그렇게 되었다고 착각을 하고 수많은 죄를 지었습니다. 그래서 하나님은 앗수르를 심판하셨습니다.

사10:5-7, 12-15 "앗수르 사람은 화 있을진저 그는 내 진노의 막대기요 그 손의 몽둥이는 내 분노라 내가 그를 보내어 경건하지 아니한 나라를 치게 하며 내가 그에게 명령하여 나를 노하게 한 백성을 쳐서 탈취하며 노략하게 하며 또 그들을 길거리의 진흙 같이 짓밟게 하려 하거니와 그의 뜻은 이같지 아니하며 그의 마음의 생각도 이같지 아니하고 다만 그의 마음은 허다한 나라를 파괴하며 멸절하려 하는도다 그러므로 주께서 주의 일을 시온 산과 예루살렘에 다 행하신 후에 앗수르 왕의 완악한 마음의 열매와 높은 눈의 자랑을 벌하시리라 그의 말에 나는 내 손의 힘과 내 지혜로 이 일을 행하였나니 나는 총명한 자라 열국의 경계선을 걷어치웠고 그들의 재물을 약탈하였으며 또 용감한 자처럼 위에 거주한 자들을 낮추었으며 내 손으로 열국의 재물을 얻은 것은 새의 보금자리를 얻음 같고 온 세계를 얻은 것은 내버린 알을 주움 같았으나 날개를 치거나 입을 벌리거나 지저귀는 것이 하나도 없었다 하는도다 도끼가 어찌 찍는 자에게 스스로 자랑하겠으며 톱이 어찌 켜는 자에게 스스로 큰 체하겠느냐 이는 막대기가 자기를 드는 자를 움직이려 하며 몽둥이가 나무 아닌 사람을 들려 함과 같음이로다"

하나님께서는 앗수르와 바벨론과 같은 악한 나라들을 친히 세우셔서 악한 자들을 징벌하시고 택한 이스라엘 백성들을 정결케 하시기 위해 창세전부터 준비하셨다고 말씀 하십니다. 그러나 그들은 이것을 알지 못하고 교만하고 탐욕과 욕심으로 심판을 받은 것이라고 말씀 하셨습니다.

사37:26-29 "네가 어찌하여 듣지 못하였느냐 이 일들은 내가 태초부터 행한 바요 상고부터 정한 바로서 이제 내가 이루어 네가 견고한 성읍들을 헐어 돌무더기가 되게 하였노라 그러므로 그 주민들이 힘이 약하여 놀라며 수치를 당하여 들의 풀 같이, 푸른 나물 같이, 지붕의 풀 같이, 자라지 못한 곡초 같이 되었느니라 네 거처와 네 출입과 네가 나를 거슬러 분노함을 내가 아노라 네가 나를 거슬러 분노함과 네 오만함이 내 귀에 들렸으므로 내가 갈고리로 네 코를 꿰며 재갈을 네 입에 물려 너를 오던 길로 돌아가게 하리라 하셨나이다"

2. 본질이 변하지 말아야 심판을 받지 않습니다

본질이란 하나님께서 태초부터 정한 법입니다. 악한 자들은 악한 일에 쓰임을 받도록 창조되었고, 선한 자들은 선한 일에 쓰임을 받도록 창조되었습니다. 하나님께서 창조하실 때 정한 법대로 사는 것이 바로 본질이 변하지 않는 것입니다. 어떤 이는 태어날 때부터 악한 일을 하도록 태어났습니다. 어떤 이는 태어날 때부터 선한 일을 위해 태어났습니다. 이것은 마치 토기장이가 하나는 귀한 그릇으로, 하나는 천한 그릇으로 만드는 것과 같습니다. 이것은 역사를 주관하시는 하나님의 주권입니다. 그러나 이렇게 만들어진 그릇들이 만들어진 목적대로 잘 사용을 받으면 심판을 받지 않습니다. 그릇들이 만들어진 목적에서 벗어나게 되면 심판을 받는 것입니다.

3. 악한 자들을 통해서 선한 자들을 거룩하게 하신 하나님

하나님께서는 악한 자들을 통해서 선한 자들 속에 있는 악을 제거하십니다. 이는 마치 뜨거운 불로 금을 만드는 것과 같은 원리입니다. 하나님은 적그리스도의 세력들을 동원하여 교회를 정결하게 하십니다. 이는 가인을 통해 아벨을 의롭게 하고, 사울을 통해 다윗을 의롭게 하고, 에서를 통해 야곱을 의롭게 하고, 이스마엘을 통해 이삭을 의롭게 하고, 유대인들을 통해 이방인들을 의롭게 하는 것과 같습니다.

4. 제 4차 산업혁명과 신세계질서 책을 통해 얻을 수 있는 교훈

만일 당신이 제 4차 산업혁명과 신세계질서 책을 통해서 하나님이 사용하시는 적그리스도의 세력들의 실체를 발견하게 된다면 놀라운 일이 될 것입니다. 만일 당신이 이 책을 통해서 요한계시록에 기록된 하나님이 마지막 시대에 심판할 나라가 지금 우리 시대에 존재하고 있다는 사실을 깨닫게 된다면 당신은 구원을 받을 수 있을 것입니다. 만일 당신이 이 책을 통해서 세상이란 정체를 바로 이해하신다면 당신은 세상으로부터 구원을 받을 수 있을 것입니다.

성경은 위대한 책입니다. 이 세상에서 유일한 하나님의 말씀이 기록된 책입니다. 천지는 없어져도 성경에 기록된 하나님의 약속은 일점 일획도 없어지지 않고 반드시 이루어집니다. 이 책을 통해서 성경이 하나님의 말씀이란 사실을 깨닫고 성경으로 돌아오신다면 당신은 영원히 행복한 사람이 될 것입니다.

7장 세계를 지배하고 있는 비밀 결사들

1. 장미십자단

장미십자단의 상징

장미십자단은 장미와 십자가의 복합 상징으로 비밀, 환생, 신비, 요니(yoni,여성생식기), 음양합일, 사방위(동서남북), 성심(heart) 등을 상징합니다.

장미십자를 로지크루시아니즘이라고 합니다. 마틴 루터도 장미 십자단의 비밀 결사입니다. 그래서 루터교 로고가 장미십자, 피라미드, 태양입니다. 루터교는 간판만 기독교 간판을 붙였지 전혀 기독교가 아니라 장미십자 신비주의 집단에 불과합니다.

장미십자단의 기원과 교리

신지학자 C.W 리드비터에 의하면 장미십자단의 기원은 수천 년 전 고대 이집트로 거슬러 올라가게 됩니다. 어떤 설에 의하면 장미십자단은 이집트의 파라오 토트메스 3세에 의해 창설된 것이라고도 합니다(기원전 1500년). 그리스 신(新)플라톤파의 철학자이자 시리아파의 창시자인

이암블리코스의 저서 '비의(秘義)'에는 '피라밋 비전(秘傳)'에 대한 글이 나오는데, 거기에서 최고 단계의 명칭은 '장미십자' 입니다.

그리고 '피라밋 비전'의 과정에서 마주하게 되는 이시스 여신상의 가슴에는 황금으로 된 장미십자가 문양이 새겨져 있다고 합니다. 장미십자단의 고대 기원설은 '마법사 자노니'에서 말하는 장미십자단의 고대 기원설과 일치합니다. 신지학회의 창설자 헬레나 블라바츠키는 저서 '베일 벗은 이시스'에서 '마법사 자노니'에 나오는 고대 지혜의 칼데아 기원설에 대한 설명 구절을 한 토막을 그대로 인용한 뒤 오리엔탈 카발라의 존재에 대한 부연 설명에 이용하고 있기도 합니다.

장미십자단에 대한 슈타이너와 리드비터의 주장에서 서로 일치하는 아주 중요한 대목 중 하나는 14세기 로젠크로이츠가 18세기에 생 제르맹 백작으로 화신(化身)해 왔다는 부분입니다.

신지학자 C.W 리드비터에 의하면 생 제르맹은 오랜 과거로부터 여러 화신(化身)들을 취하며 세상에서 활동해 왔다고 말합니다. 대표적인 예로, 3세기에는 성 알반(알바누스), 5세기에는 프로클로스, 13세기에는 로저 베이컨, 14세기에는 크리스첸 로젠크로이츠, 16세기 초반에는 로베르투스, 후반에는 프란시스 베이컨, 17세기에는 조세프 라코치였습니다.

이들이 주장하고 있는 화신(化身)은 일종의 환생(還生)교리입니다. 모양만 다를 뿐 한 사람의 영혼이 지속적으로 나타난다고 하는 교리입니다. 이것을 다른 방법으로 소개를 하면 유체이탈입니다. 유체이탈을 통해서 과거에 살았던 신비가들 속에 있는 비밀 지식을 가져와 사용하는 능력을 말합니다. 이처럼 장미십자단이 가지고 있는 비밀지식은 세상을 지배하는 사탄 루시퍼로부터 공급되는 능력입니다.

장미십자단의 창시자 로젠크로이츠

로젠크로이츠는 1378년 독일에서 출생했습니다. C.W 리드비터에 의하면 로젠크로이츠는 어린 나이에 독일과 오스트리아의 국경 지역에 있는 한 수도원에 보내졌고, 거기서 교육을 받았습니다. 그 수도원은 비밀 전승을 보존한 아주 특별한 수도원이었습니다. 그곳의 수도승들은 진정한 영적 오컬트(신비주의)적인 지식을 소유하고 있었습니다. 거기서 로젠크로이츠는 진정한 신비주의 진수인 연금술의 비밀들을 배웠습니다.

그는 청년 시절 세계 여행을 했습니다. 독일, 오스트리아, 이태리, 이집트 등, 이집트에서 그는 대백색형제단 이집트 롯지의 형제들로부터 환영을 받았습니다. 이집트에서 로젠크로이츠는 이집트 비의(秘義)의 모든 단계들을 통과했습니다. 그 비의(秘義)들은 고대 영적인 제사장(스피릿 가이드)와 같은 하이어로판트(Hierophant)들로부터 직접 전승돼 내려온 것들이었고 대백색형제단이 보존하고 있었습니다.

이집트에서 독일로 돌아온 뒤 로젠크로이츠는 장미십자단을 창설했고, 제자들에게 고대 이집트의 비의와 심원한 오컬트 지식을 가르쳤습니다. 교단의 멤버 수는 항상 극히 제한적이었습니다. 그러나 장미십자단은 유럽의 비밀 전승에 막대한 영향을 미쳤습니다. 장미십자단은 실제로 대백색형제단과 직접적으로 연결된 한 서구 학파를 형성하였습니다.

오리지날 장미십자단은 비록 외부 세계에는 알려지지 않았지만 아직도 엄격한 비밀 속에서 존재합니다. 그들은 여전히 고대의 치유와 마법의 비밀들을 보존하고 있고, 그 비의들을 세상에 전달하고 있습니다. 오로지 극소수의 고위 비전가(秘轉嫁)들만이 성령의 집에 출입이 허락됩니다.

로젠크로이츠는 16세 때 아라비아의 다마스쿠스에서 현자들과 접촉, 그들로부터 신비주의를 배우게 됩니다. 거기서 그는 3년 동안 머물며 아랍어를 배웠고, 'M' 이라는 비서(秘書)를 아랍어에서 라틴어로 옮기고 훗날 유럽으로 가져옵니다. 그는 중동에서 이집트를 경유해 모로코의 페즈로 여행했습니다. 이슬람의 성스러운 도시 중 하나인 페즈는 세계에서 가장 오래된 대학이 있던 곳으로 당시 학문의 중심지 역할을 하였습니다. 거기서 그는 '원소의 거주자들' 로부터 자연의 신비들을 배우게 되었습니다. '원소의 거주자들' 은 마법에서 말하는 사대(四大)의 정령들을 의미합니다. 페즈에서 2년 동안 머문 뒤 그는 자신이 그동안 배운 새로운 지식을 전파할 포부를 안고 고향 독일로 돌아왔고 일찍이 자신이 자랐던 수도원을 찾아갔습니다. 거기서 그는 자신의 이상을 나눌 수 있는 뜻을 같이 하는 일곱 명의 수사들을 동료로 얻을 수 있었습니다. 이것이 바로 장미십자단의 시작이었습니다.

그는 자기 제자들에게 고대지혜를 가르쳤습니다. 세월이 흐른 뒤 그들은 장미십자사상의 전파를 위해 각기 다른 나라로 여행을 떠나게 되었습니다. 하지만 로젠크로이츠는 교단 본부인 '성령의 집'에 남아 있었습니다. 헤어지기 전에 그들은 장미십자단의 규칙 여섯 조항을 만들게 되었습니다.

첫째, 병든 자를 아무런 대가 없이 치료해 준다.
둘째, 신분을 노출시킬 수 있는 어떤 특별한 의복을 입지 않는다.
셋째, 매년 한 번 '성령의 집'에서 모임을 갖는다.
넷째, 각자는 죽기 전에 자신의 후계자를 정한다.
다섯째, 장미십자단의 표장은 R.C.로 한다.
여섯째, 백 년 동안 형제단은 외부 세계에 비밀로 남아 있는다.

C.W 리드비터 역시 로젠크로이츠가 실존 인물이었고, 실제로 장미십자단을 창설했다고 단언하고 있습니다. 리드비터는 그를 위대한 지혜의 마스터의 화신이라고 말합니다. 리드비터는 로젠크로이츠가 '파마'에 기록된 것보다 3년 전인 1375년에 태어났다고 말합니다. 그가 말하는 로젠크로이츠의 생애와 장미십자단의 역사는 다음과 같습니다.

장미십자단의 구성

원주(圓周)를 구성하는 12 포인트 중에서 상위의 일곱은 드러나 있고 하위의 다섯은 감추어져 있습니다. 리드비터의 주장이 옳다면 '성령의 집'에는 로젠크로이츠 뿐만 아니라 그를 보필하는 다섯 명의 형제들이 남아 있었던 셈이 됩니다. 원주를 구성하는 조직을 최초로 사용한 사람은 피다고라스입니다. 그는 신비적인 우주의 힘의 논리를 원주를 이용하여 설명을 했는데 10단계로 설명을 했습니다. 피다고라스 역시 고대 바벨론 갈대아와 이집트 신비주의를 요약하여 일루미나티 종교를 만든 교주입니다.

미국 조지아주 가이드 스톤의 비밀

미국 조지아주는 유럽에서 이민자들이 신대륙에 들어 올 때 가장 최악의 사람들이 모이는 귀양지와 같았습니다. 살인자, 신비주의자, 깡패, 마약 중독자, 광신자, 성범죄자들이 모이는 장소였습니다.

미국 조지아주 북부 지역의 불모의 땅에 세워진 스톤 헨지의 비석은 높이 6.1m에 총 무게 110톤이 나가는 상당히 큰 구조물입니다. 기하학적 대칭 형태를 이루며 서 있는 4개의 돌비석의 8면에는 각기 다른 8개 언어로 신세계질서 세계정부를 세우기 위한 십계명이 새겨져 있습니다. 영어, 중국어, 러시아어, 스와힐리어, 히브리어, 아랍어, 힌두어, 스페인 어로 현대 인류가 가장 많이 사용하거나 역사적, 언어학적 의미가 있는 언어로 새겨진 것입니다. 1979년 로버트 C. 크리스티앙의 의뢰를 받은 지역 석조 전문가가 만들었습니다.

미국의 조지아주 스톤 헨지에서 미국 동부 도시인 보스턴, 뉴욕, 볼티모어, 필라델피아, 워싱턴 D.C.를 일직선으로 오차 없이 통과하는 레이 라인(Ley line)은 또한 고대 오컬트(신비주의)의 아이콘입니다. 레이 라인은 오컬트에서 강력한 에너지가 흐르고 있다고 여겨지는 우주 에너지 선입니다. 오컬트에서 중요한 '하나님의 경도'라고 불리기도 하는 서쪽 77번째 자오선에 위치한 워싱턴 D.C. 오컬트 세력은 워싱턴 D.C.의 위치를 고르는데 매우 영향력을 발휘하였는데, 더욱 흥미로운 점은 워싱턴 D.C.가 본래는 메릴랜드주의 로마라는 이름을 가졌었다는 점입니다. 미국의 스톤 헨지로부터 시작된 레이 라인은 동부 다섯 개 도시를 거쳐 대서양을 통과한 후 영국의 스톤헨지로 연결이 됩니다. 이러한 오컬트는 이집트 피라미드와 중국 장안의 피라미드와 멕시코 아즈텍 피라미드가 북위 30도에 동일하게 위치한 것과 같은 비밀입니다.

장미십자 십계명의 내용

1. 자연과의 영원한 조화를 위해 인구를 5억 이하로 유지하라.(인종청소)

2. 번식을 현명하게 유도하여 다양성과 적응도를 증진시켜라.(복제인간)

3. 하나의 새로운 언어로 인류를 통합하라.(언어통합)

4. 감정, 신앙, 전통, 그리고 모든 것을 절제된 이성으로 다스려라.(종교통합)

5. 민족과 국가들을 오직 공정한 법과 법정으로 보호하라.(세계정부)

6. 모든 나라들은 내부적으로 의결하고(자치권을 주고) 외부 분쟁은 세계법정에서 해결하도록 하라.(세계 지방 분권과 세계법원을 통한 통치)

7. 사소한 법과 쓸모없는 관리들을 피하라.(획일화통제사회)

8. 개인의 권리와 사회의 의무를 조화시켜라.(공산주의와 사회주의)
9. 진실, 아름다움, 사랑, 무한과의 조화를 찾아라.(동성애문화통일)
10. 지구의 암(癌)이 되지 마라—자연을 위한 자리를 남겨둬라.(범신론적 우주교회)

장미십자단의 10계명은 현재 유엔을 통해서 이루어지고 있습니다.

2. 프리메이슨(Freemason)

프리메이슨 설립

중세의 숙련 석공(mason) 길드에서 시작되어 1717년에 영국에 4개 지부가 결합하여 런던 대지부를 형성하였습니다. 18세기에 프리메이슨은 유럽과 미국으로 확산되어, 프랑스에서는 계몽사상을 전파하는 단체에서 적극적으로 활동하였습니다. 하나의 프리메이슨 집단은 지부를 롯지(lodge)라고 불리며, 다수의 지부가 모여 대지부(grand lodge)를 형성합니다. 지부의 우두머리는 루시퍼라고 합니다.

프리메이슨 계급

프리메이슨은 33도의 계급을 가지고 있습니다. 1-18도는 일반인들입니다. 19-33도는 빛의 선동자들입니다. 33도는 일반인들에게 알려진 최상위 계급입니다. 그러나 내부적으로는 52단계까지 있습니다. 이와같이 도수로 나누는 파는 스코틀랜드파입니다. 요크파는 계급마다 고유한 이름과 문장을 사용합니다.

프리메이슨 기원

프리메이슨의 기원은 고대 이스라엘의 왕인 솔로몬이 성전을 지을 때 참여했던 석공들로부터 시작되었습니다. 히람 아비프(Hiram Abiff)는 두로왕국의 놋점장(건축장)으로 솔로몬 성전의 건축의 책임자였습니다. 성전은 엄청난 규모로 제작이 되었고, 당대의 최고의 기술을 집대성하여 만들어 졌습니다. 하지만 성전 건축의 가장 중요한 비밀은 건축가인 히람 아비프만이 알고 있었습니다. 성전을 건축할 때 중요한 부분은 암호와 기호를 사용하여 다른 사람이 알지 못하도록 철저히 숨기고 알려주지 않았기 때문에 성전 건축의 비밀을 알고 싶었던 일군들은 성전건축이 마무리 될 때 히람을 협박하기로 결심합니다.

성전의 서문으로 나오는 히람을 첫 번째 일군이 만났고 성전 건축의 비밀을 알려 줄 것을 요청했지만 히람은 거절하자 첫 번째 일군은 직각자로 히람의 이마를 내리쳤습니다. 상처를 입은 히람은 성전의 남문으로 피했는데 그 곳에서 두 번째 일군을 만나 거절하고, 철로 된 컴퍼스로 얼굴을 맞았습니다. 겨우 목숨을 부지한 히람은 동문으로 피했는데 결국 그 곳에서 세 번째 일군이 내리친 망치로 머리를 맞아 숨을 거두게 되었습니다.

히람 아비프가 목숨을 걸고 지켰던 건축의 비밀이 바로 프리메이슨들이 목숨을 걸고 지금까지 지켜온 비밀종교입니다. 즉 인신제사와 사탄을 숭배하는 종교입니다. 그리고 비밀종교를 통해 사탄 루시퍼에게 공급을 받은 부(富)의 독점이었습니다.

프리메이슨 입회식

프리메이슨의 입회식은 검은 천으로 눈을 가리고, 목에 밧줄을 걸고, 그들의 예배당인 어두운 롯지 안에서 한 쪽 바지를 걷어 올리고, 가슴은 맨 살을 들어내고, 맹세를 시키는 자는 뾰족한 칼끝을 가슴에 대고 목숨을 걸고 맹세를 하게 합니다. 이렇게 입회식이 끝나면 죽을 때까지 비밀을 지키는 정식 프리메이슨 회원이 되고, 동일한 형제애를 누릴 수 있게 됩니다. 이것이 프랑스 혁명에서 구호로 사용했던 자유, 평등, 박애입니다. 프리메이슨들이 프랑스 혁명을 일으켰을 때 썼던 모자가 프리지아 모자입니다. 이것은 뱀의 상징인 우로보로스(환생, 윤회)입니다.

프리메이슨의 목적

프리메이슨들이 비밀종교를 유지하면서 그들만의 세계를 구축한 이유는 세계적인 부(富)를 축적하기 위한 것입니다. 고대로부터 성전과 왕궁을 건축하고, 성을 쌓고, 도시를 개발하고 건설했던 메이슨들은 최고 엘리트 그룹들로서 자신들이 속한 시대에 모든 부를 독점할 수 있었습니다. 그래서 그들에 의해서 발전한 것이 은행업이고 고리대금업이었습니다. 왕궁과 성전을 건축하기 위해서 필요한 엄청난 자금들을 관리하고 운영하는 가운데 중심에 서 있었던 프리메이슨들은 사람에게 가장 절실하게 필요한 경제권력의 주인공들이 된 것입니다.

제2부 일곱 머리 열 뿔, 세상 임금과 비밀 결사

세계를 움직이는 경제권력의 프리메이슨
　세계 역사는 눈에 보이는 정치적인 영웅들이 나타나 제국들의 흥망성쇠를 결정지은 것 같이 기록되고 있지만 세계 역사에 기록되지 않았던 비밀역사는 경제권력을 독점했던 프리메이슨들의 음모에 영웅들이 놀아난 꼴이 되었던 것입니다. 바벨론, 페르시아, 그리스, 로마의 흥망성쇠가 경제권력을 독점했던 메이슨들의 돈주머니에 의해서 결정되었던 사실은 아무도 알지 못합니다.
　1789년 루이 16세의 왕정 프랑스의 멸망과 나폴레옹이란 영웅의 등장과 퇴장이 당시 경제권력을 가지고 있었던 로스 차일드에 의해서 이루어진 사실을 알고 있는 사람은 드뭅니다.
　1917년 니콜라이 2세의 제정 러시아가 독일의 볼세비키 공산혁명으로 멸망한 것이 미국의 은행가 야곱 쉬프와 로스차일드, 폴 워버그, 존 D. 록펠러 등의 유대인들의 금융지원을 받아 이루어진 혁명이었습니다. 결국 세계 금융권력을 가지고 있었던 프리메이슨들이 러시아를 공산화 시키기 위해 시작한 것이 1차 세계 대전이었습니다.

미국 중앙은행을 통한 세계정복 시나리오
　세계 2차 세계대전을 준비하고 일으킨 세력들이 세계금융권력을 가지고 있었던 프리메이슨들입니다. 제2차 세계 대전의 발생 원인은 대공황(Great Depression)에서 시작된 것입니다.
　1929년 10월 24일 뉴욕 월가(街)의 '뉴욕주식거래소'에서 주가가 대폭락한 데서 발단된 공황은 가장 전형적인 세계 공황으로써 1933년 말까지 거의 모든 자본주의 국가들이 여기에 말려들었으며, 여파는 1939년까지 계속되다가 1939년 제 2차 세계 대전이 일어나게 되었습니다.
　미국 중앙은행을 빼앗으려는 프리메이슨들의 음모는 집요했습니다. 미국의 남북 전쟁을 일으키고 링컨을 암살해도 빼앗아 올 수 없었던 미국 중앙은행을 불법으로 강탈하게 되었습니다.
　1913년 12월 23일 성탄절 휴가 중에 열었던 미국 의회는 2개 주만 찬성하는 날치기 통과로 미국 중앙은행을 민영화시키는데 성공을 했습니다. 12개 유대 금융 기관들이 폴 워거그를 대표로 하여 만든 달러 화폐 발행권이 있는 미국은행을 강탈했습니다. 그리고 1914년 1차 세계대전을 일으켜 어마어마한 미국 중앙은행 민영화 강탈 파장을 무마시켰습니다. 미국은 2차 대전을 승리로 이끈 후 세계 기축통화를 달러로 만들어 세계 경제를 장악하고, 유엔을 앞세워 세계정복에 나서게 된 것입니다.

1913년 12월 23일 미국 중앙은행이 민영화 되고 난 후 미국 정부는 FRB에 진 빚을 갚기 위해서 또 다시 FRB에서 많은 빚을 얻어야 했습니다. 케네디 대통령은 이 모순을 개혁하려고 국가가 직접 달러를 발행하기로 결정하면서 1963년 6월 4일 재무성에 은태환 화폐 발행권을 주었다가 같은 해 11월 22일 암살당하고 말았습니다. 현재 미국 정부는 미국 중앙은행인 민간 은행에 15조불 이상의 빚을 지고 있습니다. 이는 미국의 일년 GDP와 맞먹는 정도입니다. 그럼에도 불구하고 나라가 유지되는 것은 미국의 진짜 주인이 바로 미국 중앙은행의 주주들이기 때문입니다.

세계 경제 대공황을 준비한 미국 중앙은행

1913년 설립된 FRB는 1914년부터 1919년까지 계속 돈을 찍어내어 통화량을 거의 2배로 만들고 언론을 이용해서 국민들로 하여금 많은 돈을 은행에서 대출을 받도록 장려했습니다. 국민들은 대출받은 돈으로 주택과 주식에 투자하면서 경기가 상승했습니다. 그러나 1920년 5월 16일 FRB는 대형 은행의 대표들을 모아 빌려준 돈을 당장 거두어들이라는 여신수축 정책을 내렸습니다. 일시에 통화량이 축소되며 공황이 초래되었습니다. 그 결과 수 백 만의 실업자가 양산되고, 부동산 가격이 2천억 달러 하락하고, 5,400개의 소규모 은행들이 문을 닫게 되었습니다. 하지만 개인과 기업과 은행의 파산에 힘입어 금융재벌들은 이들의 자산을 헐값에 인수하면서 더 큰 부를 축척할 수 있었습니다.

1921년부터 1929년까지 FRB는 또다시 통화 공급량을 62%나 늘렸고 많은 사람들이 마진 론(Margin Loan)을 받아 주식투기에 뛰어 들었습니다. 당시의 마진 론은 주식가치의 900%까지 대출을 가능케 했습니다. 가령 100달러 있으면 1,000달러의 주식을 살 수 있도록 은행이 초저금리로 900달러를 융자해 주었기 때문에 주식시장은 활기를 띠고 주가는 5배 이상 올랐습니다.

그때 금융가들은 자신이 보유한 주식을 다 정리한 후 1929년 10월 24일 대부회사가 주식대출을 일시에 회수하는 마진 콜을 발동했습니다.

그러자 24시간 이내에 마진 론을 갚기 위해서 주식을 팔려는 사람들로 주식시장은 아수라장이 되고 주가는 대폭락했습니다. 이날은 악명높은 '검은 목요일'로 불립니다. 그날 투자자들은 모두 잃어 버렸을 뿐 아니라 빚장이로 몰락하게 되었습니다. 이때 FRB는 금리를 낮추어 경제활동에 활력을 불어 넣기보다는, 오히려 무자비하게 통화량을 수축하면서 극심한 디플레를 조장시켜 미국을 장기 침체에 빠지게 했습니다.

1929년 10월 24일 뉴욕증시의 주가폭락을 시작으로 경제 대공황이 일어나고 세계로 퍼졌습니다. 공황이 가장 극심했던 1929년부터 1933년까지 4년 사이에 미국 내에서만 9,000개 은행이 도산하고, 예금자들이 파산하고, 16,000개의 기업이 도산하고, 전체 노동인구의 절반이 실업자 또는 실업자 수준이 되고, 경영자 및 실업자의 자살이 속출했습니다. 그러나 국제금융가들은 도산한 은행과 기업들을 헐값에 인수하고 나중에 비싸게 되팔면서 막대한 이익을 남길 수 있었습니다.

이런 식으로 프리메이슨들은 세계 모든 은행과 알짜 기업들을 강탈해 갔습니다. 프랑스 중앙은행은 프리메이슨들이 만든 가짜 전쟁 영웅인 나폴레옹을 통해 손아귀에 넣었습니다. 영국의 중앙은행 역시 '더 시티 오브 런던(The City Of London)'에 둥지를 틀고 있었던 프리메이슨 금융 권력자들이 명예혁명으로 영국의 왕이된 오렌지 공을 통해 손아귀에 넣었습니다.

경제공황을 일으켜 세계 2차 대전을 일으킨 프리메이슨

미국의 중앙은행을 강탈한 금융권력자들은 마구잡이로 달러를 찍어내 부시 대통령 할아버지 프레스코 부시를 통해서 시오니즘과 독일 민족주의 부흥을 위해 히틀러 나찌당을 만들고, 집중적으로 지원을 하여 2차 세계 대전을 일으킵니다. 그것이 독일의 폴란드 침공입니다.

세계 2차 대전에 참전을 하지 않겠다고 애교를 떨었던 루즈벨트 대통령은 각본대로 짜여진 작전대로 가짜 진주만 전쟁을 빌미로 삼아 대일 선전포고를 하고 제 2차 대전에 참전을 하여 승전국이 됩니다. 그리고 세계 금 73%를 강탈하여 1944년 7월 뉴햄프셔 브레튼우드 협약을 통해 미국중앙은행에서 발행한 달러를 세계기축통화로 정해서 세계정복을 위한 발판을 마련하게 됩니다.

미국 신자유주의 경제를 통해 준비한 제 3차 세계 대전

미국의 금융권력 프리메이슨들은 1980년 레이거노믹스 경제정책을 시발로 하여 출범시킨 신자유주의 경제를 통해 1% 부자와 99% 가난한 자로 분리시키는데 성공을 했습니다. 다음으로는 1% 부자와 99% 가난한 자들이 벌이는 프로레타리아 계급투쟁인 전쟁을 준비 중에 있습니다. 이것이 세계 3차 대전입니다. 프리메이슨들이 세계 2차 대전을 경제공황을 통해 준비했듯이 지금도 트럼프를 통해 미중 무역전쟁이나, 세계 보호무역정책을 미치광이처럼 고집을 부리면서 밀어부쳐 세계 경제를 파탄으로 끌고 가고 있습니다. 그리고 한편으로는 제 4차 산업 혁명을 통해 제 3차 세계 대전을 통해서 붕괴된 세계질서를 과학적 공산주의 통제사회를 만들기 위해 철저하게 준비하고 있습니다.

3. 일루미나티(예수회)

일루미나티란 무엇입니까?

계몽(啓蒙), 광명(光明), 빛이란 뜻입니다. 성경에서는 사탄을 광명한 천사로 말하고 있고, 사탄을 빛을 나르는 루시퍼라고 지적하고 있는데 바벨론 왕에 대한 이야기입니다. 일루미나티란 광명한 천사로 가장한 사탄이란 뜻입니다.

사14:12-15 "너 아침의 아들 계명성(啓明星)이여 어찌 그리 하늘에서 떨어졌으며 너 열국을 엎은 자여 어찌 그리 땅에 찍혔는고 네가 네 마음에 이르기를 내가 하늘에 올라 하나님의 뭇 별 위에 내 자리를 높이리라 내가 북극 집회의 산 위에 앉으리라 가장 높은 구름에 올라가 지극히 높은 이와 같아지리라 하는도다 그러나 이제 네가 스올 곧 구덩이 맨 밑에 떨어짐을 당하리로다"

고후11:14 "이것은 이상한 일이 아니니라 사탄도 자기를 광명의 천사로 가장하나니"

미국 뉴욕에는 자유의 여신상이 있습니다. 손에 들고 있는 횃불이 있습니다. 니므롯의 부인 세미라미스가 최초의 광명의 여신이었습니다. 즉 콜롬바 여신입니다. 콜럼버스가 세운 미국의 워싱톤 D.C.(District of Columbia)가 콜롬바 여신의 나라입니다. 즉 미국은 일루미나티가 세운 나라입니다. 북한이란 나라 역시 일루미나티가 조종하고 있는 나라입니다.

일루미나티 역사

일루미나티는 1776년 5월1일 바이에른 잉골슈타트 대학에서 실천철학을 가르치던 아담 바이스하우프트(Adam Weishaupt, 1748-1830)가 만들었습니다. 당시 유럽은 17세기부터 확산된 계몽주의가 강력히 대두된 시기입니다. 기독교 중심의 절대 왕정 체제를 전복하고 자유롭고 평등한 사회를 건설하는 것이 목적이었습니다. 계몽주의는 인간의 이성과 무한한 진보를 믿고 사회를 개혁하는데 목적을 두었던 반봉건적 합리주의 사상입니다.

일루미나티 설립배경

일루미나티(예수회)는 1534년 이그나티우스 로욜라에 의해서 시작되었습니다. 1540년 정식 수도원으로 승인을 받고 잉골슈타트 대학교는 예수회가 1550년대 세운 대학입니다. 예수회는 1773년 8월 부르봉(Bourbon) 왕가와 강대국들의 압력을 받은 교황 클레멘스 14세가 예수회 폐지 교서를 반포하면서 해체되었습니다. 이후 1814년 교황 비오 7세가 예수회를 복원하면서 20세기 들어 다시 크게 발전하게 되었습니다. 일루미나티는 로마 카톨릭의 박해를 받은 가운데 설립된 비밀결사입니다. 일루미나티 설립자 아담 바이스하우프트(1748-1830)는 일루미나티 설립 전인 1775년 뮌헨 프리메이슨 지부에 들어갔습니다.

일루미나티는 템플기사단의 부활

1534년 이그나티우스 로욜라는 중세 템플 기사단을 비밀리에 부활시킨 사람입니다. 템플기사단이 사용하고 있었던 광명의 여신 콜롬바의 이름인 알룸브라도스라는 암호를 그대로 사용하여 비밀 결사로 설립한 것입니다. 중세 템플기사단은 시온수도회의 다른 명칭이고, 시온수도회는 프랑크 왕국의 초대왕조인 메로빙거가 추구했던 영지주의 이름입니다. 메로빙거의 영지주의는 유대 카발라와 탈무드를 추구하는 신비주의 오르므즈와 헤르메스 신비주의입니다.

템플기사단과 예수회는 사탄을 섬기는 방법으로 인신제사를 드렸습니다. 성혈과 성배를 숭배하는 신비주의로 전쟁과 파괴를 추구하는 심판의 신앙입니다. 겉으로는 구제와 예루살렘 성전(聖殿)의 회복을 추구하지만 내부적으로는 전쟁을 통한 그들만의 세계를 건설하기 위한 성전(聖戰)을 추구하는 비밀결사입니다.

일루미나티를 설립한 목적 공산주의 유토피아

아담 바이스하우프트가 일루미나티를 설립한 목적은 공산주의 세상을 만들기 위함입니다. 당시 기독교는 절대왕정을 추구한 왕들이 왕권신수설이란 이름으로 교황을 대신하여 절대권력자로 군림한 시기였습니다. 이들에게서 권력을 빼앗고 사탄숭배자들이 추구한 공산주의 세상을 만들기 위해 만들어진 비밀 결사입니다. 공산당들이 일루미나티가 설립된 5월 1일을 노동절로 지키는 이유가 여기에 있는 것입니다.

공산주의자들의 유전자가 있습니다. 바벨탑을 쌓았던 니므롯, 가나안 7족속들이 세운 스파르타, 카르타고, 스파르타와 카르타고 출신 소크라테스와 플라톤, 카르타고 후예들인 베네치아 공화국, 자연법 철학자 루소, 가나안 7족속들의 후손이 하자르 공화국, 독일 볼세비키 공산당, 칼 마르크스, 1차 세계대전과 러시아 공산혁명, 2차 세계대전과 중국공산화, 3차 세계대전과 과학적 공산주의 혁명을 통한 신세계질서를 세우는 자들입니다.

일루미나티 국가인 미국을 세운 목적

1776년 5월 1일은 독일에서는 일루미나티가 설립되었고, 같은 해 1776년 7월 4일은 미국이 독립선언서를 낭독하고 국가를 세운 해입니다. 그리고 프랑스 혁명이 성공한 1789년 같은 해 미국의 독립전쟁이 끝나고 새로운 연방 헌법에 의해서 조지 워싱톤이 초대 대통령으로 취임하는 해입니다.

미국이란 나라는 1492년 콜럼버스에 의해서 발견된 신대륙이 아닙니다. 템플 기사단이 최초로 신대륙을 알게 된 것은 1099년 6월 십자군 원정시 그들보다 더 발달한 문명을 가지고 있었던 이슬람 문화를 통해서 알게 되었습니다. 이집트인들은 신대륙을 이미 알고 있었으며, 그곳에서만 미라에 넣는 담배에서 추출된 마취제를 얻을 수 있었기 때문에 그들이 섬기는 아름다운 금성과 같이 신대륙을 메리카라고 불렀습니다.

1307년 10월 13일 프랑스 국왕 필립 4세의 압력으로 교황 클레멘스 5세가 템플기사단을 토벌하도록 명령을 내렸습니다. 이때 정보를 미리 알아낸 템플 기사단들이 포르투갈 리스본으로 피신한 다음 1308년 일부는 스코틀랜드로 건너가 요크파와 스코틀랜드파를 형성했으며, 일부는 미 대륙으로 건너가 동부 13대 주를 먼저 개척하게 됩니다.

그 후 콜럼버스가 1492년 신대륙을 발견한 것처럼 꾸며 숨은 비밀결사들의 역사를 감췄던 것입니다. 콜럼버스 역시 그의 장인과 함께 템플 기사단의 소속인 그리스도 기사단원입니다. 그리스도 기사단의 그랜드 마스터는 헨리 왕자였습니다. 바스코다가마도 그리스도 기사단원이었습니다. 오늘날까지도 콜럼버스 기사단은 존재하고 있습니다. 미국이 일루미나티가 세운 증거가 바로 워싱톤 D.C 도시계획이 템플기사단이 소피아 지혜의 신으로 섬겼던 콜롬바 여신의 나라로 프랑스 건축가 피에르 랑팡이 설계하여 세운 것입니다. 뉴욕의 자유 여신상은 프랑스 정치가 라파예트가 1884년에 기증한 것입니다.

특히 마지막 과학적 공산주의 프로레타리아 혁명을 통한 지상의 유토피아인 신세계질서를 세우기 위해서 공산주의 유전자를 가진자들인 일루미나티 세력들이 미국을 건국한 것입니다. 현재 미국의 네오콘들은 모두 공산주의자들입니다. 세계 2차 대전 후 소련과 함께 철의 장막을 만들고, 중국을 공산화시키고, 베트남을 공산화시킨 장본인들이 바로 미국의 네오콘들입니다.

미국의 네오콘들은 신자유주의 경제를 통해서 1% 부자와 99% 가난한 사람들을 만들어 그들이 꿈꾸는 공산주의 신세계질서를 세우기 위해 프로레타리아 공산혁명을 준비 중에 있습니다. 이것이 제 3차 세계 대전입니다.

일루미나티 예수회의 정체는 무엇입니까?

프란치스코 교황이 가슴에 달고 다닌 메달이 있습니다. 이집트 X 십자가입니다. 이집트 X 십자가는 이시스 여신입니다. 이시스 여신은 소피아 지혜의 신(神)인 바벨론 콜롬바 여신입니다. 일루미나티는 겉으로는 선한 종교 집단으로 위장을 합니다. 그러나 속으로는 전쟁, 마약, 암살, 조작, 테러, 포르노, 쿠데타, 선동선전, 여론조작, 협박, 회유 등을 통해서 전쟁을 일으켜 공산주의 세상을 만들어 가는 비밀결사체입니다.
　예수회 수장을 검은 교황이라고 합니다. 왜냐하면 검은 제복을 입고 있기 때문입니다. 검은 제복은 가나안 7족속들의 제사장 예복입니다. 인신제사와 사탄숭배를 집행한 가나안 제사장들입니다.

일루미나티와 프리메이슨은 어떻게 다릅니까?
　동전의 양면과 같이 다르면서도 같습니다. 야누스의 두 얼굴과 같이 이쪽에서 보면 같고, 다른 쪽에서 보면 다릅니다.
　그렇다면 무엇이 같습니까? 사탄숭배, 인신제사, 공산주의, 신세계질서, 소피아 뱀 숭배, 성혈과 성배 숭배는 같습니다. 성혈은 예수님의 직계 혈통이 예수님과 막달라 마리아를 통해서 나온 자손들이 메로빙거 왕조와 영국 엘리자베스 여왕의 혈통이라고 주장하면서 장차 나타날 메시아 왕은 영국 왕실에서 나온다고 덴 브라운의 다빈치코드에서 주장한 이야기입니다. 성배는 예수님께서 마지막 최후의 만찬을 행하였던 포도주잔으로 템플 기사단이 예루살렘을 정복할 때 찾아서 보관하고 있다는 내용입니다.
　일루미나티와 프리메이슨이 다른 점이 있습니다. 이것은 양날을 가진 칼로 비유를 하면 쉽습니다. 경제와 전쟁입니다. 돈과 권력이라고 할 수 있습니다. 프리메이슨들이 돈줄을 잡고 신세계질서를 만들어 간다고 하면, 일루미나티는 전쟁을 통해서 신세계질서를 만들어 가는 것입니다. 프리메이슨들은 경제로 부흥을 시킵니다. 일루미나티는 정치로 전쟁을 일으켜 파괴를 합니다. 이 두 비밀결사가 절묘하게 한 팀을 이루어 신세계질서를 빠르게 만들어 가고 있는 것입니다. 이들이 서로 한 노래 가사로 맞춰 춤을 추면 세계의 모든 부와 모든 나라가 이들의 품안으로 저절로 들어오게 됩니다.
　일루미나티는 부흥을 위해 파괴를 하고, 프리메이슨은 파괴를 위해 부흥을 시킵니다. 이것이 헤겔의 정반합 법칙입니다. 그래서 진보와 보수가 다 이들의 편입니다. 진보는 보수를 파괴시켜 진보를 만들고, 보수는 진보를 파괴시켜 보수로 만듭니다. 일루미나티는 이렇게 진보와 보수가 치열하게 싸워서 서로를 다 망가뜨릴 때까지 진보와 보수를 지원합니다. 진보와 보수가 스스로 싸우게 하여 가축인간들이 살아가는 구체제가 완벽하게 무너지면, 신세계질서는 빨리 그들에게 다가 오는 것입니다. 그래서 일루미나티(예수회)는 진보와 보수가 동시에 싸울 수 있도록 서로 다른 정보와 돈을 지원하여 파멸에 이르게 하고 있습니다.

일루미나티(예수회)가 만들어 온 역사

프랑스 혁명, 미국 독립 혁명, 나폴레옹 워털루 전쟁, 세계 1차 대전, 러시아 볼세비키 공산혁명, 세계 2차 대전, 홀로코스트 유대인 학살, 6·25 전쟁, 중동 6일 전쟁, 베트남 전쟁, 이라크 전쟁, 코소보 전쟁, 아프카니스탄 전쟁, 911 테러, 후쿠시마 지진, 드루킹 사건 등입니다.

일루미나티가 만들어 갈 역사

미중(美中) 정치 경제 패권 전쟁, 예루살렘 평화회담, 예루살렘 성전건축, 이란과 사우디아라비아를 통한 중동전쟁, 올림픽 소형 핵 테러, 일본을 통한 전쟁, 북한을 통한 전쟁, 중국을 통한 공산주의 확산, 보호무역 전쟁, 인간복제, 인공지능 사이보그 인간, 성(性)정체성 교란, 전쟁과 전염병을 통한 인종청소, 남녀 성별 해체, 원격진료 의료시스템, 몸 안에 집어넣는 유전자 화폐, 유전자 조작을 통한 치료, 가족해체, 결혼해체, 국가해체, 종교해체, 학교해체, 사유재산해체, 미국이 해체되고 유엔을 통한 지배, 세계정부, 세계화폐, 기후조작을 통한 지진, 기근, 질병, 전염병, 공산주의 획일화 통제사회, 도시 유비쿼터스 스마트 시티, 푸드 쿠폰제를 통한 식량배급제, 연료배급제, 신분사회 고착화, 도시와 농촌 분리, 열 구역으로 나눠진 세계정부 출현, 세계 권력을 향한 종교지도자 등장과 정치지도자의 갈등과 종교지도자 암살, 예루살렘에서 배도를 선포함, 이시스 여호와 종교 통합 후 순교시대, 마지막 예루살렘에서의 배도의 전쟁.

일루미나티가 세계를 지배하는 방법

일루미나티가 세계를 지배하는 방법은 전쟁입니다. 애굽, 앗수르, 바벨론, 페르시아, 그리스, 로마, 그리고 마지막에 일어난 적그리스도의 나라들은 오직 전쟁을 통해서 세계적인 제국을 만들어 갑니다. 그래서 이들 모든 나라들은 철병거와 같은 최신 무기를 가지고 있었습니다.

오늘날 미국이 전 세계를 지배한 국가가 된 계기는 세계 1, 2차 대전이었습니다. 미국을 세운 일루미나티는 두 번의 세계전쟁을 통해서 미국으로 하여금 세계를 지배하도록 했습니다.

2016.3.30.기준 세계적인 정보업체 IHS의 보고에 따라 2016년 세계의 국방비 순위를 나열 하였습니다. 2위에서 10위를 다 합한 금액은 약 5,573억 달러로 1위 미국 6,171억 달러에 못미치는 금액이었습니다, 국방예산 세계 1위 미국의 금액 수치가 얼마나 많은지 짐작이 가는 부분입니다.

10위:한국 334억7,700만 달러(38조 7,995억원), 9위 독일 358억3,500만 달러(41조1,027억 원), 8위 일본 416억8,600만 달러(47조8,138억원), 7위 프랑스 453억8,200만 달러(52조531억 원), 6위 사우디 458억7,200만 달러(52조6,151억원), 5위 러시아 491억5,400만 달러(56조3,796억원), 4위 인도 506억7,800만 달러(58조1,276억원), 3위 영국 623억6,200만 달러(71조5,292억원), 2위 중국 1,928억4,000만 달러(221조1,874억원), 1위 미국 6,171억700만 달러(707조8,217억원)

미국은 건국 237년 역사를 통해 전쟁으로 이룩한 공룡국가입니다. 현재 63개국 865개 기지를 운영하고(펜타곤 발표), 156개국에 25만 명의 군대를 파견하여 세계를 통치하고 있습니다. 현재 130국가에서 크고 작은 테러와 전쟁을 유엔 국제통합 전쟁 시스템으로 운영을 하고 있습니다. 세계 10대 무기 회사 중에 6개가 미국입니다. 모든 세계 전쟁을 주도하고 있는 미국의 모든 재정 지출은 군산복합체로 지원되고 만들어진 무기는 세계정복에 사용되고 있습니다. 미국 경제 60∼70%가 군산 복합체와 연관이 있습니다. 아프카니스탄 전비 6,000억 달러, 이라크 전비 8,000억 달러는 모두 미국 군산복합체에게 몰아준 무기사업입니다. 그들은 전쟁을 할수록 은행의 대출사업이 활력을 얻고, 무기를 소진함으로 자신들의 사업이 번창하고, 죽어가는 사람들은 오직 그들에게 속아 넘어간 가축인간일 뿐입니다. 이들은 이라크 전쟁을 통해 석유를, 아프카니스탄 전쟁을 통해서 마약을 횡재(橫財)했습니다.

유엔을 통해 전 세계를 통치하고 있는 미국

미국은 제 2차 대전 이후에 소련과 함께 유엔을 만들고, 유엔의 국제 위상을 높이기 위해 6·25 전쟁을 일으켜 유엔군을 파견하여, 명목적으로 세계 최고의 권력기관으로 인정을 받고 난 후 미국은 유엔의 이름으로 전 세계를 통치하고 있습니다. 경제적으로는 달러를 기축통화로 사용하고, 정치적으로는 유엔을 통해 다스리고 있습니다. 트럼프는 미국 제일주의를 주장하면서 세계를 통치하는 미국의 주도권을 하나씩 내려놓으려 하고 있습니다. 이것은 오바마 대통령이 미국을 망하게 함으로 신세계질서를 세우려 했다면 이제 트럼프는 최강의 정치, 경제의 힘을 가진 미국을 세계 질서에서 빼돌림으로 해서 나타난 혼돈과 혼란을 이용하여 신세계질서를 세워가고 있는 것입니다.

미국이 스스로 세계 경찰 역할을 포기하고 있습니다. 스스로 세계 모든 나라의 안보와 질서유지를 해왔던 군대들을 철수시키려 하고 있습니다. 이렇게 미국의 경찰력과 군대 힘이 빠져 나가면 힘의 균형이 깨지면서 엄청난 지구촌의 혼란이 야기될 수 있습니다. 이것을 미국이 스스로 조장하고 있는 셈입니다. 트럼프의 사업가 기질을 이용하여 반대급부로 신세계질서를 세우고 있는 셈입니다.

일루미나티가 지배하고 있는 기관들

일루미나티 조직은 UN, EU, NATO, FRB, WTO, CFR, IMF, IBRD, WHO, CDC, FDA, NASA, 미국방성, CIA, NSA, FBI, KGB, MI6, 에셜론, IS, 모사드, 카네기재단, 록펠러재단, 로스차일드재단, 포드재단, 크라이슬러재단, 템플리턴재단, J.P모건, 국제결제은행(BIS), 체이스맨하탄은행, 제일국립시티은행, 아메리카은행, 유럽중앙은행, 수출입은행, 프루덴셜보험, AP, UPI, AFP, 로이터, CNN, NBC, ABC, CBS, FOX, 뉴욕타임즈, 워싱턴포스트, LA타임즈, 월스트리트저널, 타임스미러, 하버드대, 예일대, MIT, 프린스턴대, 콜럼비아대, 시카고대, 보스턴대, UCLA대, 록히드마틴, 보잉, 더글러스, MS, IBM, GM, 암웨이, 질레트, 디즈니랜드, MGM영화사, 워너 브러더스, 라이온스클럽, 로타리클럽, 보이스카웃, 걸스카웃, 그린피스, 적십자, 세계교회협의회(WCC), 전미교회협의회(NCC), 기독교 청년연합회(YMCA), 기독교 여전도연합회(YWCA), 전미여론조사센터, 신지학협회, 타비스코, 프로세스 교회, 몰몬교, 여호와의 증인, 싸이언 톨로지, 통일교, 마피아, KKK, 삼변회.. 등. 이것은 대표적인 것일 뿐 세계 핵심 기구나 단체는 모두 일루미나티가 장악하고 있습니다.

4. 유대 카발라

카발라란 무엇입니까?

히브리어로 '카발라kabbalah' 라는 단어는 '받는다' '전승' 이란 뜻입니다. 여기서 우리는 카발라가 고대로부터 이어져 온 영적인 '전승' 또는 '전통' 이라는 개념을 발견할 수 있습니다. 그러나 광의적으로 볼 때 카발라는 '서양 신비주의 철학' 이라 말할 수 있습니다. 특정 종교(즉 유대교)의 한 분파로 보기에는 서양의 정신사상에 미친 영향이 매우 광범위합니다.

연금술, 점성학, 마법, 타로 등 서양 신비체계의 배후에는 항상 카발라가 존재합니다. 뿐만 아니라 성경조차도 카발라의 열쇠 없이는 그 이해가 사실상 불가능하다고 말할 정도입니다.

카발라란 유대 영지주의 이단입니다. 카발라는 모든 종교의 어미입니다. 장미십자단, 프리메이슨, 일루미나티(예수회)가 카발라에서 나온 것들입니다. 카발라 종교에는 생명나무 교리, 테트라그라마톤 교리, 쉠하메포라쉬 교리 등이 있습니다.

카발라 종교의 목적

뱀은 하와를 유혹할 때 선악과를 따먹으면 하나님처럼 된다고 유혹을 했습니다. 카발라 종교의 목적은 인간을 신으로 만드는 것입니다. 이것을 신인합일 종교라고 합니다. 그들이 말한 신적인 존재는 3차원의 세계를 넘어서 경험하는 초자연적인 능력입니다. 유체이탈, 투시, 초혼, 신유, 전생여행, 마인드콘트롤, 텔레파시, 초능력, 공중부양, 집단최면 등입니다. 모든 신비주의 종교의 뿌리가 카발라 종교입니다.

카발라 종교의 경전은 무엇입니까?

카발라 종교의 경전은 탈무드입니다. 물론 백마술, 흑마술과 같은 것들은 구두로 전해지지만 일반인들에게 비밀로 감춰진 엄청난 밀교(密敎)의 내용들이 탈무드에 기록되어 있습니다. 탈무드는 바벨론 포로생활을 하던 배도한 유대인들이 고대 수메르 종교에서부터 내려온 고대비밀 종교의 내용들을 기록한 것들입니다. 바벨론 탈무드가 꽃을 피웠던 시대가 페르시아 조로아스터교를 통해서 나타났습니다. 이들이 바로 바리새파 유대인들입니다.

카발라 종교 원리는 무엇입니까?

아인 소프라는 절대신은 우주 밖에 있습니다. 아인 소프는 창세기 1장에 나온 반쪽짜리 신인 엘로힘을 통해 천지를 창조하게 합니다. 반쪽짜리 신이라고 하는 것은 문제가 많은 불완전한 신이란 뜻입니다. 아인 소프가 처음부터 불완전한 반쪽짜리 엘로힘을 통해 인간과 천지를 창조한 목적은 완전한 신인 뱀을 통해서 인간을 엘로힘의 신으로부터 구원해 내는 과정을 통해 완전한 신인합일을 이루기 위하여 그렇게 했다는 것입니다.

뱀을 통해 완전한 신인합일을 이룬 자칭 신인간들의 특징은 천사들까지도 마음대로 부릴 수 있는 수준의 신인간들인데 이들은 다시 인간 세상에 내려와 뱀과 함께 아직까지 완전한 구원을 받지 못한 사람들의 구원을 도와서 모든 사람들이 신인간이 되면 그때 불완전한 엘로힘이 창조한 우주는 사멸이 되고 완벽한 우주가 회복이 된다고 하는 교리입니다. 이것이 그들이 말하고 있는 우주교회입니다.

생명나무 교리

카발라에서는 창세기 1장에 나온 창조주 여호와 엘로힘 하나님은 무능하고, 욕심 많고, 변덕이 심한 고집쟁이 신(神)입니다. 그 대신에 뱀은 착하고, 어질고, 지혜롭고, 아름답고, 완벽한 신입니다. 신기한 것은 사탄 종교에서는 남(男)신에 대하여는 악하고 무능한 신으로, 여(女)신에 대하여는 착하고, 아름답고, 지혜로운 신으로 묘사를 합니다. 생명나무 교리에서 여신의 이름을 쉐키나라고 합니다. 엘로힘의 창조주는 남신입니다. 대신 소피아의 상징인 뱀은 여신입니다.

악한 신인 엘로힘은 자기만 하나님이 되려고 아인 소프가 신이 될 수 있도록 만들어 준 선악과를 인간이 따먹지 못하도록 아담과 하와에게 거짓말로 먹으면 죽는다고 협박을 했다는 것입니다. 그런데 이 사실을 알고 있었던 착한 신인 뱀이 아담과 하와에게 이 비밀을 알려 주어서 선악과를 따먹고 인간이 신이 될 수 있었다는 것입니다.

선악과를 따먹고 신이 될 수 있었던 인간이 완전한 신이 되기 위해서는 에덴동산에 있는 또 다른 생명나무 열매를 먹어야 했는데, 시기심이 많은 악한 엘로힘 신이 생명나무를 따먹지 못하게 화염검으로 담을 쳐서 지키고 있다고 합니다. 뱀은 인간들이 화염검을 통과하여 생명나무 열매를 따 먹고 완전한 신이 될 수 있도록 지금까지 도와주고 있다고 합니다. 이것이 생명나무 교리입니다.

생명나무 이론에도 피다고라스의 테트락티스 이론이 적용됩니다. 생명나무는 네 개의 도형으로 표시가 되는데 위쪽에는 점이 하나 있습니다. 다음 밑으로는 점 두 개를 이용한 선이 있습니다. 세 번째는 점 셋을 이용한 삼각형 면이 있습니다. 그리고 마지막 아래쪽은 점 4개로 만든 피라미드 입체가 있습니다. 이렇게 점 10개를 사용하여 만든 생명나무는 열 개의 점을 이어 만든 선 22개와 점 10개를 포함해서 절대신 아인소프로 이어지는 선까지 포함해서 총 33개 점과 선을 가지게 되는데 이것은 프리메이슨의 조직인 33도를 의미하기도 합니다.

생명나무는 가운데로 네 개의 점이 있고, 좌우로 세 개씩 점이 있습니다. 좌측은 남성, 우측은 여성을 가르칩니다. 10개 점이 있는 지점마다 대천사가 있습니다. 10개 지점에 있는 대천사들은 위에 있는 루시퍼로부터 내려오는 스피로트, 즉 소피아의 빛을 받아서 오감을 상징하고 육체를 상징하는 성기(性器)로부터 뱀 두 마리에 의해서 영혼이 상승을 합니다. 그리고 머리를 지배하여 아인소프로 연결이 됩니다. 그래서 결과적으로 신인합일을 이루게 된다는 이론입니다. 여기에서 가장 중요한 역할을 하는 신이 바로 '쉐키나'라고 하는 여신입니다. 콜럼바 여신입니다.

테트라그라마톤 교리

카발리스트 피다고라스는 신을 모나드라고 했으면 인간은 모나드의 불꽃이 육체 속에 갇혀 있는 존재로 보고 인간이 신이 되기 위해 정화의 과정을 거쳐야 한다는 우주론을 펼쳤습니다.

그는 우주를 네 가지 수 1(모나드), 2(듀어드), 3(트리아드), 4(테트라드)로 정의를 했는데 이는 우주를 수로 이해하려고 시도한 것입니다. 1은 점 하나, 2는 점 둘을 이은 선, 3은 점 셋을 이은 면, 4는 점 넷을 이은 입체로 생각을 했습니다. 이는 눈에 보이는 우주가 점, 선, 면, 입체로 되어 있다는 것입니다. 점, 선, 면, 입체를 합하면 눈에 보이는 우주가 되듯이, 점, 선, 면, 입체를 만드는 1, 2, 3, 4를 모두 더하면 10이 되는 것을 통

제2부 일곱 머리 열 뿔, 세상 임금과 비밀 결사

해 수를 이용하여 우주를 이해하고 설명하려고 하였습니다. 이것을 피다고라스 테트락티스 우주론이라고 합니다. 이것은 고대 갈대아의 대수(代數)와 이집트의 기하학(幾何學)을 합한 우주론입니다. 이 둘을 이용해서 피다고라스는 신성 기하학과 수비학(數祕學)을 만들었습니다.

테트라그라마톤이란 네 글자 신이란 뜻입니다. 이는 피다고라스의 테트락티스 신성 기하학에서 사용한 원리와 같이 네 글자로 이루어진 신의 이름으로 우주론을 설명한 것입니다.

좀 더 구체적으로 테트라그라마톤(네 글자 신)은 구약성경에 나온 여호와의 히브리 글자의 네 가지(יהוה) 자음을 말합니다. 테트라그라마톤은 우주에너지를 가져 오는 카발라 상징이기도 하고 부적(符籍)이기도 합니다.

히브리어 자음은 수(數)로도 표시를 할 수 있습니다. 이것을 게마트리아 수비학이라고 합니다. 히브리어 요드는 10, 헤는 5, 바브는 6입니다. 여호와라고 하는 네 글자 자음을 피다고라스 신성 기하학으로 표시를 하면 처음 점 하나는 요드. 두 번째 선을 만드는 점 둘은 요드, 헤, 세 번째 면을 만드는 점 셋은 요드, 헤, 바브, 네 번째 입체를 만드는 점 넷은 요드, 헤, 바브, 헤입니다. 그래서 사용된 자음 총수는 요드가 넷($10*4=40$), 헤가 넷($5*4=20$), 바브가 둘($6*2=12$) 이를 모두 합하면 72가 됩니다. 72는 테트라그라마톤에서 말한 신들의 이름들입니다. 그러니까 여호와라고 말한 히브리어 네 글자는 진짜 이름이 아니고 72 신들의 총체적인 표현인 것입니다. 그래서 바리새파 유대인들은 절대로 요드, 헤, 바브, 헤를 여호와, 또는 야훼라고 부르지 않고 아도나이라고 부릅니다. 신,구약 성경에서 사용하고 있는 70장로, 70제자, 70인 성경은 모두 테트라그라마톤에서 사용한 72이라는 수에서 나온 것입니다.

카발라에 따르면 하나님이 모세에게 네 개의 히브리 문자로 자신을 드러냈다고 합니다. 구약성경 출애굽기(Exodus) 3장 15절에 그 상황이 상세하게 묘사됩니다. 모세가 당신이 누구냐고 물을 때 '나는 스스로 있는 자니라. I am that I am.' 이라고 말을 합니다. 이에 해당하는 히브리어가 바로 (יהוה) 'YHWH' 입니다. 유대교의 신비주의 전통인 카발라에서 테트라그라마톤은 비밀스런 신의 이름으로 중요시 합니다. 본래 테트라그라마톤은 네 글자로 된 모든 단어를 말했지만, 카발리스트들은 신의 이름 (YHWH)을 나타내는 하나의 고유명사로 사용하고 있습니다.

히브리어 네 글자 (יהוה) 요드, 헤, 바브, 헤는 신성하고, 궁극적이며, 말할 수 없는 신의 이름으로 알려져 있습니다. 정확한 발음은 알려지지 않고, 영어로 그것은 Y-H-W-H 문자로 표현된다고 말할 수 있습니다. 바리새인들은 절대 이 단어를 발음하지 않습니다. 대신에 아도나이 (Ah-Doh-Nye, '주님')라고 부릅니다. 또한 테트라그라마톤(YHWH)으로 알려진 4자 문자 사이에 아도나이(Adonai)에 나오는 모음을 끼워 여호와(Jehovah) 혹은 야훼(Yahweh)라고 부르는데 이 또한 모음 없이 단어를 발음하려는 시도이며 그릇된 명칭입니다. 19세기에 히브리 학자 빌헬름 게제니우스(1786~1842년)는 '야훼'를 가장 사실적인 발음이라고 제안하여 19세기와 20세기에 성경 학자들은 야훼라는 형태를 고유명사처럼 사용하기 시작하였습니다. 그러나 사실 카발라에서의 야훼는 고유명사가 아니라 72신들의 총체적인 이름인 것입니다.

요드, 헤, 바브, 헤 네 글자는 우주의 음양과 인간의 음양의 비밀입니다. 이것은 카발라 종교의 원리이기도 합니다. 요드는 불입니다. 남성의 강함, 능력, 힘의 성(性)을 상징하고 게마트리아 수는 10입니다. 헤는 여성을 상징합니다. 부드러움, 유연성, 약함의 성(性)을 상징하고 게마트리아 수는 5입니다. 여성은 남성의 수 10에 절반인 5입니다. 남성과 여성의 수를 합하면 15가 됩니다. 15를 수비학으로 각 수자로 더하면 1+5=6이 됩니다. 6은 바브의 게마트리아 수입니다.

아버지 수인 10과 어머니 수인 5에서 나온 6은 아들 즉 자식에 대한 상징입니다. 그리고 마지막 헤가 하나 더 나옵니다. 우주 어머니의 상징입니다. 그 의미는 원래 아버지와 어머니와 아들이 하나에서 나왔다는 것입니다. 곧 카발라에서 말하고 있는 주신(主神)의 개념이 우주신이고 자연신입니다. 카발라에서는 우주신을 여신으로 표현합니다. 이는 우주의 어머니 뱀, 소피아, 쉐키나, 세미라미스, 콜럼바, 이시스, 씨벨레, 이스타르, 아프로디테, 아세라, 아데미, 아테나, 에로우페, 마리아 등과 같은 여신은 모두 같은 우주신 이름의 주(主)신입니다.

신의 궁극적 이름인 테트라그라마톤(YHWH)이 의미하는 것은 신성인

인간의 양성과, 우주적인 물질계의 양성이 완전히 하나로 합일된 궁극적인 단일자란 뜻입니다. 또 신성이 가득한 신과 물질계인 인간이 하나라는 의미도 있습니다. 이것을 아담 카드뮴이라고 합니다. 즉 신과 자연과 인간을 합한 우주의 연합입니다. '나', '너', '그', 그리고 '우리'가 아우러진 4글자는 3위1체 태양신을 합한 수 4자리 완성체 신이며, 우주자연신론 즉 뉴에이지 종교입니다. 빌리그래함의 우주교회입니다.

쉠하메포라쉬(상세한 신의 이름) 교리

쉠하메포라쉬는 테트라그라마톤의 비밀을 좀 더 자세히 들어가서 볼 수 있는 종교이론입니다. 왜냐하면 테트라그라마톤과 쉠하메포라쉬 사이에는 수비학적인 일치성이 있기 때문입니다. 이 때문에 카발리스트들은 테트라그라마톤의 발음과 쉠하메포라쉬의 발음이 동일한 효과를 지닌 것으로 여깁니다. 카발라에 의하면 구약의 제사장들만이 1년에 한 번 지성소에서 테트라그라마톤의 이름과 쉠하메포라쉬의 이름을 불렀다고 합니다. 왜냐하면 이름이 거룩하고 엄청난 능력이 있었기 때문에 아무나 자격이 없는 사람이 부를 때에는 불에 태워져 죽임을 받았기 때문이라고 합니다.

72는 테트라그라마톤이 가진 힘의 총합입니다. 카발리스트들은 72가지 신의 진짜 이름이 출애굽기 14장 19~21절에 있다고 말하고 있습니다. 세 구절속의 해당 내용의 배열을 변경하면 그들의 이름을 알 수 있다고 합니다. 이 세 구절은 각각 72개의 히브리 문자로 구성돼 있는데, 첫 절의 문자들은 정순(正順)으로, 둘째 절은 역순(逆順)으로, 셋째 절은 다시 정순(正順)으로 배열한 뒤, 세로로 읽으면 3문자로 구성된 72개의 신의 이름들을 얻을 수 있습니다. 이 구절은 모세가 바다를 가르는 기적이 나오는 대목이라는 점이 흥미롭습니다. 카발라에서는 홍해가 갈라지는 사건을 72 마신(魔神)들의 능력이라고 믿고 있습니다.

카발라에서는 72가지 신명(神名)의 이름을 쉠하메포라쉬(Shem Ha Mepho)라고 합니다. 그 뜻은 '상세한 신의 이름'이란 뜻입니다. 72신명의 끝에 야(yah)나 엘(el)을 붙이면 72천사의 이름이 됩니다. 72 천사의 이름은 하늘에 72 혹성(惑星) 또는 유성(遊星)의 이름에서 나온 것입니다. 카발라 종교는 하늘의 해와 달과 별의 신들을 섬기는 점성술입니다. 이것을 혹성의 영(Planetary Spirits)이라고 합니다. 72 혹성의 이름은 72 천사들의 이름이고, 72 마신(魔神)의 이름이기도 합니다. 72 혹성의 영들인 72 천사는 온 우주 안에서 끊임없이 활동하고 있습니다. 솔로몬이 예루살렘 신전을 지을 수 있었던 것도 그들이 도와준 덕분이라고 합니다. 즉, 이들의 이름, 이들의 힘과 속성, 이들이 불러올 수 있는 날짜, 시간 등을 알면 위대한 일을 할 수 있고 세상을 지배할 수 있다는 것입니다.

72 마신(魔神)들의 이름과 하는 일

카발리스트들에 의하면 솔로몬의 저서 '레메게톤'에서는 솔로몬은 하나님께 지혜를 얻은 뒤, 신력(神力)을 바탕으로 한 마력(魔力)을 손에 넣었고, 유대인들의 마법체계인 '카발라'를 연구, 발전 시켰으며, 자신의 모든 마법의 진수(眞髓)를 담은 저서인 '솔로몬의 열쇠'와 '솔로몬의 반지'를 만들었다고 합니다. 솔로몬의 반지는 착용자가 동, 식물의 소리와 사람의 속마음을 알게 해 주었다고 하며, 저서인 '솔로몬의 열쇠'는 후세 마법사들이 가장 소유하기를 원하는 것으로, 실제로 이 책을 갖기 위해 역사적인 암투가 있었다고 합니다. 솔로몬의 열쇠는 2권으로, '레메게톤'이 그 중 하나입니다.

솔로몬은 손에 넣은 마법적 지식으로 휴대용 마법진인 펜타그램(Pentagram)을 만들었다고 하며, 종류에 따라 수 만 가지가 있다고 합니다. 펜타그램은 서양의 4대 원소와 그것들을 지배하는 '빛'을 의미하며, 거꾸로 된 것은 악마를 나타낸다고 합니다. 그리고 솔로몬은 현재 유대인들이 국기(國旗)로 사용하고 있는 '다윗의 별'인 '헥사그램'도 마신(魔神)이나 악마(惡魔)를 부르고 쫓아 낼 때 사용 했다고 합니다.

카발리스트들은 솔로몬이 72 마신과 72 악마를 조종하여 막대한 부와 권력을 손에 넣었다고 합니다. '마르바스(Marbas)'라는 마신은 셰익스피어가 쓴 작품에서 '바르바슨'이라는 이름으로 등장하는 마신으로 인간에게 몸이 부패하는 병을 퍼뜨리거나 인간의 모습을 변형 시키는 힘이 있습니다. '발레포르(Valefor)'는 마법의 약을 조제하는 법을 알고 있는 마신입니다. '파이몬(Paimon)'은 예술과 과학, 비술(秘術)에 정통하고 놀랄 만큼 큰 목소리로 말하며 소환한 자에게 명예를 주어 사람들에게 존경받게 하는 능력이 있습니다. '부에르'는 철학과 논리를 뛰어나게 해

준 마신입니다. '레라지에'는 전쟁과 경쟁을 일으킨 마신입니다. '보티스'는 친구나 적을 조정하는 마신입니다. '마락스'는 해부학의 전문 마신입니다. '글라시아 라볼라스'는 도살과 살인을 총괄하는 마신입니다. '무르무르'는 죽은 자의 영혼을 소환하는 마신입니다. '게압'은 인간을 한 순간에 다른 곳으로 옮기는 마신입니다. '스토라스'는 하늘의 별자리를 총괄하는 마신입니다. '카미오'는 미래를 알려준 마신입니다.

카발라에서 말하는 악마와 마신들의 조직

성경에서는 사탄의 조직을 정사(政事), 권세(權勢), 어둠의 세상 주관자, 하늘에 있는 악한 영(靈)들이라고 했습니다.

엡6:11-12 "마귀의 간계를 능히 대적하기 위하여 하나님의 전신 갑주를 입으라 우리의 씨름은 혈과 육을 상대하는 것이 아니요 정사와 권세들과 이 어둠의 세상 주관자들과 하늘에 있는 악의 영들을 대함이라"

카발라에는 악마의 서열 72계단과 능력을 가진 72마신들이 나옵니다. 카발리스트들은 밀교(密敎)를 통해 이들과 접촉을 하여 세상에서 가장 큰 자가 될 수 있음을 가르칩니다. 악마의 세계도 계급이 있습니다. 고관 악마, 일품 악마, 장관 악마, 대사들, 법관들, 유흥 악마 등.

악마들의 구성은 다음과 같습니다. 내각, 참모본부, 제1군단, 제2군단, 제3군단, 제4군단, 제5군단, 제6군단, 제7군단, 귀족, 각 군단마다 6명의 각기 다른 전문가 지휘관이 있어 통솔합니다.

카발라, 장미십자단, 프리메이슨, 일루미나티

비밀 지식의 도수(度數)로 보면 카발라 속에 장미십자단이 있고, 장미십자단 속에 프리메이슨이 있고, 프리메이슨 속에 일루미나티가 있습니다. 카발라가 할아버지라고 하면 장미십자단은 아버지이고, 프리메이슨은 손자가 되는 것입니다. 장미십자 문장은 카발리스트들이 만든 26차원 세계에서 마지막으로 나타난 비밀 문장입니다. 이들은 이 장미십자 모양을 생명의 씨앗이라고 합니다. 현대 양자물리학인 프랙탈 우주론에서 말한 원입자 입니다. 장미 십자단은 비밀 고급 지식을 소유한 사람들입니다. 프리메이슨들은 돈을 다루는 기술이 탁월합니다. 그래서 금융 권력(金融勸力)을 가지고 있습니다. 일루미나티는 정치(政治)세계를 다스리는 탁월한 능력이 있습니다. 선전선동, 협박, 회유, 공작, 비밀공작,

반목질시, 전쟁, 테러, 마약, 포르노, 모든 것을 부수고, 파괴시키는데는 선수들입니다.

카발라 종교의 종합적인 결론

　카발라 종교는 고대 지식의 모든 비밀을 가지고 있습니다. 수메르 바벨론의 대수(代數)로 시작되는 수비학(數秘學), 바벨론 수비학을 토대로 만든 고대 이집트 신성기하학(神聖幾何學)을 중심으로 만든 신비주의 종교입니다.

　카발리스트 피다고라스는 악한 영들과 접촉을 통해 얻을 수 있는 엄청난 능력의 비교(秘敎)를 수비학과 신성기하학을 중심으로 종교를 만들었습니다. 이것이 피다고라스 수학입니다. 피다고라스는 수(數)를 신으로 섬겼습니다. 플라톤은 피다고라스 수학종교를 가지고 종교철학을 만들었습니다. 플로티누스는 플라톤의 종교철학을 가지고 혼합주의 뉴플라톤 철학을 만들었습니다. 어거스틴은 혼합주의 뉴플라톤 철학을 가지고 기독교 신학을 만들었습니다. 토마스 아퀴나스는 어거스틴의 뉴플라톤 기독교 신학에 아리스토텔레스의 자연법 형이상학철학을 가미(加味)시켜 스콜라 철학을 만들었습니다. 현대 신학자들은 스콜라 철학을 가지고 종교다원주의 신학을 만들었습니다. 지금은 그동안 음지에서 세상을 조정했던 카발리스트들이 종교다원주의 신학을 가지고 사이언톨로지 종교와 뉴에이지 종교를 만들었습니다. 뉴에이지 종교는 '인간이 곧 하나님이다' 라고 주장을 합니다.

　창세기 3장에서 뱀은 아담을 넘어뜨릴 때 선악과를 따 먹으면 너희가 하나님처럼 될 것이라고 약속을 했는데 결국은 사탄은 카발라 종교를 가지고 사람을 신으로 만드는데 99% 성공을 했습니다. 사이언톨로지 종교는 과학적으로 인간을 신으로 만드는 프로그램입니다. 이것이 제 4차 산업혁명입니다. 뉴에이지 종교는 뱀의 씨앗 교리 즉 신비주의 관상기도를 통해서 사람을 신으로 만드는 프로그램입니다. 이것이 신사도 운동입니다.

　카발라는 세상에 있는 모든 것들이 그들의 종교입니다. 탕자가 만든 모든 문명이 카발라입니다. 요한계시록에서 예수님이 재림하셔서 심판하실 바벨론이 바로 카발라 제국입니다. 그동안 우리 인간들이 발전시킨 모든 문명이 카발라입니다. 철학, 과학, 역사, 천문학, 물리학, 화학, 생물학, 예술, 생명공학, 두뇌공학, 응용수학, 복제기술, 경제학, 정치학, 의학, 심령과학, 최면술, 흑마술, 백마술 등이 모두 사탄이 카발라 종교를 통해서 세상을 지배하기 위해 만들었습니다.

카발라는 도덕으로, 윤리로, 인본주의로, 예술로, 종교로, 과학으로 인간들을 속이며 지옥으로 끌고 가고 있습니다. 이제 마지막 때가 되어 그들의 정체가 모두 드러나고 있습니다. 우주를 여행하는 기술이 그들이 연구해서 나온 것이 아닙니다. 최첨단 나노 기술과 양자 물리학이 그들의 머리에서 나온 것이 아닙니다. 생명복제와 인터넷, 천국문을 두드리는 신의 입자인 힉스를 그들이 찾아낸 것이 아닙니다. 세상 임금 사탄 루시퍼가 그들에게 준 것입니다.

사탄 숭배자들은 세상의 부와 명예를 얻기 위해 그들의 영혼을 사탄인 뱀에게 통째로 헌납을 했습니다. 그래서 얻어낸 것들입니다. 칼 세이건, 스티븐 호킹 박사와 같은 천문학자들이 그들의 영혼을 사탄에 바쳤습니다. 헐리우드 스타들과 K 팝의 영웅들, 오늘날 세계 금융권력을 가진 자들이 그들의 영혼을 사탄에게 바쳤습니다. 지금도 어둡고 캄캄한 지하 롯지에서는 끊임없이 인신제사와 동성애, 마약과 사탄숭배가 계속되고 있습니다. 엄청난 어린 아이들과 젊은 청춘들이 희생이 되고 있습니다. 전쟁이란 그들의 제사예식을 통해서, 크고 작은 사고나 사건들로 포장되고 위장된 것들을 통해서 사탄은 숭배를 받고 있고, 지구촌의 가축인간들은 하루살이와 같이 먹고 살기 위해 자신들의 귀하고 귀한 영혼을 루시퍼에게 헌납하고 있습니다. 유대 카발라를 아십니까? 그렇다면 당신은 사탄 루시퍼의 모든 것을 알고 있는 것입니다. 유대 카발라를 모르십니까? 그렇다면 당신은 지금 썩어져 버릴 것을 가득 가슴에 안고 지옥으로 들어가고 있습니다.

제 3부 적그리스도의 배도의 나라

1장 적그리스도 배도의 나라와 공산주의

1. 공산주의 유토피아를 꿈꾸고 있는 가짜 유대인들

　적그리스도의 세력들이 세계를 공산주의 루시퍼 나라로 만들기 위한 과정으로 프로레타리아 혁명을 계획했습니다. 그 첫 번째 과정이 프리메이슨 아담 스미스를 통해서 국부론을 만들어 자유무역을 통한 무역전쟁을 감행한 것입니다. 루이 16세가 프랑스 혁명을 통해서 제일 먼저 희생되었습니다. 그 후 러시아 짜르 전제정이 러시아 혁명을 통해 희생되었습니다. 그 후 케인즈의 경제이론을 거쳐 오늘의 무한경쟁을 통한 1% 부자와 99% 빈민을 만들어 놓았던 신자유주의 경제 원리를 넘어 마비되어간 세계경제를 다시 세우겠다고 내건 구호가 신세계질서입니다.
　신세계질서는 마지막 지구촌의 대혁명인 프로레타리아 공산주의 운동을 통해서 전 세계를 그들의 손에 넣고자 하는 음모입니다. 세계를 지배하고 있는 적그리스도의 세력들은 오늘의 신세계질서를 세울 수 있는 강력한 국가를 240년 전에 세우게 되었는데, 그 나라가 바로 오늘의 초공룡국가인 미국입니다. 공룡국의 건국이념은 자유 평등 인권입니다. 그리고 이것을 이룩하기 위해 자유민주주의와 자유시장경제를 선포했습니다. 그러나 이것이 모두가 아니었습니다. 이미 칼 마르크스의 역사적 변증법적 유물론을 통해 자본주의는 다시금 프로레타리아 계급투쟁을 통해서 공산주의로 돌아가도록 되어 있습니다.

마르크스 공산주의 역사발전 5단계는 원시공산사회-고대노예제사회-중세봉건사회-자본주의사회-과학적 공산주의사회입니다. 특히 노동자와 자본가들을 중심으로 한 자본주의 사회는 1% 자본가와 99% 노동자로 분리되어 프로레타리아 계급투쟁이 일어나 결국 자본주의는 붕괴되고 다시금 과학적 공산주의 지상 유토피아가 세워질 것이라고 주장합니다. 일루미나티 세력들이 240년전 미국을 세울 때 자본주의와 자유민주주의 체제를 도입하고 신자유주의 시스템을 도입해서 무한경쟁 사회로 들어가도록 유도한 것은 오늘의 세계 경제가 1% 부자와 99% 가난한자로 갈라놓기 위한 고도의 전술이었습니다.

공룡국가인 미국이란 나라가 바로 그 과정을 이어가기 위한 전략으로 세워진 것입니다. 계급투쟁을 통해서 자본주의에서 공산주의로 이어가는 다리가 길고 클수록 혼란은 커지는 것입니다. 공룡국은 이미 2008년 의도적으로 일으킨 경제위기를 통해 중산층을 무너뜨렸고, 결과적으로 1% 부자와 99% 빈민으로 나누어졌습니다. 이제 계급투쟁의 작전을 시작할 때가 된 것입니다. 마지막 세상에 세워질 사탄의 공산주의 이상국가는 2500년 전부터 시작되었습니다. 플라톤 이상국가, 아리스토텔레스의 일원론 우주론으로 세워진 알렉산더 대왕의 그리스 신국, 루소의 사회계약론과 불평등의 기원, 헤겔의 변증법적인 유물론, 다윈의 진화론, 칼 막스의 자본론을 거쳐, 네오콘의 대부 네오 스트라우스에 의해서 전 세계 체제를 하나로 묶어 완전한 공산주의 국가를 만들 수 있는 네오콘 사상으로 집대성 되었습니다.

이제 모든 시나리오는 끝이 났습니다. 이미 공산주의 세계정복은 시작되었습니다. 과거 레닌이나 스탈린이나 모택동과 같이 원시공산주의는 단순히 먹을 것만 약속한 것이었습니다. 그러나 앞으로 세워질 신세계 질서 속에서 세워질 공산주의는 근본적으로 원시 공산주의와 다릅니다. 정치, 경제, 사회, 종교, 과학, 사상, 예술, 우주천문학, 최첨단 바이오산업 등이 동원된 환상적인 지상의 유토피아가 펼쳐질 것입니다. 이것이 사탄주의자들이 꿈꾸어 왔던 짝퉁 천년왕국인 과학적 공산주의 지상 유토피아 다윗의 신국 신세계질서입니다.

모든 종교가 하나 되고, 모든 경제제도가 하나 되고, 모든 정치 시스템이 하나 되어 통제되는 빅브라더 시대가 되는 것입니다. 오바마 대통령의 공룡국은 여러 가지 문제로 무질서 속에 빠져 들어가고 있는 병든 사자와 같이 보였습니다. 그러나 실상은 그들이 꾸미고 있는 시나리오를 완성시키기 위해 의도적으로 미국을 망하게 하고 있었던 것입니다. 그래서 전 세계를 혼돈으로 몰아가려고 했던 것입니다. 이제 트럼프가 등장하여 퍼스트 미국이란 정책으로 미국중심의 세계질서를 재편시키고 있습니다. 사자에게는 숨겨진 발톱이 있습니다. 그것은 세계를 지배할 수 있는 가공할 최첨단의 무기들 입니다. 공룡국은 세계를 지배할 모든 무기를 확실하게 준비해 놓고 신세계질서를 시작했습니다. 그래서 아무 나라도 공룡국에 대해서는 반기를 들 수 없는 것입니다. 반기를 드는 순간에 박살나기 때문입니다. 이것이 네오콘 사탄주의 사상입니다. 사상의 수소폭탄입니다. 공룡국이 국제연합기구와 함께 만들어 가는 세계가 바로 공산주의 루시퍼 나라입니다.

2. 공산주의 신세계질서 설계자 플라톤

2500년 전에 그리스 철학자 플라톤은 이상국가(Republic)라는 책을 통해 그가 꿈꾸는 지상의 유토피아를 기록하고 있는데 이것이 오늘날 미국의 네오콘들과 일루미나티 세력들이 세워가는 공산주의 신세계질서 청사진입니다. 플라톤이 상상한 이상국가는 왜 사탄의 왕국입니까?

플라톤의 이상국가는 인간의 불평등을 전제로 한 철저한 계급사회라는 점에서 최악의 국가입니다. 그곳에서 인간은 원래부터 소질과 능력이 다르게 태어났으므로 일생 동안 불평등하게 살아야 합니다. 철학자, 전사, 농부와 수공업자 세 계급으로 나뉜 이상국가. 철학자는 오로지 통치만 하고, 전사는 국가의 안전을 유지하는 일에만 전념하며, 농부와 수공업자는 민중으로서 생산만을 전담합니다. 구두장이는 일생 동안 구두만 만들고 대장장이는 금속만 가공하며 농부는 농사만 지으면 됩니다. 플라톤은 철저한 전문화와 계급화를 통해서 사회정의가 실현된다고 주장합니다. 도대체 이러한 나라가 있을 수 있는 것일까요? 있어서도 안 되고 있을 수도 없습니다.

국민의 운명이 국가에 의해 우생학적으로 미리 결정되고 국가가 인간의 생식마저 통제해야 한다는 대목에서 플라톤의 상상력은 극에 달합니다. 국가의 최고 목표는 가장 품질 좋은 자손의 증식입니다. 국가는 출생 이전부터 시민에게 부모를 선발해 줍니다. 품질 좋은 인간을 만들기 위해서 가능한 한 최고의 남자들이 최고의 여자들과 자주 동침해야 한다고 주장합니다. 그리고 가장 나쁜 남자와 가장 나쁜 여자들은 동침도 하지 말아야 하며 그들의 자식들은 교육시킬 필요도 없다고 합니다.

플라톤에게 남자와 여자는 오로지 능력 있는 국민을 만들기 위한 도구였으며, 쾌락 따위에는 관심조차 없었습니다. 남녀 사이에 감정은 금물이며, 모든 결혼과 결합은 오로지 종족의 개량과 강한 국가를 건설한다는 목적에 좌우되는 것이었습니다. 잘생긴 사람들이 가장 좋은 사람들이고 육체적으로 결점이 있는 사람은 가장 나쁜 사람입니다. 이러한 선별 원칙을 플라톤은 인공 동물사육에 비유하고 있습니다. 생식이 국가에 의해 주재되고 감독되는 나라. 정해진 나이가 아닌 때에 아이를 낳으면 낙태나 유아 살해 등으로 대처하는 나라. 하지만 그리스 최대의 철학자요 가장 위대한 이상주의자 중의 한 사람이 자신의 이상을 저하시킬 동물적 행위를 허용한다는 것은 커다란 모순으로 다가옵니다.

플라톤의 이상국가는 사유재산을 완전 철폐하고 인간의 모든 사적인 감정마저 말살한다는 점에서도 가히 놀랄만한 일입니다. 사유재산은 모든 사회적 악의 근원으로 간주됩니다. 자신을 위해서 무엇인가를 소유하고자 할 때 시기와 증오, 절도와 강도가 나타나기 때문입니다. 모든 인간관계, 심지어 결혼조차 국가가 통제합니다. 국가는 난혼제도를 통한 하나의 대가족입니다. 무조건적인 복종과 종속을 가능하게 하기 위해 가족들 간의 어떤 친밀한 관계도 허용되지 않습니다. 공적 통제를 벗어날 수 있는 모든 사적 관계는 금기시 됩니다. 아이들과 부인들은 모두 공동 소유로 선포되고, 결혼도 의미를 잃습니다. 여자들은 모두 남자들의 공동 소유물이며, 어느 특정 여자도 어떤 특정 남자와 동침할 수 있으며 아이들도 공동 소유입니다. 그래서 어떤 아버지도 자기 아이를 모르고 아이 또한 자기 아버지를 모릅니다. 오직 자신의 육체와 분리될 수 없는 것만을 자신의 것이라 할 수 있을 뿐입니다.

생식을 통제하는 플라톤의 이상국가는 미래의 디스토피아를 연상시킵니다. 플라톤의 이상국가에서는 웃어서도 울어서도 안됩니다. 격렬한 감정의 분출은 공동체를 소홀하게 하고 개인의 운명을 성찰하게 만들며, 웃음은 권력자들에 대한 반항을 야기하기 때문입니다. 예술의 내용은 오직 용감, 신중, 현명, 정의라는 덕목의 주입만을 목적으로 하며, 오로지 국가가 지정하는 선전을 위한 목적 예술이어야 합니다. 개인적인 오락 또한 없습니다. 축제나 경주가 국가적으로 조직되며 종교적인 축제가 매일 개최됩니다. 축제를 통해서 국가 이념을 주입하고 전투 시합을 통해서 국가의 주요 미덕 중 하나인 용감성을 자극합니다. 오직 모든 것이 국가를 위해 존재하고 체제를 위해 지속됩니다.

모든 변화와 진화가 중지된 플라톤의 이상국가는 전체주의 국가이며 분명 미래의 디스토피아입니다. 이 점에서 그의 이상국가는 상상국가입니다. 플라톤 스스로 이 점을 고백하고 있는 것은 놀라운 사실이 아닙니다. 그럼에도 불구하고 왜 그는 이런 최악의 국가를 생각하고 주장하고 있을까요?

디오니소스의 주권종교와 플라톤의 공산주의 이상국가

플라톤은 그리스 주권종교인 디오니소스의 종교이론을 가지고 공산주의 신세계질서 이상국가를 세웠습니다. 디오니소스 주권종교는 기계론적이며 운명론적인 이론으로 사람들은 태어날 때부터 자신의 일생이 신들에 의해 주어진 것이라고 했습니다. 플라톤은 디오니소스의 주권종교 이론을 가지고 이상국가를 세 계급으로 정했습니다. 맨 아래에 서민 계급으로서 노예, 농업과 상인, 그 위에 수비(守備) 계급으로서 군인, 최고의 자리에 통치자로서 철인(哲人)이 있어 국가통치의 임무를 담당하게 하였습니다.

이 세 계급에 각자가 목표하는 여러 덕이 있어야 합니다. 서민계급에는 절제의 덕, 군인 계급에는 용기의 덕, 통치자의 그것은 지혜의 덕이며, 각각의 계급이 제각기 덕을 보존하여 자기 일을 실천할 때에 국가 전체는 정의를 실현한다고 생각했습니다. 그러니까 서민인 농민과 노예는 태어날 때부터 신들에 의해서 그런 일들을 할 수 있도록 보내졌다는 것입니다. 군인은 태어날 때부터 용기있는 덕인 군인의 일을 하도록 보내졌다는 것입니다. 그리고 정치적인 지배계급인 철인들은 태어날 때부터 많은 사람들을 통치하고 다스리도록 보내졌다는 것입니다.

이것이 플라톤이 말하고 있는 그들만의 유토피아인 공산주의사회입니다. 그러나 디오니소스의 주권종교이론은 바리새파 유대인들이 자신들이 다스리는 신들의 국가를 세우기 위해 만든 이론입니다. 자신들의 유토피아를 세우는 사탄왕국의 이론인 것입니다.

어거스틴과 존 칼빈도 그리스 디오니소스 주권 종교이론을 가지고 운명론적인 예정론을 펼쳤습니다. 하나님은 창세전에 택자와 불택자를 정하셔서 하나는 천국백성으로 하나는 지옥백성으로 정하셨다는 것입니다. 이것이 어거스틴과 칼빈의 선택이론입니다. 이것은 성경적인 교리가 아니라 그리스 디오니소스의 주권종교이론에서 응용한 사탄철학입니다. 이것을 디오니소스 기계론적이며 운명론적인 주권종교라고 하는데 사탄의 정치종교철학입니다. 칼빈은 직업소명론에서도 디오니소스 이론을 적용했습니다.

사탄의 세력들은 중세 천년동안 노예와 농민과 기사들을 거느리면서 신들과 같은 초호화생활을 누렸습니다. 지금도 인도는 디오니소스의 주권이론을 가지고 수 천 년동안 카스트 제도를 운영하고 있습니다. 지배계급인 브라만들은 지금도 모든 부와 명예를 소유하고 살아가고 노예와 천민계급들은 지옥생활을 하면서도 다음 생(生)은 보다 더 나은 신분으로 태어날 수 있다는 거짓말에 속아 살고 있습니다. 중국의 공산정부도 8,620만 명의 공산당원들의 천국입니다. 북한의 공산주의 정권도 공산당 특별시민인 평양시민을 포함한 노동당 300만명 만 천국생활을 합니다.

3. 유대 카발리스트 플라톤의 정체

다음은 데이비드 리빙스턴의 '카발리스트 플라톤'에서 인용한 글입니다.
Plato The Kabbalist by David Livingstone(원문출처≪)

1) 플라톤은 가짜 유대인 카발리스트

"역사상 가장 위대한 철학자라고들 말하는 플라톤의 글에서 특별히 감동받는 부분은 거의 없다. 그 반대로 걱정스러운 것은 오히려 많은데, 플라톤은 20세기를 전염시킨 많은 전체주의 독트린의 설립자이기 때문이다. 그가 서양과 동양의 오컬트 전통에서 지금의 명성을 얻은 유일한 이유는 도리어, 플라톤이 (오컬트 전통의) 교리들의 대부로 여겨져 왔으며 카발라와 연관된 그런 고대 전통의 위대한 대표자로 여겨져 왔기 때문이다.

예를 들어, 르네상스 시대의 걸출한 카발리스트 중에 레오네 에브레오(Leone Ebreo)가 있는데, 그는 플라톤을 모세의 계시에 의존한 사람으로 여겼으며, 심지어 고대 카발리스트들의 제자로까지 여겼다. 랍비 예후다 메세르 레온(Yehudah Messer Leon)은 카발라와 플라톤주의와의 유사성을 비판한 반면에, 그의 아들은 플라톤을 신적 마스터(divine master)로 묘사했다. 이삭 아브라바넬(Isaac Abravanel)이나 랍비 요하난 알레만노(Yohanan Alemanno) 같은 또 다른 카발리스트들은 플라톤이 이집트에서 예레미야(Jeremiah)의 제자였었다고 믿는다.

그리스 철학과 카발라의 가르침의 유사성에 대해서 랍비 아브라함 야겔(Abraham Yagel)은 논평했다: 이것은, 데모크리토스의 철학과 신념과 특히 아리스토텔레스의 스승인 플라톤에 관한 글들을 읽은 사람들에게는 자명하다. 플라톤의 관점은 이스라엘 현자들의 관점과 거의 같았으며, 일부 이슈에 대해서 그는 카발리스트들이 그들의 입으로 그들의 언어로 아무 티도 없이 말하는 것처럼 말했다. 우리는 이런 관점을 지지해야만 한다. 왜냐하면, 그것들은 우리 것이며, 우리 조상들로부터 그리스 사람들에게 상속된 것이며, 오늘날에 이르기까지 위대한 현자들은 플라톤과 그를 따르는 제자들의 위대한 집단들의 견해를 지지하고 있다. 이 사실은 아카데미의 현자를 섬기고 모든 나라에서 발견되는 그들의 학문에 입문한 사람들에게는 잘 알려져 있다.

이런 주장들이 보통 사람들에게는 소설로 들릴지 모르겠지만, 이를 실증(實證)하는 매우 많은 증거들이 존재한다. 그리스 철학은 초기 유대 카발라 사상의 영향을 받은 바벨로니안 마기(사제/마법사들,Babylonian Magi)의 사상을 그저 전용한 것에 불과하다는 것을 입증할 수 있다."

2) 고대 바벨론

"페르시아나 바벨론이 그리스 사상에 끼친 영향이라는 주제는 20세기 전반부에 쟁점이 되어 왔었다. 이 주제는 지금도 지속적으로 월터 버커트(Walter Burkert)와 M.L. 웨스트(West) 같은 몇명의 지도적 학자들의 주목을 받고 있다. 퀴몽은 바벨론 마기들이 엄한 이원론과 주르반교(Zurvanism)라는 조로아스터교 이단을 구성한 바벨로니아 점성술과 마법의 요소들의 조합을 수행했음을 알았다. 바로 이 사상들의 이상한 재구성 속에서 그리스 철학을 특정짓는 첫번째 요소들을 발견할 수 있다.

비록 퀴몽은 확인하지 못했지만, 또 다른 요소는 유대교의 영향이었다. 점성술과 마법의 마기 컬트(이교)는 (기원전) 6세기 바벨론에서 나타났는데, 이 시기는 위대하고 걸출한 유대인들이 그곳에서 망명생활을 하던 시기와 정확하게 일치한다. 누가 이런 사상을 도입했는지 확인할 수는 없지만, 성경은 다니엘이 현자 중의 한 명이었음을 확인한다. 어쨌거나 이런 사상들은, 에세네파 속에서, 특히 학자들이 카발라의 시초라고 확인하는 메르카바(Merkabah) 신비주의를 위시로 해서 널리 알려진 마기 형태에서 나타난다."

3) 그리스 마기

"그리스 철학은 소아시아의 그리스어를 사용하는 이오니아 도시들에서 처음 등장하는데, 그곳은 당시 페르시아의 점령 하에 있었다. 그럼에도 우리는 이것을 줄곧 그리스 철학으로 분류하고 있다. 이런 사상이 침투한 명확한 예는 디오니소스의 신비(Mysteries of Dionysus)에서 나타나는데, 기원전 5세기 철학자 헤라클리투스에 의하면 이것은 마기를 흉내 낸 것이었다.

디오니소스 의식(rites)의 전설적 발견자는 오르페우스로 알려져 있다. 기원전 3세기의 유대 철학자 아르타파누스(Artapanus)는 모세에 대해 이렇게 주장한다. '성인이 된 그는 그리스인들로부터 무사에우스(Musaeus)라고 불렸다. 무사에우스는 오르페우스의 스승이었다.' 동시대의 또 다른 유대 철학자 아리스토불루스(Aristobulus)는 오르페우스가 모세의 추종자였다고 주장했으며, 다음 오르페우스의 시를 인용했다: '나는 이에 적법한 사람들을 위해 노래할 것이다. 하지만, 의인의 율법으로 고발당한 비입문자 당신은 문을 닫으라 신은 모두에게 똑같이 법을 만드셨기 때문이다. 하지만, 당신, 빛을 나르는(light-bearing) 달의 아들, 무사에우스(모세)는 들으시오. 나는 진리를 외치고 있소.'

오르피즘(오르페우스교/윤회를 교리로 하는 밀교)의 가장 큰 옹호자는 피타고라스였는데, 그는 플라톤의 사상에 영향을 주었다. 따라서 모미글리아노(Momigliano)의 '이국의 지혜(Alien Wisdom)'에 의하면, '페르시아의 지혜를 완전히 패서너블하게 만든 것은 플라톤이다. 비록 이야기 속에서의 플라톤의 정확한 위치는 모호하고 역설적이지만.'

이후 내내 플라톤은 유대 신비가들과 카발리스트들에 의해 그들 교리의 학생으로 확인되어 왔다. 아리스토불루스에 의하면: 플라톤이 우리의 법률을 흉내냈으며, 그 속의 각 요소들을 모두 철저히 조사했음이 분명하다. 왜냐하면, 이것은 데메트리우스 팔레레우스(Demetrius Phalereus) 이전에, 알렉산더와 페르시아인들의 정복 이전에 다른 사람들에 의해 번역되었기 때문이다. 우리의 동족 유대인들의 이집트 탈출, 그들에게 일어난 모든 일들의 명성, 땅의 정복, 그리고 모든 법률의 구체적 설명에 관한 부분들(이 번역되었다). 따라서 위에 언급한 철학자가 (이것으로부터) 많은 것을 취했음은 매우 확실하다. 왜냐하면 그는 우리의 많은 교리들을 이전하고 그것들을 그 자신의 사상 속에 통합한 피타고라스처럼 매우 학문에 정통했기 때문이다."

4) 플라톤은 신세계질서의 설계자입니다

플라톤이 미래의 전체주의 국가를 뚜렷이 그린 것은 그의 국가(republic)에서입니다. 이 국가는 카발라가 지시한 대로, 엘리트 또는 '철학자 왕들' 또는 '가디언(보호자)'들에 의해 통치됩니다. 기본적으로 국가는 미래의 일루미나티 계획의 기반을 제공했는데, 여기에는 공산주의, 결혼과 가족의 배제, 강제교육, 국가에 의한 인종개량, 그리고 기만적 프로퍼갠다(허위선전)의 사용이 포함되어 있습니다.

플라톤에 의하면, 모든 여성들은 모든 남성들의 공동의 아내가 될 것이며, 어느 여자도 한 남자와 개인적으로 살면 안됩니다. 아이들 역시 공동으로 수용해서 어느 부모도 자신의 자녀를 모르고 또 어느 아이도 그 부모를 모르게 해야 합니다. 이런 사상은 우생학(인종개량)의 필요성과 연관됩니다. 최우수 남성들은 될수록 많은 경우 최우수 여성들과 함께 동침해야 하며, 최악의 남성들은 최악의 여성들과 함께 될수록 적게 동침해야 합니다. 무리가 될수록 완벽해지려면, 한쪽의 자녀들은 기르고 다른 편의 자녀들은 기르지 말아야 합니다. 더우기 해로운 것은 유아살해에 관한 그의 처방입니다: 열등한 자들의 자녀들과 우등한 자들의 자녀라도 결함을 가지고 태어난 아이들은 그들이 어떻게 될지 아무도 모르도록 은밀한 가운데 적절히 없애야 합니다. 그것이 가디언 품종의 순수성을 보존하기 위한 조건입니다. 카르타고와 스파르타에서 성행했던 유아 인신제사가 유행한 이유이기도 합니다.

이런 이유로 인해 플라톤은 쭉 에소테릭(秘敎)철학의 중심에 있어 왔으며, 그가 신세계질서의 비전을 명료하게 전해준 일루미나티의 지도적 철학자들에 의해 칭찬을 받아 왔습니다. 그들은 칸트, 헤겔, 니이체, 그리고 최근의 레오 스트라우스(Leo Strauss) 등인데, 스트라우스는 중동에서 이스라엘을 위한 대리전을 치르도록 미국을 출범시킨 네오콘(신보수)의 대부(代父)입니다.

플라톤처럼 스트라우스도 소사이어티[비밀단체] 내부에서, 어떤 사람들은 지휘하는데 그리고 어떤 사람들은 지휘당하는데 알맞다고 가르쳤습니다. 하지만, 스트라우스를 계몽으로 입문시킨 사람은 마키아벨리인데, 그는 플라톤의 순전히 이론적인 세상을 배제하고, 현실을 보다 실제적으로 해석하기 원했으며, 그리하여 정치과학을 만들었습니다. 마키아벨리적 사상을 따라서 스트라우스에게는 어느 정권도 덕(선)을 적용할 수 있는 표준에 이르지 못합니다. 오히려, 사리사욕적 경향 또는 인간의 본성을 수용하고 이해하고 활용해서 새 정권이 만들어져야 합니다.

스트라우스는 도덕성이란 것은 없다는 사실을 깨달은 사람들이 지배층에 적합한 사람들이라고 생각했습니다. 따라서 스트라우스는, 세상은 정책자문들이 그들의 국가를 지키기 위해 자신들의 대중과 심지어 그들의 지배자들조차 속여야 할 필요가 있는 곳이 되어야 한다고 믿었습니다. 만약 절대적 진리의 부재에 노출된다면, 대중들은 바로 허무주의나 무정부주의에 굴복할 것입니다. 그들은 진리를 다루지 못합니다. 따라서, 스트라우스에 의하면 이런―플라톤도 아마 이렇게 불렀을―"경건한 사기" 또는 "고결한 거짓말"을 유지할 필요가 있었다는 것입니다.

마지막으로, 토마스 홉스(Thomas Hobbes)처럼 스트라우스는 인간의 타고난 공격성은 오직 강력한 국수주의적 정부(nationalistic state)에 의해서만 억제될 수 있다고 믿었습니다. 이것을 다른 말로 하자면 파시즘(Fascism)입니다. "인류는 본질적으로 사악하기 때문에 통치를 받아야만 한다"고 그는 적었습니다. 하지만, 이런 통치(거버넌스)는 사람들이 일치할 때에만 비로소 성립될 수 있으며, 그들은 오직 다른 사람들에게 대항할 때에만 일치할 수 있습니다. '레오 스트라우스와 미국의 권리' (Leo Strauss and the American Right) 속에서 섀디아 드러리(Shadia Drury)에 의하면, "정치적 질서는 외부의 위험에 의해 일치될 경우에만 안정될 수 있다고 스트라우스는 생각한다". 드러리가 명확하게 하듯이, 궁극적으로는 마키아벨리를 따라서, 그는 만약 외부 위협이 존재하지 않는다면 (위협) 하나를 만들어낼 필요가 있다는 입장을 유지했습니다.

4. 탈무드 종교란 무엇입니까?

1) 바리새파 가짜 유대인은 누구입니까?

바리새파 유대인들을 바사 즉 페르시아 유대인들이라고 합니다. 이들은 70년 바벨론 유수 때 배도한 유대인들로 70년 포로생활이 끝나고 예루살렘으로 귀환하지 않고 페르시아 제국에서 부와 명예를 독점한 세력들입니다. 이들은 바벨론 탈무드를 기록했습니다. 바벨론 탈무드는 바벨론 사탄종교의 백과사전으로 바벨론 흑마술, 백마술, 태양종교, 점성술, 연금술, 신인간, 가축인간 등이 기록되어 있습니다.

바리새파 유대인들은 바벨론과 페르시아 민족인 아리안족의 혈통과 유대인들의 혈통이 혼합된 종족입니다. 인류의 명품 혈통이 둘이 있습니다. 최고의 지성을 가진 아리안의 혈통과 최고의 종교적인 명품 혈통인 유대인들입니다. 바리새파는 세계 양대산맥의 명품 혈통인 아리안과 유대인의 DNA가 합쳐진 세계 최강의 명품 혈통을 가진 종족으로 세계에서 가장 뛰어난 종족입니다.

성경에서는 바리새파 유대인들을 자칭 유대인이라고 기록되어 있습니다. 예수님께서는 자칭 유대인들을 사단의 회라고 하셨습니다. 마23장에서 예수님은 바리새파 유대인들에게 7가지 저주를 선포했습니다. 예수님을 모함해서 십자가에서 죽게 한 세력들이 바리새파 사람들입니다. 이들은 겉으로는 철저하게 경건한 종교인으로 과장을 하지만 속에는 썩고 부패한 것들이 가득한 사탄숭배자들입니다. 요한 계시록에서도 자칭 유대인 사단의 회가 나옵니다. 모두 바리새파 유대인들을 말합니다.

계2:9 "자칭 유대인이라 하는 자들의 훼방도 아노니 실상은 유대인이 아니요 사단의 회라"

예수님은 바리새파 사람들을 사단의 자녀들이라고 하셨습니다.

요8:44 "너희는 너희 아비 마귀에게서 났으니 너희 아비의 욕심을 너희도 행하고자 하느니라 저는 처음부터 살인한 자요 진리가 그 속에 없으므로 진리에 서지 못하고 거짓을 말할 때마다 제 것으로 말하나니 이는 저가 거짓말장이요 거짓의 아비가 되었음이니라"

주후70년 9월8일 이스라엘과 예루살렘이 멸망한 후 지금까지 유대인 행세를 하고 있는 대다수가 바로 바리새파 유대인들입니다. 즉 가짜 유대인들입니다. 겉으로는 유대교를 따르는 척 하지만 내부적으로는 뱀과 루시퍼를 섬기는 사탄숭배자들입니다. 바리새파 유대인들은 금과 돈을 좋아 합니다. 창세이후 고리대금, 은행업, 무역, 상업 등은 모두 이들이 장악하고 왔습니다. 지금도 전 세계 은행, 금융기관, 보험업, 금은 보석 거래, 군산복합체 산업, 마약 포르노 시장 등 돈이 되는 모든 산업을 장악하고 있습니다.

2장 적그리스도 배도의 나라와 철학

1. 철학(哲學,philosophy)의 정체(지혜 ; 뱀을 사랑하는 학문)

철학(哲學, philosophy)은 지혜를 사랑한다는 의미인 필로소페인(philosophein)으로 헤로도토스의 저서 〈역사〉속에서 그리스의 현인(賢人) 솔론을 언급할 때 처음 나옵니다. BC 6세기 후반의 피타고라스 학파는 명리(名利)를 떠나 공리(公利)의 지혜를 간구하는 것이 애지(愛知)라고 말했습니다. 즉 철학의 근본원리는 공리주의이며 공산주의 철학입니다. 애지의 의미가 확정된 것은 BC 5세기 후반 소크라테스와 그의 제자 플라톤이었습니다. 헬라 철학의 근본은 이집트로부터 전해 내려온 피라미드와 태양신(루시퍼;룩소르,범신론)의 종교이론으로 지혜를 상징하는 소피아는 이시스 여신과 뱀을 상징하는 것이었습니다.

철학의 영어 명칭 'Philosophy' (필로소피)는 고대 희랍어 필레인(φιλειν, 사랑하다)과 소피아(σοφία, 지혜)의 합성어로서 직역하면 지혜를 사랑한다 라는 뜻입니다. 여기에서 말한 지혜의 본질은 뱀입니다. 현대 사탄의 세력들에게 신세계질서 설계도를 만들어 준 그리스 카발리스트 철학자 플라톤은 그리스 현인 솔론의 혈통을 이어 받은 사람으로 뱀과 루시퍼를 섬기는 바리새파 유대인입니다.

2. 유대 카발리스트 비밀 결사인 철학의 아버지 소크라테스의 정체

1) 역사적 배경

주전 480년 2차 페르시아 전쟁은 페르시아와 아테네와 스파르타 연합국으로 이루어진 그리스 연합국과의 전쟁에서 살라미스 해전을 통하여 최종 승리를 거둔 아테네는 한 마디로 안하무인, 기고만장하였습니다. 아테네는 페르시아의 재침에 대비한다는 명목으로 각 그리스 도시국가

제3부 적그리스도의 배도의 나라

들에게 돈을 거둬들여 그 돈을 자신들을 위한 해양펀드로 운용하고, 말 안 듣는 국가는 힘으로 다스리는 제국주의 국가가 되었습니다.

이러한 아테네의 세력팽창에 두려움과 위기, 질투를 느낀 그리스의 강자인 스파르타는 반 아테네 동맹인 펠로폰네소스 동맹을 결성하여 아테네 중심의 동맹인 델로스 동맹과 전쟁을 하여 최종 승리를 거두었습니다. 해군국인 아테네가 해전에서 패하고 스파르타가 아테네에 유행시킨 전염병으로 항구가 봉쇄당해 식량을 수입을 할 수가 없어 스파르타에 무조건 항복한 것이었습니다.

스파르타는 아테네의 통치권을 30명의 아테네 귀족 출신에게 넘겼습니다. 그 우두머리는 소크라테스의 제자이며 플라톤의 친척인 크리티아스입니다. 30명의 참주(독재자) 뒤에는 700명의 스파르타 군사가 후원하고 있었습니다. 30인 참주는 철저한 귀족정치 옹호자로서 민주주의 지도자 1500명을 모두 처형하고 재산을 몰수하는 공포정치를 시작하였습니다. 이들은 아테네 시민 3000명에게만 시민권을 주었습니다. 그중에 소크라테스도 포함되어 있었습니다. 이에 대항해 민중들이 반란을 일으켜 크리티아스를 죽이고 나머지 참주들은 해외로 달아났습니다. 스파르타의 중재로 귀족과 평민 사이의 내란은 6개월만에 종식되고 다시 민주주의파가 권력을 잡았습니다. 민주주의파 눈에는 민주주의를 부정하고, 귀족 젊은이들에게 스파르타와 같은 귀족정치를 옹호하는 설교를 하고 돌아다니는 소크라테스는 위험인물 1호였습니다. 더구나 공포정치의 수괴인 크리티아스는 소크라테스의 애제자였으니 당연히 정치보복의 대상이 되었습니다.

그 당시 아테네는 시민 누구나, 지금의 검사처럼, 누구든지 고소하고 법정에 세울 수 있었습니다. 다만, 배심원 5분의 1 미만의 지지를 받으면 고소한 사람이 벌을 받았습니다. 소크라테스 재판에는 500명이 배심원이 배정되었고, 280:220 으로 유죄판결을 받았고, 두번째 재판에서 360:140으로 사형이 결정되었습니다. 판결문에는 "소크라테스는 신들과 우리 도시국가를 믿지 않고, 전혀 다른 새로운 악마의 존재를 끌어들인 죄를 지었다. 그는 그밖에도 젊은이들을 타락시킨 죄를 지었다. 그 벌로 사형을 명한다."

소크라테스의 고발 사유는 두 가지입니다.
1. 젊은이들을 타락시킨 죄 — 이것은 그리 중대한 죄는 아니었습니다.
2. 신성 모독죄 — 증거는 소크라테스가 항상 말하고 다니던, '내면의 목소리 데이몬(DEMON)'

소크라테스는 자기 속에 자기보다 더 큰 내면의 신이 있다고 하면서 그 이름을 데이몬이라고 했습니다. 소크라테스가 말한 데이몬은 데몬(DEMON)으로 악령 즉 악신입니다. 소크라테스는 길을 가다가도 방향을 바꾸면서 그 이유를 묻는 동료들에게 자기 속에 있는 데몬이 그렇게 가르쳐 준 것이라고 하였습니다.

2) 소크라테스의 생애와 철학 현자(신인간)과 가축 인간론

소크라테스는 그리스 아테네 출생으로 부친은 카르타고 출신 석공(mason)이었습니다. 모친은 산파였으며 중류가정에서 태어났습니다. 그는 소년 시절에 보통 교육을 받고 장성해서 기하학과 천문학, 자연학 등의 고등 교육도 받았습니다. 한 동안에는 아버지와 함께 석공으로 일을 했습니다. 30세에서 50세까지는 펠로폰네소스 전쟁에 3번 참여를 했습니다. 50이 넘어서 결혼을 했습니다.

소크라테스는 자연주의 철학을 근간으로 발전한 아테네 민주정부를 향해서 독설을 퍼부었습니다. 당시 아테네는 모든 시민이 참여하는 참여 민주주의가 발전했습니다. 누구든지 시민들은 정치 지도자가 될 수 있었고 제비뽑기로 정해진 사람에게 통치권을 주어서 정치를 하게 하였습니다. 그러나 소크라테스는 당시의 아테네 시민들을 목자에게 이끌림을 받아야 하는 양떼에 불과하다고 했습니다. 소크라테스는 아무나 정치를 하면 결국 아테네가 망할 수 밖에 없다고 하면서 특별한 존재가 정치를 해야 한다고 주장했습니다. 그가 주장한 특별한 존재는 현자(賢者)였습니다. 즉 지혜자라는 것입니다. 그리고 시민은 양떼라는 것입니다. 양떼라는 정의는 가축인간으로 계몽이 불가능한 존재라는 것입니다. 즉 계몽이 불가능한 인간이 다른 사람을 통치할 수 없다는 것입니다.

아테네 시민들이 현자는 누구이며 어떻게 나타날 수 있냐고 소크라테스에게 물을 때 소크라테스는 현자는 오직 하늘의 신만 보내줄 수 있다고 주장했습니다. 그러면서 그는 아테네 젊은 이들을 모아 당시 아테네와 정적 관계였던 스파르타 정치 경제 사상을 주입시켰습니다. 그렇게 소크라테스에게 공산독재 사상교육을 받은 제자들이 아테네 민주정부를 전복시키고 스파르타식의 집단지도체제인 공산주의 공포정치를 시작했던 것입니다. 그리고 소크라테스는 30명의 참주정치에 가담한 제자들과 함께 재판을 받아 사형을 선고받았던 것입니다.

3) 공산주의 독재정치와 집단지도 체제 빅 브라더 통제사회 이론

소크라테스와 그의 제자 플라톤의 정치적인 이상국가는 카르타고와 스파르타였습니다. 그리고 스파르타와 카르타고는 가나안 7족속의 페니키아 상인들과 당시 해상과 육지의 상권을 장악한 바리새파 유대인들이었습니다. 그들은 탈무드와 유대 카발라 종교이론을 가지고 자연주의 궤변철학으로 흔들리고 있었던 아테네에서 탈무드 루시퍼 절대종교를 절대철학으로 만들어 아테네를 흔들었던 것입니다.

그 후 소크라테스와 플라톤의 사탄주의 철학은 아리스토텔레스와 그의 제자 알렉산더 대왕과 일원론 시나키즘, 어거스틴의 신국론, 마키아벨리 군주론, 루소의 불평등의 기원, 자연으로 돌아가라, 칼 마르크스의 자본론, 헤겔의 역사적 변증법 정반합, 토마스 모어의 유토피아, 프란시스 베이컨의 뉴 아틀란티스, 아담 바이스 하우프트 일루미나티, 히틀러 나찌즘, 무솔리니 파시즘, 올더스 헉슬리, 조지 오웰, 미국의 네오콘의 대부 레오 스트라우스를 거쳐서 공룡국가인 미국으로 들어갔습니다. 미국에서 인공지능과 빅데이터 공산주의 적그리스도의 나라가 준비되고 있습니다.

3장 적그리스도 배도의 나라와 예수회 일루미나티

1. 예수회와 일루미나티

1) 이그나티우스 로욜라(Ignatius of Loyola 1491,10,23-1556,7,31)

로욜라는 스페인 바스크 귀족 가문의 기사, 로마 가톨릭교회의 은수자, 사제, 신학자입니다. 또한 그는 예수회의 창립자이자 초대 총장입니다. 16세 때 부친을 잃고 아레발로(Arevalo)의 황실 별장 급사가 되어 귀족에게 접근하는 법을 10년간 배웠고, 후에 궁정에서 젊은 기사와 "시종무관(侍從武官)" 직위를 맡았습니다. 그는 26세까지 무술, 사냥, 춤, 유곽출입, 연애, 유희, 음주, 방랑의 생활이 계속된 삶을 살았습니다. 교육을 받을 기회가 적어 라틴어는 전혀 모르고 스페인어는 알고 썼으며 불어는 약간 알았습니다. 키는 약 155㎝의 작은 키에 턱수염을 기른 작은 체구의 소유자였으며 그의 성격은 포악하고 거만하고 과격하게 형성되어 갔었습니다.

1517년 군에 입대하여 프랑스군과 전투에서 1521년 5월 20일 포탄을 맞아 한쪽다리를 잃었고, 한쪽다리는 구멍이 나서 프랑스군에게 수술을 받았는데 4번씩이나 수술을 받으면서도 한번도 마취제를 사용한 적이 없이 수술을 받은 입지적인 성격의 소유자였습니다.

로욜라는 1522년부터 자신의 죄와 영혼 구원의 의문을 가지고 1522-1528년까지 6년간 신인합일 4차원 "영성훈련"(Spritual Exercises)을 개발해서 최면, 투시, 초능력, 초월명상, 유체이탈, 입신 등의 기술을 유대밀교 카발라 훈련을 통해 천국까지 시각적으로 볼 수 있는 초자연적인 능력을 갖게 되었습니다.

이러한 영적인 신인합일주의는 사막 수도원의 아버지 안토니우스에서 어거스틴 수도원으로 이어진 밀교입니다. 그는 1523년 예루살렘 여행을 시작했으며 1527년에 파리대학에 입학하여 그때부터 자신의 이름을 "이그나티우스 로욜라"라고 처음 부르기 시작했습니다. 그는 신비주

제3부 적그리스도의 배도의 나라

의, 초능력, 투시술, 영성개발 때문에 두 번 씩이나 이단으로 체포되기도 했으나 곧 풀려났고 드디어 1537년 로마카톨릭 신부가 되었습니다. 그는 존 칼빈과 같은 시기에 프랑스 밀교 학교인 몽테귀 대학에서 훈련을 받았습니다.

1521년 팜플로나 전투에서 중상을 입은 그는 회복을 위해 병상에 누워서 치료하는 동안 여러 가지 교회서적을 탐독하면서 깊은 체험을 하게 되었습니다. 1522년 3월 로욜라는 몬세라트의 성모 성당을 방문하였을 때, 성모 마리아와 아기 예수의 환시를 체험하였습니다.

1523년 9월, 로욜라는 성지 예루살렘을 방문하여 그곳에 머무르고자 하였으나, 당시 예루살렘 성소들을 관리하였던 프란치스코 회원들이 받아들여 주지 않아 하는 수 없이 유럽으로 돌아왔습니다.

1524년부터 1537년까지 로욜라는 스페인과 파리 몽테귀 대학에서 신학과 라틴어, 인문학 등의 공부에 전념하였습니다. 1534년 예수회를 조직하였으며, 1540년 교황 바오로 3세로부터 인가를 받았습니다. 1548년에는 로욜라가 구성한 "영성훈련"이 인가를 받았습니다.

2) 예수회 설립 종교적 배경

프로테스탄트의 개혁교도들이 유럽 전역에 빠르게 퍼짐으로 인해 로마 가톨릭 즉 바티칸은 흔들리게 되었습니다. 이러한 개혁 교도들의 영적인 반란을 진압하기 위하여 스페인 합스부르크 왕조와 함께 로마카톨릭 수장으로 있었던 교황 바오로 3세는 1534년 스페인의 비스키안 카사솔라 성에서 살았으며 나이트 오브 버진(knight of virgin)기사 단원이었던 이그나티우스 로욜라로 하여금 예수회(Jesuits)를 창설하도록 하였습니다.

2. 예수회(일루미나티)의 정체

1) 클립토 가짜 유대인의 조직

예수회는 크립토(Crypto-Jews, 숨은 유대인, 가짜 유대인) 유대인들의 조직입니다. 이베리아 반도 스페인과 포르투갈에서 신분을 감추고 로마 카톨릭으로 위장 개종한 크립토 유대인들을 마라노스(Marranos, New Christians, Conversos)라고 부릅니다. 1492년, 마라노스들은 자신들의 교리 카발라를 지키기 위해 비밀조직 알룸브라도스(Los Alumbrados, Illuminated, 일루미나티)를 설립합니다. 1758년 로렌초 리치가 예수회의 새 총장으로 선출되었을 때 약 2만 3천 명의 예수회원이 세계 곳곳에서 활동하고 있었습니다. 그러나 교황 클레멘스 14세가 1773년 칙서 『구세주』를 통해 예수회를 해산하게 되는데 그 이유들은 사탄숭배를 통한 독자적인 조직을 극대화시켜 반역을 꾀한다는 명목이었습니다.

2) 예수회 일루미나티라는 암호로 다시 설립

알룸브라도스의 80% 이상이 마라노스였으며, 예수회 초대 수장 이그나티우스 로욜라가 그 일원입니다. 로욜라는 크립토 유대인입니다. 이 알룸브라도스가 나중에 독일 예수회 신부인 아담바이스 하우프트를 통해 1776년 5월 1일에 일루미나티가 됩니다.

로마 카톨릭에 대한 종교 개혁의 바람이 거세지자 종교개혁에 대항하는 선두 조직으로써 예수회를 발진시킵니다. 유대인의 왕조인 메로빙거 혈통을 가진 스페인 합스부르크 왕조는 1534년 바티칸의 마라노스들을 통해 알룸브라도스를 발전시켜 "예수회"를 설립하게하고 알룸브라도스의 일원인 이그나티우스 로욜라가 예수회 초대 장군(검은 교황)이 됩니다.

현대 일루미나티는 유대인 예수회 사제 아담 바이스 하우프트를 통해서 새롭게 변신하였습니다. 첫 번째 일루미나티는 1492년 마라노스들과 위장 크립토 유대인(Crypto-Jews)으로 불리는 스페인 유대인들에 의해 설립된 알룸브라도스입니다.

예수회는 스페인과 네덜란드 유대인들의 재정 지원을 받는 카발라 유대교 조직이었으며, "검은 교황"이 지휘하는 말타기사단, 히틀러를 훈련시킨 죽음의 형제단(툴레회, Sovereign Military Order of the Knights of Malta, Brotherhood of Death)입니다. 이들에 동조하는 다수의 마라노스

제3부 적그리스도의 배도의 나라

들이 예수회에 참여하였으며, 대부분 크립토 유대인들로 구성된 조직으로서, 종교 개혁에 대항하는 합스부르크가 지배하고 있었던 바티칸 보호 조직으로 출발하였습니다.

3) 프리메이슨과 결합한 예수회 일루미나티

일루미나티는 예수회(제수이트)의 회원이며, 유대인으로서 잉골스타트의 교수이며, 법학부장이었던 아담 바이스 하우프트가 유대 카발라 고대의 비밀스러운 악마숭배, 바벨론과 이집트의 우상 숭배 등 다양한 사상을 하나로 결합시켜 1776년 5월 1일 독일의 바이에른 지방에서 만든 비밀조직입니다. 일루미나티 조직은 매우 짧은 기간에 많은 회원들을 확보하게 되었고 그 사회에 큰 영향력을 미치고 있었습니다.

그러던 중에 아담 바이스하우프트는 독일에 자신들과 유사한 국제적인 프리메이슨 조직인 독일 뮌헨의 '사려가 깊은 데오돌 지부'에 입회(가입)하여, 프리메이슨 조직의 핵심 인물로 부상하고, 그 조직을 장악하게 됩니다.

독일의 프리메이슨 조직을 일루미나티의 단원들이 지배를 하게 된 것입니다. 이 사실을 국제 프리메이슨 측에서 알고 저지하려고 여러 차례 다양한 방법으로 손을 썼지만 실패하고 말았습니다. 이렇게 하여 1782년 7월 16일 윌헬스마트에서 양 조직이 회담을 개최하게 되었고, 일루미나티의 수장이었던 아담 바이스하우프트는 미리 준비한 계획을 발표하면서 일루미나티 조직을 프리메이슨의 '피'로 여겨 달라는 강력한 요구를 관철시켰습니다.

이때로부터 프리메이슨 조직은 예수회(제수이트)와 끈끈한 관계가 형성이 되었고, 결국 제수이트의 컨트롤을 받는 상황이 되었습니다. 예수회 수장 검은 교황이 흰 교황을 배후에서 조종합니다. 검은 교황의 유대교는 유대교와 세계를 지배하는 일루미나티 자칭 유대인들 프리메이슨을 의미합니다.

유대교 랍비 거짓선지자들도 검은 교황의 부하입니다. 일루미나티는 예수회에서 나왔으며, 로스차일드 가문도 유대인입니다. 연방준비은행을 통해서 달러를 만들어 세상의 돈을 지배하고 있습니다. 미 국방성 펜타곤도 예수회가 운영하는 일루미나티의 사병조직입니다. 펜타곤 내부에 검은 교황의 집무실과 강단이 있습니다. 미군은 미국인들의 의사를 따라 군사행동을 한 적이 없으며, 예수회 일루미나티 사탄주의 카발라 세력의 의도에 맞추어 전쟁을 수행하고 있습니다.

4) 크립토(예수회) 유대인들의 정체

크립토 유대인이란 숨은 유대인, 위장 유대인, 가짜 유대인이라고 합니다. 주후 70년 이스라엘이 로마에게 망한 후 정치, 경제, 문화 분야에서 전 세계적으로 활동을 하고 있는 유대인들은 모두 바리새파 유대인들입니다. 바리새파 유대인들은 자칭 유대인으로서 가짜 유대인들을 말합니다. 크립토 유대인들이 바로 바리새파 가짜 유대인들입니다.

가짜 유대인인 바리새파 유대인들의 교리는 바벨론 태양종교의 경전인 바벨론 탈무드입니다. 바벨론 탈무드 교리를 영지주의 유대교인 카발라 종교라고 합니다. 예수회 교리는 카발라와 바벨론 탈무드에서 발견되는 교리입니다. 예수회 설립자이자 초대 장군 이그나티우스 로욜라를 매우 존경했던 아이삭 루리아의 신카발라 또는 루리아닉 카발라는, 자연스럽게 예수회로 흘러들어가 예수회 근본 교리가 되었습니다.

5) 예수회의 뿌리는 바벨론 태양종교 삼위일체

이그나티우스 로욜라의 신비주의는 바벨론 태양종교 삼위일체 신비주의입니다. 바벨론 신비주의 삼위일체의 최초의 주(主)신은 일루미나티 태양신인 세미라미스입니다. 즉 콜롬바 여신입니다. 니므롯과 담무스와 세미라미스는 바벨론 삼위일체 태양종교원리입니다. 니므롯이 죽고 세미라미스가 태양신의 정기로 아들인 담무스를 낳게 되는데 담무스는 죽은 니므롯의 환생의 존재입니다. 그 후로 콜롬바 여신인 세미라미스는 빛의 신인 루시퍼(생명의 빛을 나르는 자)가 되었습니다.

이러한 바벨론 삼위일체 태양종교는 피다고라스, 플라톤, 플로티누스를 통해서 신인합일주의인 관상철학이 되었습니다. 이것을 혼합주의 종교 철학인 뉴플라톤 철학이라고 합니다. 어거스틴은 뉴플라톤 신인합일 관상철학을 통해서 기독교 삼위일체 철학을 만들고 정화, 조명, 합일이라는 3단계 과정을 통한 영혼상승신학을 만들었습니다.

어거스틴의 신비주의 수도원운동이 바로 뉴플라톤 신인합일주의 운동인 안토니우스, 아타나시우스 수도원 운동으로 시작되었습니다.

6) 오르므즈 영지주의 기독교와 시온수도회, 템플기사단

초대교회 영지주의 기독교가 바로 바벨론 탈무드를 따르는 바리새파 유대인들의 태양종교입니다. 이들은 플라톤 철학과 구약의 유대교와 바벨론과 이집트 태양종교와 기독교를 혼합시켜 영지주의 기독교를 만들었습니다. 이것이 메로빙거 왕조의 시온수도회를 통해 템플기사단이 만들어집니다. 오르므즈는 바벨론과 마니교에서 말한 빛의 신입니다. 이것은 초대 영지주의 종교의 암호입니다.

바벨론 탈무드를 따르는 유대 카발라 바리새파 유대인들은 겉으론 유대인의 행세를 하지만 사탄 루시퍼인 뱀을 섬기는 자들입니다. 그래서 그들은 전쟁과 크고 작은 사건들을 통해 인신제사를 드리고 마약, 접신, 마인드콘트롤, 유체이탈, 텔레파시, 접신, 초혼 등을 통해 새로운 지식을 얻어 세상을 지배하는 그룹들입니다.

7) 1875년 신지학 협회를 통한 종교 통합

크립토 가짜 유대인들은 사탄숭배 종교를 가진 바리새파 유대인들로 1875년 11월 미국 뉴욕에서 혼합주의 종교철학인 뉴플라톤 철학으로 세계 모든 종교를 통합하는 신지학 협회를 만들었습니다. 헬레나 블라바츠키 자신의 책에는 노골적으로 사탄을 찬양하고 있습니다. 루시퍼(사탄)가 하나님이라고 주장합니다. 루시퍼가 지상의 빛이라고 말합니다. 루시퍼가 거룩한 영이며 사탄이라고 역설하고 있습니다. 루시퍼가 여호와라고 선포하고 있습니다. 이미 잘 알려진 것처럼 신지학은 뉴에이지 운동의 교본처럼 사용되는 책입니다. 뉴에이지 운동도 사탄을 숭배하는 프리메이슨에게서 나왔습니다. 사탄을 숭배하는 프리메이슨 조직은 정치, 경제, 종교, 문화, 예술, 연구기관 대학교 등 그 영향력이 미치지 않는 곳이 없을 정도입니다. 신학계에 있어서도 마찬가지입니다.

8) 예수회의 반종교개혁의 전략과 종교다원주의

예수회는 사탄숭배자들로서 국가교회를 통한 로마 카톨릭의 통제가 불가능해지자 전략을 바꾸어 학교를 세우고, 신학과 교리를 만들고, 성경적인 사상을 변질시켜서 하나님의 개혁교회를 파괴시키기 위해 설립되었습니다.

사단은 예수회를 통해 국가교회라는 막강한 권력을 통한 세계를 지배하는 방법을 바꿔 정치, 경제, 교육, 과학, 의학, 예술, 철학, 신학, 사상 등을 통해 지배하도록 예수회를 만들었습니다.

"진실은, 로마의 예수회가 개신교도들 사이에서 그들의 목적을 달성하기 위한 가장 훌륭하고 효과적인 도구로서 프리메이슨 조직을 완성시켰다는 사실이다." ―존 다니엘, '그랜드 디자인 익스포스드' (1999), 페이지 302쪽

"프리메이슨의 계보를 타고 올라가, 모든 조직의 꼭대기에 이르러, 세계 프리메이슨들의 우두머리가 누군지 살펴보면 당신은 예수회의 끔찍한 수장과 프리메이슨들의 우두머리가 같은 사람이란 사실을 발견할 것이다!"

―수많은 유명 프리메이슨들의 전기를 기록한 전기 작가 제임스 파튼―

예수회에서 가장 강조한 것이 정치와 경제를 통한 제국주의식 지배 방법과 교육을 통한 지배방법입니다. 그렇기 때문에 다른 수도회와 달리 예수회는 일반 교육사업을 매우 강조합니다. 1547년 최초의 예수회 대학을 설립한 이래 전 세계 100여개 국가에 진출해 226개의 종합대학과 단과대학을 세웠습니다. 중/고교와 기타 교육기관도 4000여개에 이릅니다. 일례로 한국에는 서강대학교와 광주가톨릭대학교가 있고, 미국에는 보스턴 칼리지, 노트르담 대학교, 조지타운 대학교, 로욜라 대학교, 포덤 대학교가 예수회 소속이며, 일본에는 소위 '소케이조'라고 일컫는 죠치대학(소피아대학교) 등이 예수회에 의해 설립되었습니다. 이것은 예수

회가 선교활동을 하면서 신학·철학·문학에 밝은 선교사들을 각지에 파견하며 교육사업에 힘썼기 때문입니다.

그들은 오늘날에도 각 나라에서 우수한 두뇌들에게 장학금을 주어 그들의 사상과 신학과 교리와 철학과 비전을 심어 전 세계를 장악하고 통치하는데 이미 성공을 했습니다. 로마 바티칸도 예수회 수장인 프란치스코가 장악을 했습니다.

그동안 개신교회는 예수회를 통치한 사단이 만들어 놓은 신학자들을 통해 성경에서 말하고 있는 것과는 전혀 다른 짝퉁 기독교를 만들고 말았습니다. 무늬만 기독교이지 속에는 바알종교입니다. 이것을 번영 신학, 인본주의 신학, 윤리신학, 자연주의 신학, 자본주의 신학, 자유주의 신학, 은사주의 신학, 무천년주의 신학, 사회복음주의 신학, 신정통주의 신학, 신칼빈주의 신학, 신복음주의 신학, 신사도주의 신학 이라고 합니다.

예수회는 로마 카톨릭과 개신교를 통합하기 위해 프리메이슨인 빌리 그래함을 통해 신복음주의 본산인 미국에 풀러신학교를 세웠습니다. 빌 브라이트와 로렌 커닝햄을 통해 C.C.C와 예수전도단을 세웠습니다. 록펠러를 통해 W.C.C와 W.E.A를 세웠습니다. 사회복음주의자이며 말타기사단인 존 스토트, 은사운동가 릭 조이너, 유엔의 종교통합 피스운동가 릭 워렌 등이 있습니다.

예수회는 프리메이슨들 기관인 W.C.C와 W.E.A을 통해 세계 모든 기독교 교단과 기관과 연합회와 신학교를 이미 모두 장악했습니다. 이제 예수회는 정치통합, 경제통합, 종교통합, 국가통합을 통해서 그들이 꿈꾸던 새로운 신세계질서를 세우기 위해 마지막 작업을 하고 있습니다. 이 모든 일을 하고 있는 실체가 로마 카톨릭 바벨론 음녀인 예수회입니다.

9) 예수회의 신세계질서(New World Order) 3대 전략

예수회의 신세계질서 첫 번째 전략은 민주화란 명목으로 전쟁을 통해 종교독점 권력과 독재정부와 왕권 전제정부를 무너뜨리고 매스 미디어를 통제하여 신세계질서를 완성하는 것입니다. 두 번째 전략은 가짜 유대인들이 장악한 세계은행 권력을 사용하여 국가와 기업과 개인들에게 막대한 부채를 안겨 파산을 시키고 그들의 다국적 기업을 통해 세계 경제를 하나의 통제 시스템으로 만들어 신세계질서를 완성합니다. 세 번째 전략은 세계 모든 종교를 하나로 통합시켜 기독교를 말살시켜 신세계 질서 즉 배도의 세계국가를 세우는 것입니다.

예수회는 프리메이슨과 일루미나티 조직을 통해서 세계 은행권을 장악하고 일루미나티 국가인 미국을 건국시켜 미국 중심의 패권국가를 통해 세계정부를 세워 신세계질서를 확립하고자 마지막 트럼프 프로젝트를 가동시키고 있습니다.

이미 일루미나티는 세계경제를 공황상태로 몰아가 세계 1,2차 대전을 통해 세계정부인 국제연맹과 국제연합을 만들었습니다. 이제 제 3차 세계대전을 통해 완벽 통제사회인 신세계질서를 세워 지상의 공산주의 유토피아 국가를 세우려 하고 있습니다.

3. 예수회(일루미나티)가 일으킨 전쟁

1) 임진왜란을 일으킨 로마 카톨릭 예수회

한국과 로마 카톨릭의 첫 만남은 참으로 불행했습니다. 임진왜란 장수 '고니시 유키나가'가 이끄는 군단의 병사들은 대부분 로마 카톨릭 교회 신자들이었습니다. 조선 침략 군단의 이름은 '기(그)리스도단'이고, 그 침략 군단 앞에는 십자가 깃발이 휘날리고 있었고, 검정색 사제복에 '로만 칼라'를 한 로마 카톨릭 교회 사제들이 뒤따랐습니다. 세스페데스가 이끄는 예수회 소속 사제들이었습니다. 예수회 사제들은 조선인을 잔혹하게 살육한 자들의 고백성사를 받아주고, 이른바 '성수'를 뿌리면서 조선침략 행렬에 가담했습니다.

1547년 7월, 일본 큐우슈우(九州)에 상륙한 예수회 신부 '프란시스 사비에르(Francis Xavier)'의 전도를 받고 천주교를 허용한 일본 최고 지배자였던 '오다 노부나가'의 후계자로 일본을 통일한 '도요토미 히데요시(豊臣秀吉)'는 예수회 신부들을 만나 명과 조선을 정복하여 전역에 교회당을 세우고 그들 백성들을 천주교인으로 만들겠다고 호언하며 1592년 임진왜란을 일으켰습니다.

당시 천주교가 포교에 열을 올린 것은 새로 생긴 개신교가 새로운 나라나 대륙에서 퍼지는 것을 막기 위해 먼저 들어가서 선점하기 위한 것으로서, 일본에 조총(鳥銃)과 화포를 전수한 예수회의 프란시스 사비에르 신부는 카톨릭 사제로 예수회 창립 멤버 6인 중 1인입니다.

콘스탄틴이 바벨론 종교와 그리스도교를 혼합해 만든 거짓 그리스도교인 로마 카톨릭(천주교)은 마틴 루터 같은 개혁자들의 종교개혁으로 인해 무너지기 시작했습니다. 그래서 군사적인 지식에 해박하고 정치적 식견이 풍부한 뛰어난 전략가 이그나티우스 로욜라는 교황을 알현하여서 세계의 정치와 경제를 장악하고 세상의 종교를 교황청을 중심으로 통합해야 한다고 주장했습니다. 그는 곧 루시퍼를 숭배하는 일루미나티 지부를 설립하고 예수회(Jesuite)를 창설했습니다.

임진왜란과 메이지 유신은 예수회 작품

그런 목적으로 그들은 일본으로 항해했습니다. 1543년 천주교 예수회 신부들이 탄 포르투갈의 상선이 일본의 바다에 도착하여서 일본의 어린 영주에게 그들은 화승총을 선물하였습니다. 조중화 라는 임진왜란 전문가가 저술한 〈다시 쓰는 임진왜란사〉를 보면 프란시스코 사비에르 라는 천주교 신부가 일본 땅에 1547년에 정식적으로 와서 포교를 시작하며 그와 함께 온 유럽인들이 화승총과 화포를 계속 보급했다고 하는데 프란시스코 사비에르는 예수회 사제였습니다. 그는 포르투갈의 예수회 소속 신부였습니다.

화승총을 조총으로 개량하고 삼단철포부대를 운영하여서 일본을 제패한 오다 노부나가는 천주교 예수회를 적극 후원하였습니다. 조중화가 쓴 〈다시 쓰는 임진왜란사〉는 이후 오다 노부나가의 대를 이은 히데요시가 임진대전쟁을 일으켰다고 나옵니다. 그런데 이 대전쟁을 권유한 배후의 인물이 '고니시 유카나'였다고 합니다. 고니시 유카나는 천주교 신자였으며 특히 예수회 신부에게 세례를 받은 인물입니다.

예수회 신부 세스페데스를 같이 데리고 다니며 신부들과 함께 조선 땅을 밟으며 온갖 미사와 고해성사를 하게 한 이 인물은 정유재란 때 포로로 일본에 끌려간 강항의 '간양록'에 보면 그가 소오 요시도시와 함께 도요토미 히데요시에게 전쟁을 할 것을 권유했다고 일본 국민들이 서로 수군수군거렸다고 말했습니다. 고니시가 이 전쟁을 일으킨 이유는 분명합니다. 천주교는 세계의 정치와 경제를 장악해야 했고 그러기 위해선 조선반도와 일본열도 그리고 중국 등지를 차지하여서 그곳에서 자본을 많이 얻어내야 했기 때문입니다.

여기서 독자들이 명심해야할 바는 임진왜란을 일으켰던 예수회는 교황을 위해 충성을 다하는 로마 카톨릭 비밀조직이라는 사실입니다. 그들은 사실상 다른 예수 즉 거짓 예수(적그리스도)를 믿는 자들입니다. 그들의 위험성을 알아차린 도쿠가와 이에야스는 그 무모한 전쟁이 끝난 이후 천주교인들을 일본에서 씨를 말려버리고 예수회를 추방시켰습니다.

그러나 예수회는 수 백 년이 흐른 뒤 함포를 단 미국 함선들을 끌고 와서 일본 땅에 쏘아대며 협박하게 하여 결국 일본을 개항시키고야 말았습니다. 그리고 예수회는 메이지 유신을 하여 정권을 장악하고 급속도로 일본 열도를 차지하고 일본을 부추겨 조선을 점령하게 하여서 천주교인들이 거기에 합법적으로 드나들 수 있게 하였습니다. 그러나 대원군이 예수회와 천주교인들을 목을 잘라가며 개항을 거부했습니다. 그래서 지금도 한국에서는 대원군 때문에 조선의 개화가 늦어져서 망했다고 대원군을 증오하게 만드는 역사교육을 시키고 있습니다. 한국의 교육체계가 예수회의 입맛에 맞게 교육되고 있음을 보여주는 것입니다. 천주교인들이 성인이나 위인으로 존경하는 김대건 신부나 알퐁소 신부조차 예수회 소속임은 알려진 상식입니다. 이미 예수회는 현재 우리나라에서는 익히 알려진 존재이며 공개적으로 활동하고 있습니다. 서강대학교가 예수회 소속 대학교입니다.

김훈은 '칼의 노래'에서 고니시 유키나가의 천주교를 잘 묘사하고 있는데 요약하면 다음과 같습니다. "부산에 상륙하여 동래성을 함락하고 조령을 넘어 북진했던 고니시의 부대는 줄곧 큰 깃발을 앞세우고 있었다." "붉은 천에 흰 글씨로 십자가가 그려진 깃발이었다." (KBS 드라마 '불멸의 이순신' 장면)

임진왜란은 동아시아 판 십자군 전쟁

십자가 깃발을 앞세우고 전쟁에 나가는 것은 템플기사단이나 프리메

제3부 적그리스도의 배도의 나라

이슬들이 흔히 사용하는 전형적인 과시였습니다. 그처럼 십자가 깃발 나부끼며 고니시 유키나가(소서행장)의 왜군이 부산에 상륙했습니다. 임진년(1592년) 4월 13일이었습니다. 왜군(倭軍)의 배에는 십자가 깃발이 휘날렸습니다. 우리의 역사에서 가장 참혹했던 전쟁인 임진왜란의 시작이었습니다. 그토록 비극적인 사건이 우리나라와 천주교의 최초의 만남이 되었습니다. 400여 년 전 조선인들이 겪은 임진왜란은 한국판 십자군 전쟁이었습니다.

1592년 4월 13일(선조 25년) 침략군의 선봉장 고니시 유키나가는 예하부대 18,700여 명을 실은 700여 대의 함선으로 부산항에 쳐들어 왔습니다. 그들이 무장한 조총은 조선인들의 생명을 앗아갔고 조선땅을 피로 물들였습니다. 독실한 로마 카톨릭 교회 신도인 고니시(소서행장)는 마치 교황의 군대 말타기사단처럼 십자가 깃발을 군기로 사용했습니다. 뿐만 아니라 그의 진중에는 스페인 출신의 로마 카톨릭 교회 신부인 세스페데스 신부가 사목(司牧)했습니다.

소서행장은 세스페데스 신부더러 밤마다 미사를 올리도록 하자고 말했습니다. 세스페데스 신부는 물론 휘하 병사들도 좋아했습니다. 그들도 로마 카톨릭 교회 신도들이었던 것입니다. 소서행장 봉토였던 아마쿠사 제도는 '그리스도의 섬'이라고 불릴 정도였으니 당연했습니다. 1584년에 영세를 받은 고니시는 영세명 아우구스티노로 독실한 천주교인이었습니다. 그의 집안도 모두 천주교로 개종했습니다. 아버지의 세례명은 요나단, 어머니는 막달라, 대마도 성주의 부인인 딸은 마리아였습니다.

그가 거느린 장수도 대다수가 천주교인들이었습니다. 흑전장정(고로다 나가마다), 오도순현(고지마 쥰겐), 천초종원(아마쿠사 다네모토), 宗義智(소 요시토시) 등이 모두 일본의 기리시단으로 잘 알려진 인물들입니다. 일본에서는 천주교인을 기리시단(吉利支丹)으로 불렀습니다.

천주교 군인들이 선봉이 되어 일으킨 임진왜란이 조선에 어느 정도 피해를 입혔는가를 살펴보면, 이 전쟁으로 조선인은 적게는 수십 만 명에서 최고 100만 명이 죽었습니다. 임진왜란이 일어나기 전에는 조선인 전체 인구가 940만 명 수준이었습니다. 즉 임진왜란으로 조선 백성 10명가운데 1명이 죽었습니다. 농경지 60%가 파괴되었고, 10만 점의 문화재가 약탈되었고, 수많은 문화재와 민가와 관가와 궁궐이 불탔고, 10만 여 명의 백성들이 왜국에 포로로 잡혀 갔습니다.

그들은 함선의 돛대엔 화살로 십자가를 만들어 달기도 했고 돛엔 흰 십자가를 그려 넣기도 해 천주교인임을 표시했습니다. 십자가를 처음 본 조선병사들은 깃발의 의미를 몰라 어리둥절했습니다. 어떻게 보면 이들은 일본 십자군인 셈이었습니다. 그 잔학상이란 중세의 십자군보다 결코 덜하지 않았습니다. 오히려 그것을 압도했습니다. 왜군은 십자가 깃발 아래서 귀베기, 코베기도 자행하면서 조선 땅에서 전쟁사에 보기 드문 야만적 죄악을 저질렀습니다.

조선을 침략한 일본 십자군은 유럽 십자군의 악랄함을 능가했습니다. 진주성이 2차 전쟁에서 함락되자 일본 십자군은 성안에 남은 군·관·민 6만 명을 사창의 창고에 몰아넣고 모두 불태워 학살하였습니다. 왜병들은 조선 여자를 보기만 하면 길거리든 대낮이든 사람들이 보든 말든 닥치는 대로 강간했습니다. '욕봤다'는 말은 이때에 생긴 것입니다. 나부끼는 붉은(R.C) 십자가 깃발 아래서 귀베기와 코베기도 자행되었습니다. 조선을 침공한 왜군들은 병사 1명당 코 한 되씩의 책임량을 할당 받았습니다. 그리하여 남녀노유를 불문하고 코를 베었습니다. 조선인의 잘린 귀와 코는 소금에 절여 일본으로 보내졌습니다. 히데요시는 그것의 수량으로 부하들의 전공을 가늠했습니다.

왜군들은 심지어 금줄이 달린 집에까지 들어가 산모와 갓난아기의 코까지 베었습니다. 갓난아이들은 죽은 엄마의 젖꼭지를 빨며, 어린 아이들은 거리를 방황했습니다. 유성룡(柳成龍)의 『징비록(懲毖錄)』은 당시의 재난을 이렇게 기록했습니다: "이 때에 적이 3도(道)를 짓밟아 지나가는 곳마다 여사(廬舍)를 모두 불태우고 백성을 살육하였으니 무릇 우리나라 사람을 보기만 하면 모조리 그 코를 베어서 공(功)으로 삼고 겸하여 시위하였다." 세계 전쟁사에 유례를 찾을 수 없는 참혹한 만행이었습니다.

최초의 예수회 신부 프란치스코를 통해 준비하고 있는 3차 세계 대전

예수회는 동방에서도 식민지 세력을 확장하기 위해 선교의 목적으로 항해사들을 포섭하여 배를 타고 멀리 멀리 동양으로 가서 인도 명나라 일본에도 진출 기지들을 설치하고 서양의 선진 문물들을 줌으로써 무역적 이득을 취하려했습니다. 그런데 유독 조선만이 예수회는 물론 서양 사람들을 모조리 추방해 버리니 예수회는 오다 노부나가와 도요토미 히데요시에게 접근해서 조선 정복의 야망을 부추긴 것입니다. 결국 임진왜란은 예수회의 동방 진출 야욕에 의해 일어난 것이고 예수회 신부들이 왜군을 따라 종군하여 조선 땅을 밟고 다니며 소위 '성수'를 뿌리면서 일본 십자군을 축복한 것도 바로 이 때문이었습니다. 임진왜란 배후에는 천주교 예수회가 있었습니다. 현재 로마 교황 프란치스코는 예수회 출신 최초의 교황입니다. 겉으로는 평화와 사랑을 외치고 있지만 속에는 사자의 발톱을 감추고 미국과 유엔을 중심으로 전 세계를 공산주의 사탄왕국을 세우기 위해 제 3차 대전을 준비하고 있습니다.

2) 프랑스 혁명을 일으킨 예수회

1789년부터 1799년에 걸쳐 발생한 프랑스 대혁명으로 유럽의 왕조는 쇠퇴의 길에 들어서게 되었고 기독교회의 권위는 인간의 이성으로 대체되기 시작했습니다. 이것이 교과서에서 말하는 프랑스 혁명의 대략적 개요인데 이 혁명의 목적과 숨겨진 음모는 일반인들에게 잘 알려져 있지 않았습니다.

로마 카톨릭의 신부였던 마틴 루터가 자신이 속한 로마 카톨릭의 허구성과 비도덕성 그리고 잔인성을 공개적으로 폭로하게 되자 로마 카톨릭은 곤경에 빠지게 되었고 그 대책의 일환으로 1534년 이그나티우스 로욜라가 이끄는 예수회(jesuit)를 조직하게 되었습니다.

바로 이 예수회의 수장이었던 이그나티우스가 일루미나티라는 조직을 만들게 되었고 그 후 1773년 클레멘스 14세에 의해서 예수회는 사탄을 숭배하는 악랄한 조직이라는 소문으로 해산이 되었습니다. 그렇게 되자 예수회는 다른 이름으로 바꿔 다시 조직을 하게 되는데 그 이름이 일루미나티였습니다. 예수회의 정회원이었던 아담 바이스하우프트가 당시 세계적 금융 재벌이자 프리메이슨 유대인 로스차일드 일가(예수회 소유의 개인 은행)와 손잡고 1776년 5월 1일 일루미나티를 정식으로 창립하게 됩니다. 이어서 일루미나티 세력은 당시 독일에 진출해 있던 프리메이슨 신들 지부에 매력을 느끼고 가입을 하게 되는데 가입 목적은 프리메이슨 조직을 장악하여 예수회의 영향력을 더욱 더 온 세상에 펼치고자 함이었습니다.

예수회의 영향력 아래 있는 일루미나티는 프리메이슨의 한 분파가 되었고 후에는 프리메이슨을 완전히 장악하여 신세계질서와 세계정부 수립이라는 뚜렷한 목표를 가지고 활동하게 되었습니다. 긴 빵모자와 같이 생긴 프리지안 모자는 뱀숭배를 하는 사탄숭배자들이 사용하는 상징입니다. 프랑스 혁명 당시 자유의 상징으로 자코뱅당에 의해 사용되었습니다. 당시 자코뱅당의 회원들은 주로 아담 바이스하우프트의 일루미나티 조직원들로 구성되어 있었습니다. 어떤 학자는 이 자코뱅당 일루미나티의 기원을 템플 기사단으로 보고 더 나아가서는 고대 로마의 태양종교, 페르시아 미트라교의 후신으로 보고 있습니다.

그렇다면 예수회 일루미나티가 프리메이슨을 이용하여 프랑스 혁명을 일으킨 이유와 목적은 무엇이었을까요? 비록 예수회가 로마 카톨릭의 권력 회복을 위해 설립되기는 했지만 예수회라는 단체가 너무나 악랄하고 잔인했기에 바티칸 조차도 예수회를 탄압하고 있었습니다. 그래서 예수회는 자신들의 활동이 로마 카톨릭 내에 정식으로 승인되기를 원했습니다. 그리하여 그들은 교황권을 자신들의 힘 앞에 굴복시키고 예수회의 입김이 작용하는 새로운 교황권을 세우기로 계획했던 것입니다.

일루미나티가 조종하는 자코뱅당은 프랑스 혁명을 통하여 프랑스에서 바티칸으로 흘러들어가는 세수입을 차단했습니다. 바티칸의 금줄을 잡아버린 것입니다. 당시 프랑스 혁명으로 프랑스 내의 성직자와 교회들이 파괴되었기에 이는 당연한 결과였습니다. 또한 미국의 역사학자 임마누엘 조셉슨은 일루미나티가 나폴레옹을 이용하여 그들의 커다란 계획에 착수했다고 증언했습니다. 나폴레옹은 일루미나티의 명령 아래서 교황 피우세 6세를 1798년에 생포하였고 교황을 석방해 주는 대가로 1814년 8월 7일 예수회를 카톨릭 내에서 정식기관으로 승인받을 수 있게 해주었습니다. 1822년 베로나 회의를 통해 바티칸과 예수회 간의 갈

등은 종식되었고 이후 바티칸의 후광을 입은 예수회는 더욱더 포괄적인 세계지배 전략에 박차를 가하게 되었습니다.

또한 예수회 일루미나티에 의해 의도된 프랑스 혁명은 아래와 같은 결과들을 초래하였습니다. 프랑스 혁명의 여파로 유럽 내의 왕조와 봉건제가 몰락하게 되었습니다. 특히 왕과 봉건지주들은 개신교와 결탁하여 카톨릭을 저항하던 세력이었기에 프랑스 혁명을 통한 유럽 내 왕과 봉건지주들의 몰락은 예수회의 목적을 성취시킨 것입니다. 또한 프랑스 혁명은 후에 러시아 혁명을 유도하여 로마 카톨릭의 경쟁세력인 러시아 정교회와 로마노프 왕조를 무너뜨릴 수 있었습니다. 프랑스 혁명으로 로마 카톨릭 예수회는 유럽 사회의 경쟁자였던 여러 왕조와 봉건 지주들 그리고 경쟁 정치종교세력들(개신교, 러시아정교)을 무력화 시키고 점차적으로 유럽사회의 우위를 차지할 수 있게 된 것입니다.

3) 러시아 공산혁명을 일으킨 예수회

"우리의 비밀을 밝힌다. 우리가 유일무이한 종교를 가진 척 했던 것은 기독교를 비롯한 모든 종교를 없애기 위해서이다. 목적은 수단을 정당화 한다는 것을 기억하라. 사악한 자가 악한 일을 할 때 수단과 방법을 가리지 않듯 현자도 선한 일을 하기 위해서는 모든 방법을 강구해야 한다. 이는 비밀결사에 의하지 않고서는 달리 이루어질 수 없다. 이 교단의 특별한 목표는 기독교를 말살하는 것이고 모든 시민정부를 전복하는 것이다." ―예수회 선언―

현대 공산주의(Communism)라는 용어는 1830년대 말 프랑스 혁명을 일으켰던 유럽 내 비밀조직인 '일루미나티'(Illuminati Freemason＊광명회,예수회)가 처음으로 사용하기 시작했습니다. 이 조직의 창시자인 아담 바이스하우프트(Adam Weishupt)는 1748년 유대인 교수의 아들로 태어났고, 대학 재학 중 많은 책을 읽었으며, 특히 프랑스의 루소 같은 이의 철학 사상에 심취하였습니다. 바로 그가 현대판 공산주의 창시자입니다.

아담 바이스하우프트는 프리메이슨 비밀결사인 예수회 소속으로

1830년에 이미 인간과 신에 대한 개념을 만들어 프리메이슨 철학의 근간으로 삼았습니다. 이 사상은 후에 니체가 받아들여 체계화시킨 후 세상에 발표했으며, 이는 다시 파시즘(Fascism)과 나치즘(Nazism)의 근간이 되었습니다. 일루미나티의 프랑스 활동을 보면, 독일에서 범법자로서 망명해 왔다는 점을 강조한 '파리 범법자 동맹'이 있었고, 그 산하 조직으로는 '공산동맹'(kommunistische Internationale)이 있었습니다. 특히 칼 마르크스와 프리드리히 엥겔스는 프랑스로 유학와 있다가 이 조직에 가입했습니다.

당시 공산주의는 일루미나티 회원들 가운데서도 혁명적인 경향의 사람들이 선호하는 용어였으며 공산주의라는 용어가 널리 알려지게 된 것은 칼 마르크스와 프리드리히 엥겔스가 '공산당 선언'을 발표하면서 부터입니다. 한편 일루미나티는 프랑스 혁명 뿐만 아니라 '러시아 공산 혁명'에도 관여했습니다. 일반적으로 러시아 공산혁명은 황제 니콜라이 2세가 노동자와 농민을 너무 탄압하고 돌보지 않은 결과 굶주림을 못 이겨 일어난 자연 발생적인 반정부 폭동이었고, 그것이 공산혁명으로 연결된 것이라고 알려져 있으나 여기에는 프랑스 혁명과 마찬가지로 치밀하게 계획된 비밀결사의 혁명이었습니다. 진실을 살펴보면 공산혁명이 일어날 당시 1907년부터 1917년까지 러시아는 고도의 산업성장을 이루고 있었습니다.

따라서 서민들은 풍족한 삶을 살고 있었고, 반정부혁명이 자연적으로 발생된 것이 아니라 특정 조직에 의해 선동된 것입니다. 1814년부터 러시아가 프랑스와 전쟁을 할 때 프랑스 파리에 주둔한 많은 러시아의 고위급장교들이 일루미나티(예수회)에게 포섭이 되어 공산주의 주체사상을 훈련받아 가입을 하게 되었으며 러시아에도 프리메이슨 종단이 탄생하게 됩니다. 그들은 또한 사회민주노동당을 세우게 됐는데 사회민주노동당의 중심인물들이 유대인계로 채워졌습니다. 공산혁명의 주동자 중 레닌을 제외한 나머지 24명인 트로츠키, 슈테클로프, 마르토프, 치노비프 등은 모두 유대인이었습니다.

프리메이슨은 자신들의 세계정복을 위해서 항상 두개의 세력을 만드는 계획에 따라 자본주의 외에 공산주의라는 또 하나의 체제를 준비했습니다. 따라서 공산주의는 프리메이슨의 조종을 받아 세워지게 됐고, 공산주의의 평등, 자유사상은 프리메이슨의 이념인 평등, 박애, 자유에서 따 온 것입니다. 당시 영국과 미국을 장악했던 프리메이슨은 왕정체제를 유지하고 있는 러시아가 프랑스 혁명과 미국의 남북전쟁 등에서 자신들의 일을 계속 방해하자 러시아를 전복시킬 음모를 세웁니다.(미국남북전쟁 참고)

러일전쟁을 일으키도록 일본에 자금을 지원한 미국의 은행가들

마르크스 사상에 심취된 레닌은 폭력적 방법으로 혁명을 하기로 하고, 미국의 프리메이슨으로부터 자금을 지원받습니다. 프리메이슨들은 1904년 러·일 전쟁에서 세계 최강의 해군력을 가진 러시아에 비해 전세가 불리했던 일본에게 거액을 빌려줘 일본군이 전함을 구입할 수 있게 해서 전쟁에서 승리하게 합니다. 당시 일본은 러시아와 전쟁을 치를만한 군자금이 매우 부족하였는데, 미국의 대부호이자 유대인이며 프리메이슨인 야곱시프는 퍼스트 내셔널 은행과 내셔널 시티은행을 통하여 3천만 달러를 빌려주도록 하였고 이에 일본은 러시아의 동부전선인 조선과 만주를 공략할 수 있었습니다. 후에 일본은 야곱시프를 일본을 도와준 우수한 인물로 표창을 했습니다.

러·일전쟁의 여파로 미국은 전제군주정치를 행하고 있던 러시아를 무너뜨리고 유대인들의 국가이자 공산주의 국가로 만들어 버렸으며, 자기들의 손아귀로 집어넣을 수 있었습니다. 프리메이슨의 전략이 담긴 시온의정서를 살펴보면 세계통일정부 수립을 위하여 전제군주정치의 파괴를 목적으로 하고 있는데, 러·일 전쟁과 러시아 혁명은 이를 위해 치밀히 계획된 일이었습니다. 일본의 예수회는 러일전쟁을 1904년에 일으키고 러일전쟁의 전쟁 물자를 대한제국을 통해 공급받기 위해서 1905년 을사조약과 1910년 한일 합방을 했습니다.

앨버트 파이크는 세계 1차 대전을 일으켜 제정 러시아를 무너뜨리고 대신 공산주의 국가를 만들어 세계 3차 대전을 일으킨 후 그들의 목표인 세계정부를 세울 때까지 공산주의로 하여금 세계기독교를 파괴하게하고 그들의 적대세력으로 키워서 자신들의 목적을 이룰 때까지 잘 관리하고 보존시켜야 한다고 말을 했습니다.

미국의 도움으로 러시아 혁명에 성공한 레닌과 유대인 트로츠키를 비롯한 14명의 유대인 사회민주노동당 사람들은 러시아를 마르크스가 말한 원시적 공산경제체제의 국가로 만든 것이 아닌 독재적이며 계급이 뚜렷이 존재하는 유대인들을 위한 국가를 새로 건립하게 되었습니다. 그 후 스탈린은 독일의 히틀러 도움으로 공산혁명을 일으켜 유대권력자들을 몰아내고 원시적인 마르크스 공산경제체제를 도입하여 사유재산은 몰수하고, 자유는 빼앗고, 종교도 금지시키고, 권력을 독점해 장기 독재를 실시했으며, 이런 과정에서 중산층이 몰락해서 특권층을 제외한 모두가 빈민이 되었습니다.

스탈린은 공산화 하는 과정에서 4000만 명이나 죽였는데도 누구 하나 말릴 수도 없었습니다. 인본주의와 공산주의 모두 듣기에는 좋으나 이들을 도와 혁명에 성공하면 돌아오는 것은 노예 같은 삶이었습니다. 현대의 프리메이슨은 신세계질서라는 사상으로 세계정부를 실현하려고 하고 있습니다. 나라도, 국경도, 관세도, 비자도 없으며 전쟁이나 분쟁도 없는 천국 같은 세상이 되리라 기대하지만, 경제주권을 국제기구에 넘기고, 군사주권과 정부권력을 세계정부에 이양하면, 곧바로 가혹한 폭정이 실시돼 사유재산이 몰수되고, 자유를 잃으며, 종교도 금지되고, 몸에 전자 칩을 삽입 당해 사생활을 감시당하는 공산주의보다 심한 노예 같은 삶을 살게 될 것입니다.

프리메이슨이 이루고자 하는 궁극적인 목표는 7가지인데, 그 내용은 다음과 같습니다.

1. 모든 개별국가의 파괴
2. 사유재산제도 폐지
3. 개개인의 상속권폐지
4. 애국주의 파괴
5. 모든 종교의 파괴
6. 결혼제도 폐지를 통한 가족제도의 폐지
7. 세계 단일정부 수립

영국군 첩보장교 출신으로 프랑스 혁명과 러시아 혁명 전문가인 존 콜먼(John Coleman)박사는 지난 1997년 그의 저서인 'The Committee of

300'에서 "프랑스 혁명과 러시아 혁명의 주요 공격 목표는 기독교였으며, 레닌, 트로츠키, 케렌스키의 배후에는 이러한 충격적인 사건들을 완전히 조종할 수 있는 능력과 수단을 가진 강력한 조직이 있었다."고 밝히고 있습니다.

공산주의는 무신론 사상이며 종교 말살론입니다. 실제로 마르크스는 "종교는 인민을 노예로 만드는 아편"이라고 말했으며, 레닌의 경우 "현대 종교 특히 기독교는 노동 계급에 대한 억압에 그 뿌리를 두고 있다"고 전제 한 뒤 "교회는 노동자, 농민, 무산대중의 원수이기 때문에 교회부터 파괴해야 한다. 무엇보다 대형 교회부터 파괴해야 한다."고 주장하기도 했습니다.

한편 엥겔스는 "정신은 물질의 생물학적 부산물"이라고 말했다. 이를 통해 그는 영혼의 존재를 부인하고 인간을 물질로 구성된 고깃덩어리로만 보았습니다. 이외에도 구소련의 공산당 서기장이었던 흐루시초프는 서기장이 된 다음 "3년 안에 크리스천들을 다 없앤 후 마지막 한 사람 남은 것을 전국 TV에 보여 준 후 처치하여 크리스천들의 씨를 말려 버리겠다."고 했습니다.

한편 공산주의는 인류 역사상 유례가 없는 대학살을 저질렀습니다. 후버 연구소의 러시아 전문가인 로버트 콘퀘스트(Robert Conquest)박사는 그의 저서인 'The Great Terror(엄청난 폭력)'에서 다음과 같이 말하고 있습니다. "1956년 2월 전당대회에서 흐루시초프가 폭로하기를 1936년에서 1938년 사이에, 10월 혁명 이전에 공산당에 입당한 사람의 90%를 죽였고 그 후에 입당한 사람은 50%를, 군 장성 급의 60%를 처형했다" 공산혁명을 일으킨 후 소련은 귀족 및 군인, 지식인의 저항에 부딪쳐서 국내정치가 안정되지 못하고 많은 어려움을 안고 있었습니다.

그러나 히틀러가 세계 제2차 대전을 일으켜 1941년 6월 바바로사(Barbarossa)계획에 의하여 러시아를 침공함으로서 오히려 스탈린으로 하여금 공산혁명의 완성을 결정적으로 도와주는 격이 되었습니다. 당시 스탈린은 혁명에 저해가 된다고 생각하는 사람을 선별하여 애국이라는 명분을 주고 이들을 징집하여 전선(戰線)으로 몰아넣어 이들 전부를 죽게 만들었습니다. 실제로 모스크바 전투시기인 1941년 6월 22일에서 11

월 말까지 단일 전투에서 400~500만의 사상자를 냈습니다. 이 전투에서 제일 먼저 총알받이가 되어 죽은 사람이 바로 혁명의 방해가 되는 모스크바 인사들과 기독교인들이었습니다.

소련은 전체적으로 2차 대전시 군인 750만이 전사하였고, 군인부상 1400만, 민간인 사망이 1500만이 발생했습니다. 스탈린은 혁명에 방해가 되는 대상에 대해서는 지위고하를 막론하고 무자비한 처형을 단행 하였습니다.

소위 '에조프시치나'라고 불리는 대학살로 세계를 경악시켰습니다. 스탈린의 군부 대숙청은 계속되어 5천 명이 넘는 고급장교가 처형되었습니다. 이 숙청으로 5명의 원수 중에서 3명, 15명의 군사령관 중에서 13명을, 85명의 군단장 중에서 57명을, 195명의 사단장 중에서 110명을, 406명의 여단장 중에서 220명이 처형되었습니다. 혁명에 방해가 되는 군부의 고급 장교들을 두하체프스키 원수의 죄목에 뒤집어 씌워서 처형했습니다.

공산주의의 대학살은 중국에서도 일어났습니다. 중국에서는 1948년 장개석 군대가 모택동에게 패한 후, 대만으로 탈출을 못하고 본토에 남아 있는 옛날 장개석 총통의 군인들이 많았습니다. 이들은 공산혁명의 저해요소로서 한국전이 발발하자 이 군인들 20만을 소집하여 한국전에 투입해서 '인해전술'이란 작전을 통해 죽였으며 미국은 중국의 인종청소를 맥아더 장군을 해임하면서까지 도와주었습니다. 중국 공산당 역시 1949년 10월1일 공산당 국가를 세우고 북경에서 날마다 일어난 수 십 만 명의 반공산당 데모에 참여한 반체제 군중들을 한국전쟁을 통해서 모두 청소를 했습니다. 인해전술이란 한국전쟁을 통해 청소된 사람이 비공식적으로 120만 명이 넘습니다.

공산당에 의해 학살당한 인구
 — 중국:4,500만 명 — 소련:6,500만 명 — 북한:200만 명
 — 캄보디아:400만 명 — 아프가니스탄:150만 명 — 아프리카:170만 명
 — 월남:600만 명 — 남미:15만 명 — 동유럽:100만 명
 — 공산주의가 집권하지 못한 나라와 국제공산주의 운동 : 1만 명

4) 일루미나티와 세 번의 세계 대전

앨버트 파이크 Albert Pike(1809~1891)

예수회(일루미나티) 소속 장군인 앨버트 파이크는 1809년 메사츠세츠 보스턴에서 태어난 변호사이며, 장군이었으며 스코틀랜드 프리메이슨(Scottish Freemason) 33도인 일루미나티였고 하버드에서 수학하고, 남북전쟁시 남군의 장군으로 활동하였습니다. 남북전쟁에서 패한 후 국가전복기도와 반역죄로 체포되었으나, 프리메이슨 32도였던 대통령 앤드류 존슨(Andrew Johnson)에 의해 사면되었고, 이 후 보스턴의 메이슨 템플(Masonic Temple)의 지도자로 여생을 마쳤습니다. 그는 알려지기로 16개 국어에 능통한 천재라고 하나 확인 된 바 없고, 그는 평생 변호사, 시인, 철학자, 군인 등의 다양한 삶을 살았던 인물입니다. 그는 스코티시 프리메이슨 북아메리카 지부의 그랜드 마스터(Grand Master)였고 노예제도 옹호론자였으며 kkk(Ku Klux Klan)의 리더였습니다.

앨버트 파이크는 루시페리안(사탄 숭배자)이었으며, 주술(occult)에 심취 하였었고, 아테나 여신의 명령(Order of Palladium : 이집트에서 기원하여 피타고라스에 의해 그리스에 도입된 이시스 여신 밀교)이라는 비밀집단의 북아메리카 지부 책임자였습니다. 아테나 여신의 명령(Order of Palladium)이란 비밀 결사는 1737년 파리에서 재결성 되었으며, 북아메리카 스코티시 프리메이슨을 결성한 "Issac Long"이란 인물에 의해 북아메리카에 도입 되었습니다. 앨버트 파이크는 "아이작 롱"의 후계자로 불리고 있으며 또한 이태리 혁명가이자 프리메이슨 33도였던 쥐세페 마치니(Guissepe Mazziini)와 긴밀한 관계였는데, 쥐세페 마치니는 1834년 전세계 일루미나티의 대표가 되었고, 이태리 마피아는 쥐세페 마치니에 의해 1860 결성되었다고 알려졌습니다.

쥐세페 마치니 Guissepe Mazziini (1805~1872)

마피아 조직의 대부 이태리 혁명가 쥐세페 마치니는 일루미나티에 의해 유럽에서 왕정을 전복할 공작 책임자로 임명 되었으며 쥐세페 마치니가 일으킨 여러 혁명이 유럽의 왕정국가 들에 큰 혼돈을 초래하자, 바바리아 정부(구 독일지역)는 일루미나티와 여러 비밀집단들을 유럽의 왕정체제를 전복하려는 반역집단으로 규정하여 무력으로 체포, 기소하고 조직을 와해시켰습니다.

이 와중에 일루미나티의 조직원이 소지하고 있다 벼락을 맞아 죽으며 발견된 시온의정서(The Protocols of Elders of Zion)로 일루미나티의 세계 정복을 위한 전략이 노출되며 일루미나티는 대대적으로 색출, 투옥되어 완전히 와해되어 버렸습니다. 그러자 일루미나티는 같은 비밀조직이자 박애주의 정신을 띄고 있고, 비교적 온건한 세력인 프리메이슨 조직에 침투하여, 세력을 규합한 후 그 상층부를 점령하여 오늘날에 이르고 있습니다. 프리메이슨은 34도까지 계급이 있으며, 일반인이 30도 이상의 계급으로 올라가는 것은 거의 불가능합니다.

알버트 파이크의 세 번의 세계대전 시나리오

앨버트 파이크는 신비한 존재가 그에게 영감을 주었고, 그 영감에 따라 일루미나티의 최종 목적을 달성하기 위해서는 세 번의 세계대전이 필요하다는 계시를 받았다 합니다. 1871년 8월 15일 알버트 파이크는 쥐세페 마치니에게 편지를 쓰는데, 이 편지에 그의 3번의 세계대전에 관한 청사진이 들어 있으며, 이 편지는 우연한 기회에 유출되어, 대영박물관 도서관에 소장되었고, 캐나다 해군이자 첩보원 이었던 William Guy Carr가 몰래 필사하여 세상에 공개되었습니다.

제 1차 세계대전

앨버트 파이크는 그 편지에서 "세계 1차 대전은 러시아 쨔르 왕정체제를 전복하고 러시아를 무신론 공산주의 이념의 요새로 만들기 위한 목적으로 진행 되어야만 한다. 1차 세계대전은 또한 영국과 독일의 고위층 일루미나티의 알력을 이용해 일으켜야 하며, 전 유럽을 대상으로 삼아야 하고, 이 전쟁이 끝난 후에는 공산주의를 굳건히 세워 여타 약소국을 파괴하고 기독교를 약화시켜야 한다"고 기술한 바 있고, 세계 1차대전은 앨버트 파이크가 기획한 대로 실행되었습니다.

우리는 학교에서 세계 1차 대전은 영국의 동맹과 비스마르크의 독일 동맹의 이해 충돌로 발생하였다고 교육받고 있으나, 실제 비스마르크와 앨버트 파이크는 같은 일루미나티로 그들은 세계 1차 대전의 공동 기획자였습니다.

제2차 세계대전

세계 2차 대전에 관해 앨버트 파이크는 "세계 2차 대전은 파시스트 세력(독일, 이태리, 일본)과 시오니스트 세력(미국, 유대인)의 반목을 이용 일으켜야 한다"고 기술하였습니다. "이 전쟁의 결과로 파시스트 세력은 괴멸되어야 하며, 시오니스트들은 팔레스타인 지역에 주권국가(이스라엘)를 세울 충분한 힘을 가지도록 유도해야 한다"고 했습니다.

"세계 2차 대전을 이용해 공산주의 세력은 기독교 세력과 균형을 이룰 수 있도록 힘을 키워야 하며, 우리는 공산주의 세력이 우리의 목적에 따라 최종적인 세계 한정부(One World Government)를 달성하기 전에 전 지구적 극심한 혼란을 야기하는 목적에 이용하려는 우리의 의도를 벗어나지 못하도록 지속적으로 감시하고 견제하여야 한다."라고 기술 하였으며, 그의 기획은 일루미나티에 의해 그대로 실행되었습니다.

세계 2차 세계대전이 종결된 후 전후(戰後) 세계질서를 형성한 포츠담 회의에서 트루만, 처칠, 스탈린의 합의에 따라 서유럽을 제외한 동베를린과 동유럽과 월맹과 북한은 러시아 스탈린에게 주어 공산국가를 세우게 하였으며, 일루미나티의 자금과 기술지원으로 급속하게 경제, 군사적 강자가 된 일본의 중국침략은 중국의 장개석 정권을 몰아내고 모택동의 공산세력이 중국 본토를 점령하는 데 절대적 공헌을 하였습니다. 실제로 일본은 1894년 7월 17일에 청일전쟁을 일으켜 중국 손문으로 하여금 중화민국을 세우게 하였고, 1937년 7월 7일에는 중일전쟁을 일으켜 중국을 공산화 시키는 일등공신 역할을 했습니다.

이상의 세계 2차 대전의 발생원인과 전후 처리를 검토하면 세계 2차 대전이 일루미나티 앨버트 파이크가 19세기 중엽에 기획한 청사진에 따라 진행 되었다는 것을 한 눈에 알 수 있는 것입니다.

제 3차 세계대전

앨버트 파이크는 세계 3차 대전을 일루미나티의 최종 목적인 신세계 정부(New World Government)를 세우기 위한 마지막 전쟁이라 지칭했으며, 조만간 다가올 제 3차 대전에 대해 다음과 같이 말했습니다. "세계 3차 대전은 일루미나티 내의 고위급 정치적 시오니스트들과 이슬람 세력의 반목을 이용해 일으켜야 한다. 이 전쟁은 시오니스트들과 이슬람 세력을 상호간에 무자비한 무력을 행사하도록 유도하여 공멸시켜야 한다. 이 과정에서 시오니스트 지원세력(영, 미, 유럽연합)과 아랍 이슬람 지원세력(중, 러, 인도)을 개입시켜 멸망시키고, 전 세계인들을 육체적, 정신적, 경제적으로 황폐화시켜 염세주의와 무신론이 팽배해지도록 유도한다. 이 후 우리는 전 세계에 피로 물든 무서운 혼란을 조작, 확산시켜 완전히 무신론과 야만주의 외에는 인간들이 기댈 것이 없게 만든다. 이리하여 우리는 우리에게 대항하고 문명을 지키려 하는 자들을 피의 철권으로 진압, 제거하여야 하며, 그 혼란 중에 마지막 말세에 인간들을 구원하리라던 모든 종교의 성스러운 존재(예수, 마호메트 등)들은 인간들의 지옥보다 더한 고통을 외면하고 나타나지 않아, 결국 아무짝에도 쓸모없는 존재로 전락하게 만들어야 한다. 인간들은 누군가 무엇인가 절대적인 존재에게 이 고통을 벗어나게 해 달라고 간절히 염원하게 되지만, 이미 기독교와 이슬람의 신앙이 파괴되어 어디에다 호소할 지를 모르게 만들어야 한다. 그리고 마침내 대 혼란과 공포에 빠진 인간들에게 한줄기 빛은 루시퍼(사탄)의 교리임을 공개적으로 천명하며, 마지막 때를 기다리던 우리 일루미나티와 우리의 종교를 전면에 공개적으로 등장시킨다. 루시퍼의 교리를 공개적으로 천명함과 동시에 기독교, 무슬림, 무신론자들을 전부 정복하거나 제거하여 새로운 종교에 기반한 신세계 정부를 세우고 신세계질서를 구현한다."

　이것이 일루미나티의 세 번의 세계 전쟁을 통한 신세계질서(New World Order)를 구현하는 청사진이며, 일루미나티의 계획에 따라 오늘날 중동과 세계의 질서가 형성되고 있음을 어렵지 않게 알 수 있을 것입니다. 역사적 사실에서 보면 세계 2차 대전이 끝날 때만 하더라도 아랍과 이스라엘은 친형제처럼 같은 지역에서 사이좋게 살았습니다. 그러나 미국의 CIA와 영국 M1-6 정보국의 자금지원과 훈련지원을 받은 이슬람 원리주의 테러단 무슬림 형제단, 알카에다, IS와 같은 가짜 이슬람 회교 원리주의 테러단에 의해서 이스라엘과 아랍은 극과 극의 테러와 보복테러를 감행하므로 작금에 와서는 극한 대치를 통한 중동전쟁이 시간문제로 대두되고 있습니다. 이것이 바로 일루미나티 예수회가 만든 3차 대전의 시나리오입니다. 2001년 9.11 미국 세계무역센타의 가짜테러(Fake

Terror)사건 또한 중동의 유대세력과 아랍세력의 대립을 격화시켰습니다. 또한 이란의 핵무기 개발과 북한과 이란의 핵개발 연결 네트워크는 중동과 동아시아의 핵전쟁이 연결되었음을 알 수 있습니다.

이것은 19세기 중엽에 일루미나티 앨버트 파이크에 의해 기획된 청사진대로 현 세계질서가 흘러가고 있음을 보여주는 명백한 사례라 할 것이며, 2008년 경제위기와 트럼프가 예루살렘을 이스라엘의 수도로 선언하는 것을 통해 제 3차 대전이 코앞에 다가오고 있음을 알아야 합니다.

이 모든 것이 사탄(루시퍼)의 일루미나티 각본입니다. 3차 세계대전과 세계단일정부 수립은 결과적으로 적그리스도의 출현과 666 짐승의 표로 이어질 것입니다. 그래서 세계는 지금 666 빅 브라더 통제사회를 완성하는 4차 산업의 발전에 박차를 가하고 있는 것입니다.

4. 일루미나티 예수회 조직

프리메이슨의 구심점이 되는 두 조직은 첫째, 영국 런던의 왕립국제문제연구소(RIIA)로 영국 여왕을 중심으로 영국 정부와 세계 엘리트들을 콘트롤합니다. 둘째, 미국 뉴욕에 본부를 둔 대외관계협의회(CFR)입니다. CFR은 세계 2차 대전이 끝난 후 유엔을 설립했으며, 미 연방정부와 CIA 및 언론을 조정 통제하며, 금융 카르텔과 교육과 문화를 자신들이 의도한 대로 이끌며 특히 세계경제를 통합하여 세계정부를 만들기 위한 일을 추진하고 있습니다.

그들의 우선 과제는 새로운 세계질서의 비밀 법안(法案) 아래서 세계 단일 정부를 수립하는 것입니다. 단일 정부를 만들기 위해서는 모든 나라들의 통치권을 세계중앙정부에게 양도해야 하며, 정치적 경제적, 군사적, 종교적 자유 양심의 권리까지 모든 것을 세계중앙정부에 이양해야 하는 것입니다. CFR은 1921년 처음 설립 단계부터 세계단일정부를 만들기 위해 조직된 기구이며 설립된 이래 미국 정부의 최고의 요직인 대통령, 재무장관, 국무장관, 국방장관의 대부분이 CFR 회원 가운데서 발탁되었습니다. CIA의 국장의 대부분은 CFR 출신으로 미국 정부의 실세들의 모임이라고 할 수 있습니다. 여기에는 미국의 유력한 정치지도자 및 경제, 금융, 사회학계의 유력한 지도자 3,300명이 가입되어 있습니다.

CFR의 하부조직이며 집행기관인 삼변회가 있는데 이 조직은 세계경제를 독점하고 세계 정부를 세우기 위해 1993년 세워졌습니다. 이들은 세계를 삼구(三區)로 나누었는데 첫째는 미국, 둘째는 독일 셋째는 일본을 중심으로 세계를 경영하는 것입니다. 또한 이들 삼구(三區)를 중심으로 세계를 10개의 구역(區域)으로 나누었습니다.

유엔 또한 세계를 10개 구역(區域)으로 구분한 지도를 만들어 놓고 있습니다. 이것은 요한계시록 17장에 일곱 번째 머리인 적그리스도의 나라가 회복되면 열 나라와 함께 세계정부를 3년 반 동안 통치할 것을 예언하고 있는 것과 일치합니다.

"네가 보던 열뿔은 열왕이니 아직 나라를 얻지 못하였으나 다만 짐승으로 더불어 임금처럼 권세를 일시동안 받으리라" (계17:12)

"용이 짐승에게 권세를 주므로 용에게 경배하며 짐승에게 경배하여 가로되 누가 이 짐승과 같으뇨 누가 능히 이로 더불어 싸우리요 하더라 또 짐승이 큰 말과 참람된 말 하는 입을 받고 또 마흔 두달 일할 권세를 받으니라" (계13:4-5)

프리메이슨의 최고 기구로는 300인 위원회입니다. 300인 위원회 안에는 13혈통들의 모임이 있고 그 위에 시크릿 마스터라는 머리가 있습니다. 300인 위원회는 동인도 회사를 모체로 한 세계 금융카르텔 모임입니다. 그 밑으로 왕립국제문제연구소, 미대외관계협의회, 검은귀족, 로마클럽, 원탁회의가 있습니다. 하위 기구로는 해골종단, 삼변회, 국제연합, 유럽연합, 빌드버그회의, 타비스톡 인간연구소, 인간자원연구소, 스탠포드연구소, 연구분석 코퍼레이션 등이 있습니다. 그 외 경제그룹, 정치그룹, 종교그룹, 비밀그룹, 정보그룹, 교육그룹, 은행그룹, 매스컴 그룹 등이 있으며 그 하부조직은 너무 방대하여 이루 말할 수 없습니다.

예수회 세계정부 음모

제수이트(The Jesuit) 즉, 예수회는 개신교 국가와 자유민주주의 기치를 말살시킴과 더불어 종교와 정치와 경제를 통합시켜 지상에 유대주의 유토피아 다윗의 신국을 세우기 위한 목적으로 조직한 단체를 말하며 역사 이래 제수이트만큼 이스라엘과 예루살렘에 대한 집착과 헌신을 한 단체는 없었고 간사함과 수많은 피를 흘리는 단체도 없었습니다.

1540년 9월 27일 교황에게 11명의 제수이트 회원들이 무릎을 꿇고 알현했을 때 교황은 예수회 신조이며 조직 규정인 예수회 헌법(The Constitution of The Jesuit Order)을 검토하고 승인했는데 이 때 예수회 신부들은 모두 검은 법의(Cassock) 즉, 이교도 사제들이 입는 검은 까운을 입고 있었으며 이것이 오늘날 예수회 신부들의 검은 제복의 시초였습니다. 그래서 이 제복 때문에 예수회 수장(General)을 검은 교황이라고 부르게 되었습니다.

알베르토 리베라 박사는 원래 예수회 중요 멤버였으나 탈퇴 후 예수회를 고발하다 피살되었습니다. 알베르토 리베라 박사는 4가지 맹세를 했고 5분야의 박사 학위를 소유한 분으로서 예수회 수장 페드로 아루페의 직속 부하였습니다. 처음 6명으로 만든 예수회는 이그나티우스 로욜라가 죽을 때인 1556년에 1000명의 회원으로 불어났고 1계급에서 4가지 맹세를 한 신부는 40명이나 되었습니다. 그리고 지역 사무소가 있는데 1556년에는 이미 독일, 프랑스, 이디오피아, 인도, 브라질까지 12개 지역 사무소가 있었으며 지금은 전 세계에 약 10만 2천 명의 예수회 회원이 정치, 교육, 경제에 침투하여 활동하고 있습니다. 또한 개신교에 침투하여 개신교 신학을 변질시켜 신앙을 혼란에 빠뜨리고 세속화시켜 멸절시키는 스파이로 활약하는 예수회 회원은 그 수를 셀 수 없습니다.

예수회(제수이트-Jesuit)의 활동

예수회 창설 외형적인 목적은 교황권 지상주의(Ultramontanism) 즉, 교황이 세계를 다스리게 되는 목적을 위해 정치, 경제, 종교, 사회, 문화, 교육에 깊이 침투하여 활동을 하고 있지만 실제로는 유대 카발라 루시퍼를 섬기는 영지주의 유대교로 이스라엘 중심의 공산주의 지상 유토피아인 다윗의 신국 신세계질서 나라를 세우는 것이 그들의 진짜 목적입니다.

현재 스위스 은행은 로스 차일드 예수회 조직이 장악을 했으며 세계 양주를 생산하는 양조장과 마약 밀매 산업을 하고 있는 마피아까지 제수이트가 조종합니다. 그들은 자신의 비밀을 절대 지키면서 교수, 의사, 군인, 정치 정당의 조직에 침투하여 다윗의 메시아 신국을 건설하기 위해 개신교를 파괴하고 자유민주주의를 말살하려는 공략을 일삼고 있으며 그러한 전략을 원활히 하기 위해 콜럼버스 기사단(Knights of Columbus) 말타 기사단 같은 조직을 만들어 미국 중앙은행의 사유화를 반대했던 링컨이나 케네디 등을 암살해 왔습니다.

예수회는 표면적으로는 교황의 하부 조직이며 교황을 위해 봉사하는 것 같지만 오히려 교황을 조종하는 상부 권력 기관으로 존재합니다. 반유대인 사상을 고취하기 위해 만든 유대인의 시온 의정서(세계 정부 강령)도 그들이 만들었습니다. 반유대정책의 비밀은 가짜 유대인들인 그들이 진짜 유대인들을 학살하고 죽이는 정책을 방편(方便)으로 삼아 그들이 원하는 가짜 이스라엘 국가를 세워 예루살렘에서 그들이 원하는 짝퉁 천년왕국인 루시퍼 세계정부를 세우려 하는 것입니다.

알베르토 리베라(Dr ALBERTO R. RIVERA) 박사에 의하면 예수회는 한 나라를 세우기도 하며 멸망시키기도 하는 조직입니다. 그들은 목적을 위해 수단을 정당화하며 암살, 전쟁, 혁명, 파괴를 전술로 사용하며 개신교에 스파이를 침투시켜 위장 신학을 만들고 몰몬교, 여호와증인, 통일교, 신천지 등을 만들어 내기도 하고 로마 카톨릭과 개신교를 혼합시키는 일을 하고 있습니다. 또한 개신교의 모든 성경을 몰수할 계획을 세우며 그 나라의 정책을 50년 전부터 수립하기도 한다고 했습니다. 이제 세상은 예수회에 의해서 마지막 종교 재판이 한번 더 가동되어 참 기독인들이 순교를 통해서 알곡으로 추수될 것입니다.

이미 알베르토 박사는 그 자신이 예수회 신부로 있을 당시 이 계획을 수립하였고 그 계획을 실천하는데 방법을 연구하기 위해 과거 네로나 콘스탄틴이 그리스도인들을 죽일 때 사용하는 방법을 연구하려고 바티칸 지하 비밀 금고에서 자료를 조사했고 그 후에 수많은 갈등을 겪다가 하나님의 말씀으로 거듭나서 오늘날 이 사실을 폭로하고 있습니다. 끝으로 예수회 신부들의 비밀 입회식 내용과 서약을 게재하였습니다. 앞으로 세계정부는 이들의 계획대로 되어 질 것입니다.

카톨릭 제수잇(예수회)의 선언문

"너는 교활하게 질투와 증오의 씨앗을 평화로운 지역간에, 혹은 주들간에 심어서 피가 흐르도록 선동하고, 서로 전쟁하도록 선동하는 방법과 평화의 복을 누리는 국가들에서 혁명과 내전을 일으키는 방법을 배웠다. 전투원들과 같은 편을 취하고 반대편에서 활동하고 있을 너의 형제 예수회 당원과 비밀리에 협조하고 그러나 공개적으로는 그를 적대시 하여라. 평화 협정의 조항들이 결국 로마 교회에만 이득이 되게 하라. 즉 결과가 우리의 수단을 정당화한다."

"록펠러와 그의 동지들(제수이트 자본가들)은 공산주의와 자본주의가 한 장막 안에서 공존하며, 완벽하게 통제되는 세계 단일정부를 추진하고 있습니다. 이게 음모이론이라고요? 물론 그럴 수도 있습니다. 나는 지난 수 세대 동안 국제적인 영역에서 상상할 수도 없는 악한 의도를 가진 이런 음모가 진행되고 있다는 확신을 가지고 있습니다." — Larry P. McDonald의원—

(맥도날드 미국 민주당 의원은 레이건 대통령의 배후에 있는 예수회 권력을 파혜치려다가 1983년 소련에 의해 격추당했던 대한항공 747 여객기에 탑승하고 있었습니다.)

프리메이슨 일루미나티 예수회의 정체

미국의 3대 대통령 토머스 제퍼슨, 7대 대통령 앤드루 잭슨(프리메이슨), 미국 건국의 아버지 중에 한 사람인 벤저민 프랭클린(프리메이슨) 그리고 프랑스 혁명의 철학자 볼테르(프리메이슨)의 전기를 기록한 전기 작가 제임스 파튼(James Parton)은 다음과 같은 사실을 우리에게 알리고 있습니다.

"프리메이슨의 계보를 올라가 가장 정상에 이르러 세계 프리메이슨의 우두머리가 누군지 살펴보면 당신은 끔찍한 예수회의 수장과 프리메이슨의 우두머리가 같은 사람이란 사실을 발견할 것이다."

여러 프리메이슨의 전기를 기록한 파튼은 프리메이슨들에 대하여 잘 알고 있었던 것 같습니다. 그런데 오컬트의 계보를 이어오고 있는 프리메이슨의 우두머리라는 예수회란 어떤 존재일까요? 예수회는 16세기에 이그나티우스 로욜라가 창설한 로마 천주교회의 비밀결사로서 종교개혁을 무마시키고 교황권의 중세기 영광을 확립하기 위해 탄생하였는데, 창설자인 로욜라는 다음과 같이 기록한 것으로 알려졌습니다.

"오, 교회가 내가 보는 흰색이 검다고 정한다면 나는 그렇게 믿을 것이다."

"마지막으로 모두 교활한 방법을 동원하여 세상의 통치자, 상류층, 관료를 지배하여 그들을 우리의 손짓에 움직이게 하라" — 이그나티우스 로욜라 —

모스 부호의 발명가로서 유명한 사무엘 모스의 예수회에 대한 발언을 한번 살펴봅시다.

"그런데 이 요원들은 누구인가? 이들은 대부분 예수회인데, 이들은 로마교회의 조직으로써 교활한 이중성과 도덕적 원칙을 완전히 상실한 것으로 유명하다. 이 조직은 기만과 위장술을 예술로 승화시켜 심지어 카톨릭 국가들에서도 이들을 감당할 수 없어서 사람들은 이 조직(예수회)을 탄압해야만 했다" — 사무엘 모스 (1791~1872) —

예수회의 실체에 대한 다른 인용문을 더 살펴보도록 합니다.

"예수회의 목적은 무엇인가? 그들에 의하면 그들은 오직 하나님의 더 큰 영광을 위한다고 한다, 그러나 모든 사실을 종합해보면 그들의 목적은 오로지 세계 통치권이란 사실을 알게 될 것이다. 그들은 각국의 통치자들에게 꼭 필요한 존재들이 되었고 그들의 손으로 혁명들을 일으킨다. 그렇게 함으로써 어떤 이름을 가지고 있던지 세상을 지배하는 자들은 그들이다." — 19세기 신학자 루이지 산치스 —

예수회 6개 조직과 입회의식

예수회는 세계를 지배할 수 있도록 모든 활동을 전개하는 정치조직이며, 군대조직이며, 종교조직이며, 금융조직이며, 매스컴 조직이며, 정보조직입니다. 이를 위해 로마 카톨릭 내에서 교황의 강력한 독재체제를 추구하고, 에큐메니컬 운동을 통해 기독교를 교황권 아래로 편입시키려 하며, 각국의 정치가를 교황에게 충성을 다할 수 있도록 노력하였습니다. 이를 위해 수단과 방법을 가리지 않는데 포섭, 음모, 살해, 선전, 선동, 교육, 선교, 반역, 전쟁, 혁명 등이 동원되었습니다.

예수회는 6계급으로 이루어지는데 novices(초신자), scholastics(수학생), coadjustors(보좌주교), temporal(교구주교), professed of the three vows(세 가지 맹세를 한 자), professed of the four vows(네 가지 맹세를 한 자)가 있습니다. 이 중에 상위 두 계급은 예수회의 운영과 간부 임명에 참여할 수 있습니다.

예수회의 우두머리는 실질적인 총사령관으로서 수장(General)이라 불립니다. 예수회 총재인 라네즈와 살메론은 예수회 총칙을 만들었는데 예수회 수장은 독재체제로 한번 부임하면 죽을 때까지 재임할 수 있게 하였습니다.

예수회 수장에게 주어진 권력중의 하나는 지원자를 비밀리에 받아들여 입회식을 거행하는 것입니다. 예수회의 법규에 의하면 수장은 죽을 때까지 로마에 거주해야 하며, 간부들도 직접 임명합니다. 그의 임용권과 그가 제시한 의견은 절대적인 것으로 간주됩니다.

예수회 입회식의 후보자는 길고 엄격한 금식을 시켜 육체적으로 쇠약하게 만들고 환각을 증강시키기 위해 입회식 전에 환각제를 먹입니다. 그 후에 신비적인 장치가 된 장소를 지나가게 되는데 이곳에는 사악한 환영(幻影)들이 나타나게 하고 죽은 자를 부르는 초혼(招魂), 지옥의 불꽃을 나타내는 화염(火焰), 해골, 움직이는 뼈, 인공천둥과 번개들이 장치되어 있는데 이 모든 것은 고대 신비종교의 유산이고 프리메이슨 의식입니다.

4장 적그리스도 배도의 나라와 유엔

1. 아담의 타락과 사탄에게 넘어간 지상왕국

세상 권세를 가진 사탄의 도박

아담이 하나님의 말씀을 불순종함으로 아담에게 주어졌던 피조물들의 통제권은 합법적으로 사탄에게 넘어가고 말았습니다. 사탄은 예수님을 유혹할 때 천하만국의 영광을 보이고 예수님께서 자기에게 절하면 다 주겠다고 도박을 했습니다. 그러나 예수님은 기록된 말씀으로 승리하셨습니다.

눅4:5-8 "마귀가 또 예수를 이끌고 올라가서 순식간에 천하 만국을 보이며 가로되 이 모든 권세와 그 영광을 내가 네게 주리라 이것은 내게 넘겨준 것이므로 나의 원하는 자에게 주노라 그러므로 네가 만일 내게 절하면 다 네 것이 되리라 예수께서 대답하여 가라사대 기록하기를 주 너의 하나님께 경배하고 다만 그를 섬기라 하였느니라"

세상을 심판하시는 권세를 가지신 예수님

요한 계시록 5장에서는 예수님께서 일곱인으로 봉한 심판의 책을 취하심으로 타락한 인류와 사탄을 심판할 수 있는 권세를 받으셨습니다. 그리고 일곱인으로 봉한 인들이 하나씩 떼어지면서 세상 심판이 시작되었습니다. 그리고 적그리스도 세력들을 멸망시키시고 짐승과 거짓 선지자를 불과 유황못에 던져 심판하셨습니다.

계5:1-5 "내가 보매 보좌에 앉으신 이의 오른손에 책이 있으니 안팎으로 썼고 일곱 인으로 봉하였더라 또 보매 힘 있는 천사가 큰 음성으로 외치기를 누가 책을 펴며 그 인을 떼기에 합당하냐 하니 하늘 위에나 땅 위에나 땅 아래에 능히 책을 펴거나 보거나 할 이가 없더라 이 책을 펴거나 보거나 하기에 합당한 자가 보이지 않기로 내가 크게 울었더니 장로 중에 하나가 내게 말하되 울지 말라 유대 지파의 사자 다윗의 뿌리가 이기었으니 이 책과 그 일곱 인을 떼시리라"

일곱 머리 열 뿔로 소개되고 있는 적그리스도의 나라들

요한 계시록 17장에서는 마지막 배도의 국가가 소개되고 있습니다. 일곱머리 열뿔로 소개되고 있는 지상의 사탄왕국에 대하여 사도 요한은 설명을 하고 있습니다. 일단 머리가 일곱인 이유는 세상을 지배하는 일곱 제국이라고 설명하고 있습니다. 다섯은 망하였다고 했습니다. 최초의 제국 이집트를 비롯하여 앗수르, 바벨론, 페르시아, 그리스 제국을 말합니다. 사도 요한 당시 존재한 제국은 여섯 번째 나라라고 했습니다. 로마 제국입니다. 그리고 앞으로 세상 마지막 멸망의 때 나타난 제국이 일곱 번째 나라입니다. 그런데 일곱 번째 나라는 여덟 번째 나라에서 나온다고 했습니다.

계17:7-11 "천사가 가로되 왜 기이히 여기느냐 내가 여자와 그의 탄 바 일곱 머리와 열 뿔 가진 짐승의 비밀을 네게 이르리라 네가 본 짐승은 전에 있었다가 시방 없으나 장차 무저갱으로부터 올라와 멸망으로 들어갈 자니 땅에 거하는 자들로서 창세 이후로 생명책에 녹명되지 못한 자들이 이전에 있었다가 시방 없으나 장차 나올 짐승을 보고 기이히 여기리라 일곱 왕이라 다섯은 망하였고 하나는 있고 다른이는 아직 이르지 아니하였으나 이르면 반드시 잠간 동안 계속하리라 전에 있었다가 시방 없어진 짐승은 여덟째 왕이니 일곱 중에 속한 자라 저가 멸망으로 들어가리라"

마지막 시대 나타날 적그리스도의 나라와 짐승

계13:1-5 "내가 보니 바다에서 한 짐승이 나오는데 뿔이 열이요 머리가 일곱이라 그 뿔에는 열 면류관이 있고 그 머리들에는 참람된 이름들이 있더라 내가 본 짐승은 표범과 비슷하고 그 발은 곰의 발 같고 그 입은 사자의 입 같은데 용이 자기의 능력과 보좌와 큰 권세를 그에게 주었더라 용이 짐승에게 권세를 주므로 용에게 경배하며 짐승에게 경배하여 가로되 누가 이 짐승과 같으뇨 누가 능히 이로 더불어 싸우리요 하더라 또 짐승이 큰 말과 참람된 말 하는 입을 받고 또 마흔 두달 일할 권세를 받으니라"

예수님 당시에도 역사했던 일곱 머리 열 뿔 용(사탄)의 정체

예수님께서 베들레헴에 태어나셨을 때 헤롯은 군대를 동원하여 2살 미만의 모든 어린이를 죽였습니다. 이것이 계시록 12장1-5절 사이에서 소개되고 있습니다. 표면적으로는 헤롯왕이 어린이를 죽였지만 영적으로는 일곱머리 열뿔 달린 붉은 용이 그렇게 한 것이라고 했습니다. 즉 세상을 지배하고 있는 사탄입니다.

계12:1-5 "하늘에 큰 이적이 보이니 해를 입은 한 여자가 있는데 그 발 아래는 달이 있고 그 머리에는 열 두 별의 면류관을 썼더라 이 여자가 아이를 배어 해산하게 되매 아파서 애써 부르짖더라 하늘에 또 다른 이적이 보이니 보라 한 큰 붉은 용이 있어 머리가 일곱이요 뿔이 열이라 그 여러 머리에 일곱 면류관이 있는데 그 꼬리가 하늘 별 삼분의 일을 끌어다가 땅에 던지더라 용이 해산하려는 여자 앞에서 그가 해산하면 그 아이를 삼키고자 하더니 여자가 아들을 낳으니 이는 장차 철장으로 만국을 다스릴 남자라 그 아이를 하나님 앞과 그 보좌 앞으로 올려가더라"

다니엘 시대에 하나님이 가르쳐 주신 마지막 적그리스도의 나라와 법의 변개

다니엘서 2장과 7장에서도 세상을 지배하는 제국들의 나라가 소개되고 있습니다. 바벨론 제국, 페르시아 제국, 그리스 제국 그리고 로마제국입니다. 로마제국이 지배하고 있는 세상 마지막 날에 열뿔 달린 짐승이 나타나서 때와 법을 변개시킬 것을 말씀하고 있습니다. 때와 법을 변개시킨다는 말은 진리의 말씀을 비진리로 바꾼다는 말입니다. 성경에 기록된 모든 진리의 말씀을 성경과 반대되는 비진리로 바꾸어 배도를 한다는 것입니다.

이미 적그리스도의 세력들은 유엔을 통해서 동성애법과 차별금지법 등을 통과시키고 있습니다. 그리고 모든 종교를 하나로 통합하는 종교통합법을 만들고 있습니다. 그런 과정 속에서 절대적인 기독교 십자가 복음의 진리가 변경되고 있고, 다른 종교에도 구원이 있다고 하는 종교다원주의 배도의 기독교가 일어나고 있습니다.

단7:17-28 "그 네 큰 짐승은 네 왕이라 세상에 일어날 것이로되 지극히 높으신 자의 성도들이 나라를 얻으리니 그 누림이 영원하고 영원하고 영원하리라 모신 자가 이처럼 이르되 네째 짐승은 곧 땅의 네째 나라인데 이는 모든 나라보다 달라서 천하를 삼키고 밟아 부숴뜨릴 것이며 그 열 뿔은 이 나라에서 일어날 열 왕이요 그 후에 또 하나가 일어나리니 그는 먼저 있던 자들과 다르고 또 세 왕을 복종시킬 것이며 그가 장차 말로 지극히 높으신 자를 대적하며 또 지극히 높으신 자의 성도를 괴롭게 할 것이며 그가 또 때와 법을 변개코자 할 것이며 성도는 그의 손에 붙인바 되어 한 때와 두 때와 반 때를 지내리라 그러나 심판이 시작된즉 그는 권세를 빼앗기고 끝까지 멸망할 것이요 나라와 권세와 온 천하 열국의 위세가 지극히 높으신 자의 성민에게 붙인바 되리니 그의 나라는 영원한 나라이라 모든 권세 있는 자가 다 그를 섬겨 복종하리라"

적그리스도의 통제 사회로 가는 종교통합운동과 우주교회

프리메이슨들은 자신들을 신인간이라고 하고 나머지는 가축인간으로 구분을 합니다. 그들은 아담이 타락한 이후 지금까지 7제국을 세워서 인류를 지배해 왔습니다. 계시록 13장에 나온 일곱머리 열 뿔 짐승이 바로 마지막 적그리스도의 시대에 나타날 세계정부의 정치지도자입니다. 유엔은 프리메이슨들이 세운 세계정부의 모델입니다. 유럽과 미국을 지배하고 있는 프리메이슨들은 세계를 한 정부로 만들어 지배하는 음모로 1, 2차 세계대전을 일으켜 세계정부의 모델인 국제연맹과 국제연합 유엔을 만들었습니다. 그리고 제 3차 세계 대전을 통해 세계를 한 정부로 통제할 수 있는 완벽통제사회를 준비하고 있습니다.

이를 위해 과학적으로 양자컴퓨터가 준비되고 있습니다. 정치적으로 세계를 10구역으로 나눠 통치할 수 있도록 블록화가 이루어지고 있습니다. 경제적으로 IMF, WORLD BANK, 세계결제은행, 다국적 기업을 통해 국가의 국경을 무력화 시키는 경제공동체를 이룩하고 있습니다. 종교적으로 WCC와 WEA를 통해 하나의 종교로 통합을 시키고 있습니다. 이것이 바로 유엔 유네스코를 통해 이루어지고 있는 뉴 에이지 운동입니다.

미국의 복음주의는 종교다원주의를 주장하고 있는 신복음주의입니다. 빌리 그래함은 우주교회를 주장하고 있습니다. 우주교회란 로마 카톨릭의 보편적 교회입니다. 모든 종교와 모든 인종과 모든 세계 국가들이 하나 되어 지상에 이룩한 유토피아입니다. 이것이 아브라함 카이퍼의 신칼빈주의 문화대명령이 이루어지는 것입니다. 신정통주의 칼 바르트의 만인구원설이 이루어지는 교회론입니다. 헬라종교 철학의 우주회복입니다. 이것이 로고스신학입니다. 이것이 바로 유대주의 카발라 종교인 생명나무 테트라그라마톤 여호와 종교입니다.

프리메이슨들에 의해서 인간은 신적인 존재로 준비되고 있습니다. 그것이 바로 뉴 에이지 사이언톨로지 종교입니다. 양자물리학, 컴퓨터공학, 생명공학, 두뇌공학, 복제인간, 인공지능, 양자컴퓨터로 연결된 우주 에너지와 인간의 DNA속에 있는 양자들의 만남은 인간의 생로병사를 해결하고, 인간을 시간과 공간을 초월한 존재로 만들 것입니다. 즉 시간여행과 공간여행을 마음대로 할 수 있는 신적인 존재들로 만들어 갑니다. 이와 같은 프리메이슨들의 시도는 바로 마지막 시대에 적그리스도가 나타나 하나님을 향해 선전포고를 하는 배도가 될 것입니다.

그러나 하나님께서는 하나님을 대적한 인간의 과학의 바벨탑을 심판하시고 하나님의 형상대로 지음을 받은 인간이 하나님의 형상을 잃어버리고 사이보그 로봇 인간이 되는 것을 허락하시지 않으실 것입니다.

지금은 마지막 시대입니다. 원수가 예수님의 발등상에 앉아서 예수님을 대적하는 시대입니다. 아담을 타락시킨 뱀이 인류가 발전시켜 만든 문명을 총동원하여 하나님을 대적하는 것이 세상 마지막 날에 임한 심판입니다. 요한 계시록 17장과 18장의 바벨론 심판은 6000년 동안 인류가 발전시킨 모든 과학 문명들을 심판하시는 하나님의 진노입니다.

하나님이 인간을 구원하시기 위해 보내주신 예수님을 거부하고 인간 스스로 과학문명을 발전시켜 하나님의 통제 밖에서 자유하려고 시도하는 인간의 교만과 탐욕은 하나님의 완전한 심판으로 끝이 날 것입니다. 오직 예수 안에서만 영생이 있고, 오직 예수 안에서만 안식이 있습니다. 프리메이슨들이 꿈꾸는 지상의 유토피아는 짝퉁 천국입니다.

인류 6000년을 지배하고 있는 일곱 머리 열 뿔의 적그리스도 정체

요한 계시록 13장에 나타나 있는 일곱 머리 열 뿔 짐승은 6000년 타락한 인류를 통치해 온 사탄의 세력들입니다. 첫 번째 머리는 이집트입니다. 두 번째 머리는 앗수르입니다. 세 번째 머리는 바벨론입니다. 네 번째 머리는 페르시아입니다. 다섯 번째 머리는 그리스입니다. 여섯 번째 머리는 로마입니다. 일곱 번째 머리가 마지막 시대 배도할 적그리스도 짐승의 나라입니다.

역사적으로 세계에서 가장 뛰어난 혈통은 아리안족입니다. 아리안족은 인도 유럽어족으로 흑해 코카서스 지역에서 출발하여 페르시아, 이집트, 인도, 유럽으로 퍼져 나갔습니다. 13지파 유대인이란 책을 쓴 아서 쾨스틀러는 아리안의 혈통에 대하여 설명하기를 노아의 셋째 아들 야벳이 코카서스 지역에서 최초로 철로 병기를 만들었던 두발가인의 누이 나아마를 만나 결혼을 해서 고멜을 낳고 고멜은 아스그나스를 낳게 되었는데 아스그나스가 바로 독일의 조상이라고 주장했습니다.

아리안족은 주전 3000년부터 철기문화가 발달해서 철로된 무기를 만들어 세계 최강의 국가를 설립할 수 있었습니다. 그 이유가 바로 철제무기를 만들었던 두발가인의 누이 나아마와 결혼을 한 결과라는 것입니다. 아리안족의 두 종족이 있는데 게르만족과 켈트족입니다. 게르만 족이란 의미는 야벳의 첫째 아들 고멜입니다. 세계에서 가장 머리가 우수한 국가를 독일이라고 합니다. 그 이유는 독일이 아리안족의 적자 혈통이기 때문이라는 것입니다.

히틀러는 비밀 경찰인 나치 친위대 SS부대원들에게 독일 국기인 하켄크로이츠를 가지고 아리안족의 우월성을 교육시키고 유대인 인종 청소를 세뇌 시키면서 아리안족은 하늘에서 별을 타고 내려온 엘리트 인간이라고 교육을 시켰습니다. 그리고 유대인들을 개와 돼지와 같은 가축인간으로 취급을 했습니다.

아담이 타락한 후 세계를 지배했던 6개 제국들은 모두 아리안족들입니다. 세계를 지배한 프리메이슨들은 아리안 혈통을 가진 민족을 지도를 그려서 벨트를 만들었습니다. 그 지역이 바로 인도 유럽어족들이 살고 있는 지역입니다. 지중해를 중심으로 흑해 코카서스 지역의 남쪽인 페르시아(이란), 인도, 이집트(북아프리카, 알제리, 튀니지), 그리고 유럽(독일, 노르웨이, 핀란드, 스웨덴 등)입니다. 아리안족은 세계에서 가장 우수하고, 가장 잔인하고, 가장 엄격한 종족으로 유명합니다. 그래서 로얄 블러드 즉 왕족의 혈통이라는 별명을 가지고 있습니다. 현재 유럽을 지배하고 있는 족속들이 바로 아리안족들입니다. 그래서 EU 공동체에서 발사한 모든 인공위성의 이름은 아리안호입니다.

요한 계시록 13장에 나오는 세계를 지배한 7제국은 모두 아리안족입니다. 이들 나라는 공통점이 있습니다. 강력한 철제 무기와 철제 병거가 있었다는 것입니다. 이들이 세계를 제패한 제국을 이룩할 수 있었던 방법은 오직 하나입니다. 곧 철제무기를 통한 전쟁입니다. 전쟁을 통해서 세계 모든 나라를 굴복시키고 재물을 약탈하여 세계를 지배하여 왔습니다. 이집트와 그리스 제국을 빼고 나머지 앗수르, 바벨론, 페르시아는 제국의 이름만 다르지 같은 지역에서 일어난 제국입니다. 로마제국은 인류의 문명이 지중해를 중심으로 동쪽에서 서쪽으로 이동한 결과입니다. 이들의 제국은 모두 태양종교를 가지고 있었습니다. 이집트, 그리스는 일신론 여신 태양 종교입니다. 앗수르, 바벨론, 페르시아, 로마는 다신론 남신 태양종교입니다.

세계에서 가장 우수한 혈통인 바리새파 유대인

세계에서 가장 우수한 혈통은 독일과 가짜 유대인의 혈통입니다. 독일은 아리안족의 적자 혈통이기 때문입니다. 그리고 유대인은 바리새파 유대인을 말합니다. 13지파 유대인 책의 저자인 아서 쾨스틀러는 13번째 지파 유대인들이 바로 가짜 유대인인 아쉬케나지 공산주의 유대인들이라고 합니다. 아쉬케나지는 독일을 말합니다. 성경은 창세기 10장 3절에서 아스그나스 라고 기록되었습니다. 독일의 유대인들은 가짜 유대인인 공산주의자들입니다. 기독교 국가인 러시아를 멸망시키고 공산주의 러시아를 만들었던 사람들이 독일의 볼세비키 유대인들이었습니다. 그리고 그들은 중국과 북한을 공산화 시켰습니다.

그렇다면 가짜 유대인의 정체는 무엇입니까? 유대인들은 하나님의 징계를 받아 바벨론에 포로로 끌려가 70년 동안 생활을 합니다. 그리고 다시 돌아와 국가를 세우게 됩니다. 이것을 바벨론 유수(流水)라고 합니다. 당시 전 세계를 지배하고 있었던 문명국인 바벨론에 들어간 유대인들 중에 배도한 유대인들이 나타납니다. 그들은 유대교와 바벨론 태양비밀종교를 혼합한 책을 만듭니다. 그 책이 바로 바벨론 탈무드입니다.

주전 536년 70년 포로 생활이 끝나고 예루살렘으로 돌아오지만 유대교를 배도하고 바벨론 탈무드를 가지고 바벨론에서 부와 명예를 누렸던 유대인들은 그대로 눌러 앉아서 페르시아 제국에서도 동일한 특권을 누리게 됩니다. 이들을 일컬어 바리새파(페르시아) 유대인이라고 합니다. 그런데 놀라운 사실은 바벨론 포로로 끌려간 유대인들 중에서 배도한 유대인들은 바벨론 아리안족들과 피를 섞게 됩니다. 이렇게 해서 세계 최고 우수 혈통이 탄생됩니다. 그들이 바로 바리새파 유대인들입니다. 바리새파 유대인들은 정치적으로 경제적으로 최고의 지능을 가진 아리안족의 혈통과 종교적으로 최고의 혈통을 가진 유대인들의 유전자가 혼합되므로 아무도 대적할 수 없는 세계 최고의 엘리트 혈통이 탄생합니다. 보통 독일인과 견주어 말한 천재 유대인들이 바로 바리새파 가짜 유대인들을 말합니다.

바리새파 유대인들은 그리스에게 페르시아가 망할 때 알렉산더 대왕의 특혜를 받아 당시 세계 최고의 지중해 문명의 중심지인 북 아프리카 알렉산드리아와 카르타고에 정착을 합니다. 그리고 대륙을 통해 유럽을 향해 나간 바리새파 유대인들은 주후 618년 흑해와 카스피해 근처에서 하자르에 카칸국가를 세우게 됩니다. 하자르 카칸국가는 유대교를 국교로 정한 공산주의 국가였습니다. 주후 1048년경 러시아 블라디미르 왕자는 비잔틴 제국과 연합하여 하자르 국가를 멸망시킵니다. 이때 흩어진 하자르 유대인들이 헝거리, 폴란드, 독일로 유입됩니다. 이들중 독일에 들어간 유대인들은 아쉬케나지 유대인들이라고 합니다.

바리새파 공산주의 독일 유대인들은 1917년 2월 볼세비키 혁명을 일으켜 러시아를 멸망시키고 또 다시 공산주의 국가로 만듭니다. 이는 약 1000년 전에 자신들의 조상을 멸망시키고 러시아 정교회 국가를 세웠던 블라디미르 왕자에 대한 원수를 갚아 주었던 것입니다.

2. 적그리스도의 나라 롤 모델 UN(국제연합)

1) 유엔이 만들어지는 과정

세계정복은 2500년 동안 나라 없이 핍박과 박해를 받으면서 유랑생활을 했던 유대인들의 꿈입니다. 프리메이슨 비밀 결사단은 세계 1차 대전을 일으키고 국제 연맹이라는 인류 최초 국제기구를 만듭니다. 그들은 또한 세계 2차 대전을 일으키고 국제 연합이란 국제 연맹보다 더 강한 세계 국가 조직을 프리메이슨 록펠러가 기증한 뉴욕의 땅위에 세웁니다.

이들은 다시 세계 3차 대전을 일으키고 제 3 유엔인 국제기구를 만들 것입니다. 이것이 그들이 마지막으로 꿈꾸던 세계 정부 공산주의 유토피아 나라입니다.

비밀결사들은 세계정복을 위해 세웠던 유럽의 최초의 유대왕조 메로빙거 왕조가 몰락한 이후 수많은 방법으로 종교개혁과 예수회 등을 통해 로마 가톨릭을 완전히 점령하고 예수회 출신 프란치스코를 교황의 자리에 앉혔습니다.

루소, 볼테르, 몽테스키외 같은 계몽주의 사상가들을 통한 시민혁명으로 절대왕정을 무너뜨렸습니다. 그리고 세계 1차 대전과 세계 2차 대전을 승리로 이끌면서 제국주의를 모두 무너뜨리는데 성공을 하고, 이제 힘이 없이 쪼개진 세계 각 나라를 중심으로 연합한 세계기구를 만들어서 손쉽게 세계정복을 할 수 있는 발판을 마련하게 된 것입니다. 이것이 유엔이 만들어진 과정의 역사입니다.

다른 사람들이 보면 우연의 일치고, 세계 나라가 많아지면서 생긴 자연스런 현상 같지만 아닙니다. 유엔은 비밀결사인 프리메이슨의 피눈물

나는 투쟁과 혈투로 이루어진 작품입니다. 그런 의미에서 우리는 유엔이라는 국제기구를 간과해서는 안 됩니다. 왜냐하면 적그리스도가 유엔이라는 국제기구를 이용하여 자신의 모든 뜻을 이루기 때문입니다.

그러나 국제 연합 역시 과도기적인 세계기구이기 때문에 이들이 유엔을 통해서 할 수 있는 일은 아주 제한적이지만 그러나 세계를 하나의 명분으로 다스려 다음의 완벽체제로 옮겨갈 수 있다는 점에서 유엔의 존재는 그들에게 엄청난 가치가 있는 것입니다.

그래서 그들은 막대한 자금을 유엔에 투자하면서 유엔의 활동을 지원하고 있는 것입니다.

지금 미국이 주도적으로 이끌고 있는 유엔 평화유지군 활동과 대 테러 전투가 유엔이 지지해 준 명분과 대의 때문에 마음 놓고 그들만을 위한 전쟁을 우방의 협력까지 받아 가면서 계속할 수 있는 것입니다.

그러나 이들은 반드시 유엔이라는 징검다리를 통해서 세계 3차 전쟁을 일으킬 것입니다. 이것을 위해 명분을 쌓고 있고, 계속해서 음모들을 증폭시키면서 우방들의 지지와 결속을 다져가고 있는 것입니다. 세계 모든 나라들은 사탄이 이끄는 마지막 세계 전쟁 속으로 영문도 모르고 끌려가고 있는 것입니다. 지금의 유엔은 종이 호랑이지만 곧 사자로 변할 것입니다. 계시록 13장에 나온 흉악한 짐승으로 나타나 자신들의 말을 듣지 않는 국가나 개인이나 단체는 철을 부수는 것 같이 부셔 버릴 것입니다. 이런 준비가 이제 다 되었습니다.

2) 유엔의 탄생

1945년 6월 26일 미국 샌프란시스코에서 50개국의 대표들이 모여 U.N(United Nations)이란 기구를 만들었습니다. 만든 목적은 국제연맹과 같은 실패한 국제조직이 아닌 세계 평화를 유지할 수 있는 새로운 조직으로 만들었습니다.

UN 창립 회의에는 74명의 CFR 회원(미국외교관계위원회)이 참가하였고 뉴욕에 있는 UN 본부는 프리메이슨 록펠러가 기증한 땅에 지어졌습니다. 1945년 UN을 창설하기 위한 샌프란시스코 국제회의에 미국 대표로 참가한 사람들 중 47명이 CFR 회원이었습니다. 세계 1차 대전 후 세워진 국제연맹이나, 2차 대전 후 세워진 국제 연합은 프리메이슨의 세계 정복의 일환으로 세워진 국제조직입니다.

유엔은 말만 국제조직이지 실제로는 미국과 영국을 중심으로 한 프리메이슨의 사조직에 불과합니다. 현재 유엔에서 하고 있는 사업 중에 가장 중요한 사업은 북한 비핵화 문제와 기후 변화에 따른 지구환경보호운동이고 종교통합운동과 세계기축통화에 대한 준비를 하는 것입니다.

우리는 UN이 세계 평화를 위해 존재하는 줄 알지만 실상은 세계 정부 수립을 위한 과도기적인 기구입니다. UN은 많은 산하 기구를 두고 있는데 세계 인구를 줄이기 위한 세계보건기구(WHO), 경제와 사회통제를 위한 경제사회이사회, 교육, 과학, 문화를 총괄하는 유네스코(UNESCO) 등이 있습니다.

지금의 세계 단일 정부는 미국, 일본 유럽(EU)에 국한되어 있다고 볼 수 있습니다. 제 3세계를 흡수하기 위해서 그들의 다국적 기업, IMF, 국제 은행들이 맹활약하고 있습니다. 수십 년에 걸친 이들의 현안은 막대한 석유권이 걸린 중동, 이슬람 세력과의 전쟁입니다.

프리메이슨들이 유엔을 만들고 자금을 지원한 목적

세계적인 조직을 이용하여 자신들이 하는 일에 명분과 대의를 제공하게 한다.

세계적인 조직을 이용하여 흩어진 단일 국가들을 그들이 원하는 공통으로 묶어간다.

세계적인 조직을 이용하여 경제 원리를 일원화하여 경제통합을 이룬다.

세계적인 조직을 이용하여 서로 다른 교리를 가진 종교를 통합한다.

세계적인 조직을 이용하여 공동체 의식을 고양시켜 지상에 하나의 정부를 탄생시킨다.

세계적인 조직을 이용하여 지구 온난화와 같은 이슈로 하나의 공통분모를 만들어간다.

세계적인 조직을 이용하여 지상 낙원 건설을 위해 무자비하게 반대파를 처단한다.

3. 유엔을 세운 사바테안 프랑키스트 유대인은 누구입니까?

1) 히틀러의 비밀 결사 툴레회(죽음의 형제단)

터키에서 유행했던 이슬람 수피즘 신비주의와 유대 카발라 신비주의 종교를 혼합한 유대주의 신비종파입니다. 유대주의 메시아 탄생을 통한 세계 정복을 추구하는 소위 뉴 월드 오더 시온주의 사상을 추구하는 그룹입니다. 이들은 자신들이 꿈꾸는 유대주의 메시아 신국을 세우는데 있어서 방해가 되는 모든 종파를 수단과 방법을 가리지 않고 멸절시켜 지상의 메시아 신국을 세우는 것을 목적으로 하고 있습니다. 이들에 의해서 현대 시오니즘 운동이 시작되었습니다. 이들이 말하고 있는 '시온'이란 뜻은 카발리스트들의 메시아가 살고 있는 사탄의 거처입니다. 이들은 이스라엘의 예루살렘이 그들이 섬기는 루시퍼의 거처라고 생각합니다.

독일계 프리메이슨 유대인 루돌프 폰 세보텐도르프 남작은 터키여행 중 오스트리아 출신 귀족의 양자가 되어 세보텐도르프라는 성을 갖게 됐으며 터키 시민권을 얻은 후 동서양의 신비주의를 탐닉했습니다. 실제로 세보텐도르프는 1910년 이스탄불에서 수피즘(Sufism · 이슬람 신비주의)과 프리메이슨, 연금술에 입각한 프리메이슨 종단을 세우기도 했습니다. 1913년 세보텐도르프는 독일로 돌아와 자신의 양부로부터 물려받은 재산을 바탕으로 당시 독일에 산재해 있던 여러 프리메이슨 단체 회원들을 규합하기 시작했습니다.

루돌프 폰 세보텐도르프 남작이 터키에서 경험했던 수피즘 신비주의는 사바타이 체비와 제이콥 프랑크로부터 출발한 크립토 유대인 된메(Doenmeh : 개종자)들과, 수피즘을 잘 알고 있는 더비쉬(Dervish : 수도탁발승)를 만나면서 시작되었습니다. 그들의 사상은 벡타시(Bektashi : 이슬람 수피즘 신비주의 종교), 어쌔신(Assassins : 이슬람 지하드, 신에 감동되어 이방인들을 죽이는 수피즘 신비주의 종파), 아이삭 루리아의 루리아닉 카발라 종교에 심취한 후 독일로 돌아온 세보텐도르프는 뮌헨에서 1918년 8월 18일 신비주의 비밀 모임인 툴레회(Thule Gesellschaft)를 설립하였습니다. 툴레회 멤버로는 니체, 바그너, 골든 돈, 알레스터 크롤리, 히틀러 등이 참여합니다. 나중에 툴레회는 히틀러 국가 사회당으로 개명을 합니다. 히틀러의 나치당은 정치조직으로부터 출발한 것이 아니라 신비주의 종교 모임에서 출발되었습니다. 히틀러의 나치당은 영국의 알레스터 크롤리의 동방기사단과 독일의 툴레회의 결합으로 시작되었고 히틀러의 나치당에 자금을 지원했던 은행가는 부시 대통령의 할아버지인 프레스코 부시입니다. 얼레스터 크롤리는 현대 사탄교 저자이며 영국의 락 음악 비틀즈를 탄생시킨 사탄숭배 대부(代父)인데 그는 부시 W 대통령의 아내인 바바라 부시의 친아버지입니다.

사바테안 프랑키스트 유대인들은 이슬람 지하드 성전(聖戰)을 추구한 수피즘 신비주의와 유대 카발라 신비주의 종교를 추구하는 극단적인 극우파로 전쟁을 통해서 유대 메시아 신국을 예루살렘에 세우려는 자들로서 오늘날 유엔을 장악한 네오콘들의 세력들입니다.

미국 클린턴 재단이 IS 테러단의 불법자금과 무기공급의 통로가 된 이유

트럼프 대통령과 힐러리가 미국 대통령 선거를 앞두고 터진 사건이 힐러리 E-메일 사건입니다. 힐러리의 수행비서인 후마 에버딘의 할아버지가 사우디아라비아 왕족으로서 회교원리주의 테러단을 지원하는 단체장이었는데 클린턴 자선 단체를 통해 이슬람 테러단체인 IS에 비밀 자금과 무기가 공급되었다는 사실이 폭로되어 결국 힐러리가 낙선을 하게 된 사건입니다.

이슬람 최초의 원리주의 테러단이 무슬림 형제단이고 계속해서 하마스, 알카에다, ISIS와 같은 테러단이 나타나게 되었습니다. 그런데 이들의 테러단을 만들고, 훈련하고, 자금을 지원한 단체가 미국의 CIA와 영국의 MI-6였다는 사실입니다. 그 이유는 이슬람 지하드 성전을 통해서 회교원리주의 국가를 세우려 했던 수피즘 신비주의 이슬람 종파가 유대 카발라를 따르는 사바테안 프랑키스트 유대인들이었기 때문입니다.

놀라운 사실은 일루미나티 앨버드 파이크는 3차 세계 대전을 이슬람 원리주의와 유대 시오니즘 세력간의 반목을 통해서 일으켜야 한다고 주문을 했습니다. 그 결과 미국과 영국의 정보국들의 자금과 훈련과 무기를 지원받은 사바테안 프랑키스트 수피즘 신비주의자들은 무슬림 형제단, 하마스, 알카에다 같은 테러단을 조직하여 아랍과 이스라엘을 테러와 보복테러를 조작하여 적으로 만들고 IS와 같은 이슬람 수니파 과격테러단체를 만들어 아랍의 민주화 운동이란 이름으로 아랍의 강대국들인 이라크, 리비아, 시리아, 예멘, 튀니지, 이집트 등을 무력화시키는데 성공을 했습니다. 이로서 만일 아랍과 이스라엘의 중동전쟁이 일어나면 쉽게 이스라엘이 아랍을 제압할 수 있는 준비가 다 끝난 것입니다. 1991년 미국과 소련이 합의하에 소련을 해체시킨 이유 두 가지는 세계에서 인구가 제일 많은 중국 공산당을 미국이 지원하여 패권전쟁을 치룰 수 있는 G2 패권(覇權)국가로 키우는 것이고 또 하나는 사바테안 프랑키스트 유대인들을 지원하여 중동에서 테러전쟁을 통해 아랍을 멸절시키는 것이었습니다.

2) 사바테안 프랑키스트 유대 신비주의 카발라의 계보

(시온, 바알/몰록, 전시안, 영지/신비주의, 죽음의 형제단, 암살단, 인종주의, 대학살)

바벨론 고위사제(바알/몰록)→고대 카발라(솔로몬 신전)→열혈당원(암살단, Zealot)→템플기사단(십자군)+어쌔신(수피즘 암살단)+Bektashi(수피즘 신비주의)+Hashish(하시스,마약)→스코티쉬 프리메이슨→아이삭 루리아(현대 카발라)→알룸브라도(예수회, 로욜라)→사바테안 프랑키스트(사바타이 체비+제이콥 프랑크:유대 카발라+수피즘신비주의)→나폴레옹의 이집트 프리메이슨(이슬람 영지주의)→아시아 형제단(Asiatic Brethren)+Cagliostro(칼리오스트로, 이집트 프리메이슨)→헬레나 블라바츠키 "신지학"+알－아프가니 "살라피"→Golden Dawn(황금새벽회, 장미십자회)→동방 템플러 기사단(Ordo Templi Orientis=O.T.O, 알레스터 크롤리)+툴레회(Thule Society)→나치→루시스 트러스트(유엔 유네스코)→유엔

4. 유엔을 세계권력기관으로 세우기 위해 일으킨 6·25 한국전쟁

제임스 퍼를로프 6·25 한국전쟁 "일루미나티(예수회)의 아젠다를 위한 갈등"

James Perloff : The Korean War : Another Conflict that Served the Illuminati Agenda

1) 6·25 한국 전쟁은 일루미나티(예수회) 작품

현재 살아서 활동하고 있는 미국의 정치 평론가 제임스 퍼를로프(James Perloff)에 의하면, 세계 2차 대전 후 동유럽과 중국의 공산화는 일루미나티의 각본이었으며, 미국은 동맹이라는 명분하에 소련에 무기를 지원함으로써 또한 병사들을 속여서 자신의 군대를 교묘하게 제어함으로써 공산주의의 팽창을 도왔다는 것입니다. 또한 역대 미국의 적은 모두 미국 스스로 만든 것이며, 미국의 실제 지배세력인 네오콘은 공산주의자들이라고 합니다. 바로 "바벨론 탈무디즘"과 "카발라"를 섬기는 사바테안-프랑키스트 세력입니다.

한반도의 남북 분단과 한국 전쟁도 배후에서 미국을 지배하는 특정 세력의 의도에서 이루어진 것이라고 합니다. 원래 한반도에서 전쟁이 일어날 이유는 전혀 없었으나, 적의 창조를 통해 각자의 대중들을 결속시킬 수 있는 모티브를 제공하는 의미에서 절반씩 갈라먹는 대치상황을 만들어 냈다는 것입니다.

미국이 정(正), 소련이 반(反)이 됨으로써, 두 요소의 갈등을 해결하는 과정에서 자연스럽게 합(合)이라는 결과를 도출해 내고자 하는 의도라고 합니다. 이 합이 될 뉴 월드 오더의 세계 정부를 추구하는 세력이 있으며, 한반도의 비극은 바로 이 세계 정부의 초기 모델인 "유엔"의 존재 이유를 세계가 받아들이도록 하기 위해 미·소 합의하에 만들어진 전쟁이라는 것입니다.

한국전쟁은 평화유지자로써의 유엔을 세상에 입증하기 위한 연극이

자, 세계 정부에 동의하게 만들려는 작전이었으며, 38선과 휴전선이 실질적으로 거의 같다는 것은 이 전쟁이 인구 축소를 동반한 그저 한 판의 광대극에 불과했다는 것을 보여준다고 합니다.

월남전도 한국전쟁의 재탕이었으며, 현재 벌어지고 있는 우크라이나 내전 또한 똑같은 사기극이라는 것입니다. 다음 제임스 퍼를로프의 글이 6·25 전쟁과 시온주의, 뉴 월드 오더의 의미를 명확하게 보여주고 있습니다.

2) 다음의 글은 미국의 정치 평론가 제임스 퍼를로프의 글입니다

1950년 6월 25일, 북한의 공산 독재자 김일성은 그의 군대를 보내 남한을 침공했다. 미군은 유엔의 이름으로 남한을 방어하러 왔고, 3년간의 혈투 끝에 전쟁은 휴전으로 결론났다. 그러나 어떻게 해서 김일성과 공산당이 북한의 권좌에 오를 수 있었는가? 미국의 해외 정책이 그들을 권좌에 올려놓았다. 그것은 우회적인 방법이었다.

(1) 남북분단은 뉴 월드 오더로 가는 중간단계

2차 대전 중 미국은 유럽에서 독일과 싸웠고, 아시아에서는 일본과 싸웠다. 죠세프 스탈린의 폭정 치하였던 소련은 이 전쟁에서 미국의 '우방'이었다. 그러나 소련은 독일과만 싸웠고, 일본과는 불가침 조약을 지켰다.

그러나 테헤란과 얄타의 '빅3' 회담(처칠, 루스벨트, 스탈린 모두 동일한 마스터를 섬기는 33° 프리메이슨 유대인이다)에서, 루스벨트 대통령은 스탈린에게 일본과의 불가침 조약을 깨고 태평양 전쟁을 시작하는 것이 어떻겠냐고 주문했다. 스탈린은 동의했다. 소련 극동군의 원정에 필요한 모든 무기와 차량, 물자를 미국이 지원해주는 조건이었다.

이것은 터무니없이 결정된 해외 정책이었다. 스탈린은 잘 알려진 침략자이다. 2차 대전의 공식 개전이었던 1939년 폴란드 침공은 사실 나치 독일과 소비에트의 연합 공격(joint venture)이었다. 1940년, 스탈린은 핀란드, 라트비아, 에스토니아, 리투아니아를 침공했고 루마니아를 병합했다. 그가 아시아에 자비를 베풀 것이라고 믿을 사람은 없었다.

"미국이 일본과 전쟁하기를 바라는 소련 정부의 희망은 간절하다. 소련은 일본이 완전히 패배할 때까지 일본과의 대결을 피하려고 할 것이다. 그들은 일본 패망을 만주를 얻고 중국을 공산화하는 기회로 삼을 것이다." - 주 소련 미국대사 윌리엄 C. 불릿

스탈린은 전쟁이 끝나기 5일 전까지 극동에 군대를 보내지 않았다. 일본은 이미 원자폭탄을 얻어맞고 항복할 준비가 되어 있었다. 중국으로 들어간 소련군은, 매우 제한적인 전투 끝에, 일본의 항복을 받아냈고 막대한 무기고를 차지했다. 소련군은 미국이 대여해 준 무기들과 일본군으로부터 포획한 무기들을 마오쩌둥의 공산혁명군에게 넘겼다. 때문에 중국 공산당은 국민당 정부를 뒤집을 수 있었다.

(2) 남북분단과 신탁통치는 미국의 아이디어

이 전에, 한국은 일본의 보호령이었다. 1944년 4월 외교협회(CFR : Council on Foreign Relations)에서 만든 잡지 외교정책(Foreign Affairs)에서는 "전후 세계의 한국"이라는 글을 출간했다. 이 글은 러시아와 함께 한국을 신탁 통치할 것을 제안하고 있었다. 자연스럽게, 스탈린은 이 제안에 동의했고 공식적으로 논의되기 시작했다. 소련은 북한을 얻었고, 미국은 나머지 남부 절반을 얻었다.

"현재 논의되고 있는 이 새로운 국제기구가 임무를 적시에 수행할 수 있을까? 저자에게는 가능하게 보이지 않는다. 그러나 한국에 대한 특정 국가들의 신탁 통치보다는 권력 집단 즉 미국, 영국, 중국, 러시아에 의한 신탁 통치의 가능성은 있다."

태평양 전쟁에서 소련이 거의 아무 것도 한 것이 없음을 감안할 때, 자신의 인민 수백만을 학살한 것으로 유명한 독재자 스탈린에게 북한의 취득은 거대한 성공이었다.(소련은 미국 덕분에 중국과 북한을 거저 얻었다). 스탈린은 재빠르게 김일성 정권을 수립했고, 15만의 병력과 수 백 대의 탱크, 전투기, 대포를 가진 군대를 만들었다. 반면 미국은 가진 것이라곤 소형 화기 뿐인 칼빈 소총으로 무장한 1만 6천 정도의 남한인 경찰 병력만 남겨 놓고 1949년 6월30일 남한을 떠났다.

멈추지 않는 공산주의의 확장 역사를 돌이켜 볼 때, 이 불균형은 남한

침공을 불가피하게 만들었다. 김일성은 1949년 마오쩌둥(스컬 & 본스, 프리메이슨 33도)의 공산 정권이 안정화될 때까지 기다렸다. 마오쩌둥은 그의 뒤를 지켜줄 것이기 때문이었다. 1950년 1월, 김일성은 "한국 통일의 해"를 천명했고, 완벽한 전쟁 준비를 지시했다. 2주 후, 미국 역사상 가장 흥미로운 인물 중의 하나인 국무장관 딘 애치슨(CFR 멤버, Scroll & Key, 300인 위원회)은 마치 김일성에게 무언가 선물을 주려는 것 마냥, 남한은 극동에서 미국의 "방어선" 바깥에 있다는 애치슨 라인 연설을 한다.

(3) 애치슨 라인은 남한을 침공하라는 사탄의 메시지

애치슨은, 만약 이 "방어선" 바깥에서 어떤 공격이 발생한다면 피해자는 유엔 헌장에 의거한 전체 문명 세계의 책임에 의지해야 한다고 천명했다. 이 발언은 일루미나티의 어젠다에서 한국 전쟁이 맡을 역할과 밀접하다. 이미 미국은 한국을 미국 방어선 밖으로 제쳐 놓고 한국전쟁을 준비했으며 한국 전쟁이 일어나면 유엔군을 보낼 계획을 해 놓았던 것이다. 일루미나티는 사탄주의자들이다. 그들은 세계 지배를 노린다. 성경은 적그리스도 또는 "짐승"이 모든 부족, 사람, 언어, 국가를 지배할 것이라고 계시하고 있다(계시록 13:7). 세계를 지배하기 위해선 세계정부가 필요하다. 이것은 자명하다.

명백하게 예언적인 "시온 장로들의 의정서"는 세계 정부를 공개적으로 제안하고 있다. 이 의정서가 가짜일 것이라고 믿는 사람은 외로운 용사의 진리(Truth Is a Lonely Warrior) 18장을 보라. 예를 들면, 의정서 5장 11절에서 저자는 "그들의 금융 카르텔이 점진적으로 모든 국가를 흡수할 것이며" "수퍼 정부를 구성할 것"이라고 천명하고 있다.

(4) 유엔은 외교협회(CFR)의 창조물

미국에서 점진적 세계 정부의 수립 임무는 1921년 설립된 외교협회(CFR)에게 맡겨졌다. 외교협회는 미국의 국제 연맹 가입을 결정한 1920년 베르사이유 조약에 대한 상원의 거부를 해결하기 위해 설립되었다. 국제 연맹이 실패한 후 그 승계자는, 당연히도, 국제 연합(UN)이었다. 유엔의 설립 계획은 비밀히 국무부의 CFR 회원들에 의해 구상되었다.

그들은 스스로를 "비공식 아젠다 그룹"으로 불렀으며, 이 거슬리지 않게 들리는 이름은 그들이 계획하고 있는 것에 대한 의회의 의심을 없애기 위해서 신중하게 선정되었다.

  * 국제 연맹(League of Nations) : 국제 연맹은 1차 대전이 끝난 1920년 일루미나티들이 주도한 파리 평화 조약에 의해서 설립되었다. 로스차일드의 심복들 즉 일루미나티가 프랑스 혁명과 나폴레옹 전쟁의 결과로 만든 세계정부 최초 모델 "비엔나 의회"를 러시아의 짜르가 무산시켰기 때문에 로스차일드가 세계정부의 최대 장애물인 짜르를 없앨 계획을 수립한 것이 볼셰비키 혁명이다.

  * 베르사이유 조약 : 파리 평화 조약 5개 항목 중 하나, 독일 식민지를 영국과 프랑스에게 할당하는 것과 독일에게 막대한 전쟁 배상금을 물리는 것이었음.

  1945년 유엔의 창립총회가 샌프란시스코에서 열렸을 때, 미국 대표의 대부분인 47명은 CFR 멤버였다. 후일 소련의 스파이로 판명된 앨저 히스가 이 총회의 총장이었다. 이 때 상원은 국제 연맹과 마찬가지로 유엔을 거부할 것이었기 때문에, 일루미나티는 기회를 얻지 못하고 있었다. 히스는 잠겨진 금고에 담긴 유엔 헌장을 들고 샌프란시스코에서 워싱턴으로 날아가 유엔 헌장은 상원의 인준을 받았다. 당시 유엔 부지 구입비 850만 달러를 기부한 건 존 D. 록펠러였고, 오랫동안 회장을 지낸 그의 동생 데이비드 록펠러는 CFR의 명예회장이었다.

(5) 세계 정부로써의 유엔의 가치를 입증한 한국전쟁의 유엔군

  일단 유엔이 설립되자, 그 다음 단계는 권위를 부여하는 것이었다. 평화 유지자로써의 유엔의 가치를 증명하는 것이 필요했다. 유엔 헌장에 적혀있는 그 존재의 첫 번째 목적은 "국제 평화와 안보 유지"였기 때문이다. 이 각본을 위해서 필요했던 것이 한국 전쟁이다.

  한국 전쟁이 발발하고 거의 2년이 지난 1952년 4월, 아들라이 스티븐슨은 다시 외교협회(CFR) 잡지 Foreign Affairs에 "한국의 전망"이라는 글을 썼다.

  "내 주장의 요지는, 생존 가능한 집단적 안보 시스템 수립을 향한 역사적 진전을 한국에서 이루어냈다는 우리의 경험적 의미에 기반하고 있다." "집단 안보"라는 문구는 위선이다. 한국 전쟁 기간 중 유엔군의 90%는 미군이었다. 비록 15개의 다른 국가들이 군대를 보내긴 했지만, 그것은 수치로 말하면 상징적인 극히 작은 것이었다. 수만 명의 미군들이 유엔 깃발 아래 한국전쟁에서 숨졌다.

국제 연맹에 대한 의회의 반대는 대부분 이 초국가(超國家) 정부가 미국 주권에 위협이 될 것이라는 전망에 근거하고 있다. 그러나 한국에서의 유엔의 행동은 그 동안의 걱정을 불식시켰다. 시온 장로들의 의정서 10장은 다음과 같이 계시한다.

"우리는 조만간 대통령의 책임을 분명히 할 것이다. 우리는 선전 포고의 권한을 가진 대통령을 만들 것이다."

한 명의 대통령은 분명 전체 입법권자를 통제하는 것보다 훨씬 쉽다. 미국 헌법은 전쟁 선포의 권한을 의회에게 부여하고 있다. 그렇다면 이 권한을 어떻게 훔칠 수 있을까? 1944년 CFR은 다음과 같은 국무부의 메모를 준비했다.

"우리의 어려움은 오로지 의회만이 전쟁을 선포할 수 있다는 헌법 조항에 있다. 이 문제는 국제 조약이 이 장애물을 넘을 수 있다는 조항을 만듦으로써 해결할 수 있다. 치안 활동으로써의 우리의 참여가 국제 안보 기구인 유엔에 의해서 장려될 수 있으며, 반드시 전쟁으로 해석되지 않는다는 것은 말할 필요가 없다."

상원은 유엔 헌장을 인준함으로써 전쟁 선포라는 스스로의 권한을 효과적으로 포기했으며, 그 이후에는 한 번도 사용된 적이 없다. 트루만 대통령은 의회의 자문을 구하지 않고 한국에 군대를 보냈다. 1950년 7월 29일 기자 간담회에서 트루만은 이렇게 설명한다. "우리는 전쟁에 참여한 것이 아닙니다. 이것은 유엔의 치안 활동입니다." 미국은 한국에서 10만 명을 잃었다. 그러나 걱정하지 마시길 바란다. 그것은 전쟁이 아니라 "치안 활동"이었다. 그의 발언은 확실히 오웰리안적 의미의 권력(조지 오웰의 소설 1984에 등장하는 빅 브러더)에 대한 증명이다.

(6) 중국의 공산화와 압록강 인해전술은 미국의 연출

의회는 트루만의 행동을 절대적으로 반대하지 않았다. 일루미나티가 영리한 카드 게임을 하고 있었기 때문이었다. 의회에서 가장 강력한 유엔 반대자들은 확고한 반공산주의자들이었다. 그들은 중국의 공산화를 허용(사실은 적극 추진)한 것에 대해서 트루만의 국무부를 강력하게 비난했다.

한국의 경우, 트루만은 공산주의의 침공을 막기 위해 미군을 보냄으로써 속죄하는 것처럼 보였다. 보수적 의원들은 딜레마에 빠졌다. 만약 그들이 의회의 특권을 행사한다면, 급속히 밀려드는 김일성의 공산군에게 한국을 내주어야 했기 때문이었다.

속아서는 안된다. 배후에 있던 일루미나티는 미국 정부를 공산주의와 싸우게 할 의도가 없었다. 유엔군 사령관 더글라스 맥아더는 고생 끝에 이것을 배웠다. 맥아더는 북한군 격퇴에 성공했을 뿐 아니라, 중국과의 경계인 압록강까지 북한의 대부분을 공산주의로부터 해방시켰다. 이 시점에 붉은 중국은 병력을 쏟아 부었다. 맥아더는 중공군이 넘어 오지 못하도록 하기 위해 압록강 철교 폭파를 명령했다. 그러나 그의 명령은 몇 시간이 지나지 않아 국방부 장관 조지 마샬에 의해 철회되었다.

마샬은 CFR과 한 패였으며, 5성 견장을 달고 있는 유대인이었다. 그는 1941년에도 일본의 진주만 공격에 대한 사전 정보를 숨김으로써 그의 장병들을 배신한 바 있다. 1945년부터 1949년 동안 중국 특임 대사와 국무장관을 지낸 그는 공산주의를 대표한 조작을 통해서 수백만의 중국인들을 죽음으로 몰아 넣었다. 이제 국방장관인 그는, "제한전"이라는 신개념에 그의 병사들을 엮어서 다시 한 번 공산주의의 공모에 봉사한다.

승리는 시대착오적인 것이 되었으며, Foreign Affairs 의 유명한 "Mr. X" article이라는 글에서 기원한 "견제"라는 개념으로 대체되었다. 마샬의 정체를 제대로 파악하고 있던 조 매카시 상원의원은, 1951년 그의 책 America's Retreat from Victory: The Story of George Catlett Marshall에서 마샬을 비난한다. 예상대로 매카시는 정신병으로 자살한 위장된 사망으로 생을 마감해야 했고, 그의 명예는 매카시즘이라는 강박관념으로 비하되었다. 반면 마샬은 1953년 노벨 평화상을 수상했다. 그러나 사실 미국은 매카시가 주장한 대로 공산당들의 정부였다.

맥아더 장군은 압록강 철교를 건드리지 않은 채 병사들을 두고 그대로 떠나라는 마샬의 명령에 대해 다음과 같이 말했다.

"그 때 나는 처음으로 병사들과 부대의 안전을 보호하기 위한 나의 군사적 권한의 사용이 거부되었다는 것을 깨달았다. 내게 있어서, 이것은 비참한 한국의 미래 상황을 분명하게 예시하는 것이었으며, 내게 표현할 수 없는 충격을 주었다."

당시 수천의 미군 병사들이 희생되었고, 맥아더는 한국에서의 지휘권을 박탈당했다. 패튼 장군처럼, 일단 임무를 수행하고 난 그는 그저 소모품이었다.

(7) 트루만 쇼, 1950년 해리 트루만의 성명을 간과해서는 안된다.

"나는 대만이 어떤 이유에서도 중공군의 공격을 가능하게 해서는 안된다는 것을 7함대에게 명령했습니다. 이것에 대한 필연적인 결과로써, 나는 대만의 중국 정부에게 중국 본토에 대한 모든 공격을 중지할 것을 요구합니다. 이것이 지켜졌는지 7함대가 볼 것입니다."

여기서 조커는 "필연적인 결과"라는 문구이다. 대만의 장개석과 그의 국민당 군대는 아직 지배력이 약한 공산당으로부터 본토를 되찾으려 하고 있었다. 그러나 트루만은 본토 공격에 대한 장개석의 위협을 제거해 줌으로써, 중국 공산군이 안심하고 압록강을 건널 수 있도록 하여 주었다. 사실상 트루만은 미군 병사를 살해하고 있던 공산군의 옆구리를 보호해 준 것이다. 뒤이은 월남전의 현실 정치를 공부한 학생들이라면 누구도 이러한 사실들에 그다지 놀라지 않을 것이다. 워싱턴의 "교전 수칙"은 6개월짜리 승리를 14년의 패배와 5만 8천 미군 병사들의 죽음으로 바꾸었다. 중공군 장군 린 뱌오는 후일 이렇게 기술했다.

"만약 워싱턴이 우리의 보급과 통신에 대한 맥아더의 적절한 보복적 조치들을 제어해 준다는 확신을 주지 않았다면, 나는 병사들의 목숨과 나의 명성을 무릅쓰고 결코 공격하지 않았을 것이다."

가장 큰 아이러니는 아마 이것일 것이다. 소련은 유엔 안보리 상임 이

사국이 가진 거부권을 행사함으로써 유엔의 한국전 개입을 간단히 막을 수 있었다. 김일성은 그들의 꼭두각시였다. 그러나 유엔의 한국전 개입을 결정하는 표결일에 소련 대표는 불참했다. 붉은 중국을 상임 이사국에 앉히기 위한 시도가 실패하자, 소련 대표단은 항의의 표시로써 퇴장하고 있었다. 유엔 사무총장 트뤼그베리는 소련의 유엔 대사 야콥 말릭을 초대하여 투표를 권유했으나, 말릭은 거부했다. 역사가들은 이것을 "소비에트의 실수"로 묘사한다. 그러나 정치인들은 좀처럼 실수하지 않는 법이다. 만약 말릭이 실수했다면, 스탈린은 그를 벽에다 못 박았을 것이다.

(8) 한국전쟁은 유엔의 세계 정부를 위한 제물

한국전쟁의 승리는 양측 모두에게 관심사가 아니었다. 그것은 "평화 유지자"로써의 유엔의 가치를 증명하기 위함이었다. 이 세계 정부의 제단 위에서 민간인을 포함하여 3백만이 목숨을 바쳤다. 1953년 전쟁이 끝났을 때 남북의 경계는 처음 시작할 때의 그 위치, 38선 그대로였다. 마크 클라크 장군은 이렇게 말한다.

"정부의 지시를 수행함에 따라서, 나는 승리없이 휴전에 서명한 최초의 미군 사령관이라는 오명을 뒤집어쓰게 되었다."

참조 : Exploding the Korean War Lies

이상은 미국의 정치 평론가 제임스 퍼를로프가 언론을 통해 주장하고 있는 한국전쟁의 거짓말에 대한 내용입니다.

(9) 한국전쟁 배후엔 비밀조직 있었다

다음의 내용은 짐 마스 지음, 이른아침 펴냄, 다크 플랜의 내용입니다.

"영국의 수상 처칠이 아니었으면 2차 세계대전은 히틀러의 승리로 종결됐을 것이다, 한국전쟁은 소련연방과 중국 공산당의 지지를 받고 김일성이 저지른 침략전쟁이다."

유명 정치 지도자와 거대 자본가에 의해 운명이 결정된다고 많은 사람들이 믿는 인류 역사의 한 단면이다. 하지만 미국의 유명 저널리스트 짐 마스는 그러한 믿음은 순진한 발상일 뿐 진실이 아니라고 주장합니다.

저자는 세계의 정치와 경제를 배후에서 실질적으로 조정하는 숨은 실력자들이 인간의 모든 역사를 결정해 왔다는 '음모론'을 제기합니다.

그가 말하는 슈퍼 파워집단은 중세 '템플기사단'을 비롯해 18세기 '일루미나티'와 '프리메이슨' 그리고 20세기 '삼각위원회' 등으로 그들은 이름만 알려져 있을 뿐 아직도 베일에 가려져 있습니다. 작가의 상상력이 더해진 영화와 소설 등에서 이들에의 이미지를 확대·왜곡하지만 저자는 비밀 결사체들의 막강한 영향력에 주목해야 한다고 역설합니다.

짐 마스는 대외관계협의회, 삼각위원회, 빌더버그 등 지금까지도 전 세계 정치·경제에 영향을 미치는 비밀 조직들을 상세히 설명합니다. 특히 두 차례에 걸친 세계대전, 한국전쟁, 베트남전, 걸프전의 발발 원인과 전쟁을 주도한 진짜 주인공들로 비밀 조직을 지목합니다. 대표적인 예로 한국전쟁을 꼽습니다.

한국전을 배후에서 조정한 단체는 유엔 창립을 실질적으로 주도한 미국의 외교협회(CFR · Council of Foreign Relations)라는 것입니다. 트루먼 행정부의 국무부 장관이자 CFR 회원인 딘 애치슨은 "한국은 미국의 방어선에 포함되지 않는다"고 공개적으로 선언함으로써 김일성에게 남침을 감행할 신호를 줬다고 저자는 지적합니다.

1949년 미국과 소련 양국이 한반도 주둔군을 대부분 철수시킨 뒤 김일성이 1950년 1월 "통일의 해"를 선포하고 38선을 따라 병력을 집결시켰던 긴박한 상황에서 미국이 보였던 "석연치 않은" 대응에 의문을 제기합니다. 저자의 주장은 논란의 여지가 있지만 새로운 관점으로 역사를 바라볼 수 있다는 점은 흥미롭습니다. 한편 이 책의 도입부인 1장에는 로즈와 러스킨, 스컬&본즈, 면세 재단과 알파벳기관 등 일반인에게 다소 생소한 비밀 조직의 계보도 설명되어 있습니다.

5. 역사적으로 나타난 적그리스도의 혈통

1) 적그리스도의 원조는 니므롯과 미국

니므롯은 함의 첫째 아들인 구스의 여섯 번째 아들로 수메르 니푸르에서 일어난 최초로 하나님을 대적하여 일어난 적그리스도입니다. 니므롯은 태양신을 중심으로 공산주의와 독재정치를 통해 사람들을 장악하고, 바벨탑을 쌓아 하나님을 대적했습니다. 니므롯이 죽은 뒤 그의 후손들은 니므롯의 아내 세미라미스를 통해 앗수르, 바벨론, 페르시아, 로마, 유럽, 미국으로 퍼져 나갔습니다. 프랑스 스트라스부르에 있는 유럽 국회 의사당 건물이 바벨탑 모양으로 지어진 것과, 미국 뉴욕에 있는 자유의 여신상이 니므롯의 부인인 세미라미스라는 것과, 미국 워싱톤 D.C(district of columbia)가 세미라미스인 콜롬바 여신의 이름으로 세워진 것이 그 증거입니다.

2) 바벨론과 이집트

노아는 함과 가나안을 저주했습니다. 그 이유는 그들이 하나님을 대적했던 자손들이기 때문입니다. 함에게 네 아들이 있습니다. 구스, 미스라임, 붓, 가나안입니다. 구스는 에디오피아 조상입니다. 미스라임은 이집트 조상입니다. 붓은 리비아 조상입니다. 가나안은 바벨론의 조상입니다. 가나안의 네 번째 아들인 아모리가 바벨론의 조상입니다. 암2:9에서 아모리 사람들의 키는 백향목 같다고 했습니다. 거인족들입니다. 가나안의 첫째 아들은 시돈입니다. 두로의 조상입니다. 가나안의 두 번째 아들은 헷입니다. 히타이트족의 조상입니다. 이들이 모두 페니키아 바벨론의 조상들입니다.

수메르 니므롯에서 시작된 태양 종교는 두 가지로 변형됩니다. 권력(權力)을 섬기는 남신 중심의 태양신과 신비(神秘)를 따르는 여신 태양신입니다. 남신 태양신을 따르는 니므롯의 이름은 바알, 드무지, 담무스, 마르둑, 오시리스, 미트라, 제우스, 아폴로 등입니다. 여신 태양신을 따르는 세미라미스의 이름은 아세라, 이스타르, 바알티, 아데미, 다이애나, 비너스, 아프로디테, 에로우페, 이세벨 등입니다.

바벨론은 남성신인 군주(君主)신의 태양신이고, 이집트는 여성신인 신비(神秘)신의 태양신입니다. 그래서 바벨론은 정치, 경제, 군사적인 제국을 세웠습니다. 이것이 라틴 문화권인 서유럽 로마 바티칸의 로마 카톨릭입니다. 반면에 이집트는 종교, 문화, 철학, 학문 중심의 제국을 세웠습니다. 이것이 헬라 문화권인 그리스와 비잔틴으로 이어지는 그리스 정교회입니다. 바벨론 태양종교는 3위1체종교입니다. 반면에 이집트 태양종교는 일신론입니다. 이것이 로마 카톨릭의 삼신론과 비잔틴 그리스 정교회 일신론이 지난 2000년 동안 싸움을 한 이유입니다.

3) 뱀의 후손

뱀은 소피아로 여성 명사로 표기를 하는데 이는 여황후 신을 대표하기 때문입니다. 이집트와 그리스 일신론의 신은 여신입니다. 즉 뱀입니다. 뱀신은 이집트 바로의 신으로부터 그리스 피다고라스의 영겁회귀 윤회 사상인 우로보로스(뱀)을 시작으로 플라톤의 제작신인 데미우르고스, 플로티누스의 뉴플라톤 철학인 만물신이자, 우주신, 땅의 여신들은 모두 여성 명사입니다. 로마 카톨릭도 바벨론 삼위일체로 시작하였으나 지금은 일신론자들인 예수회가 완전히 장악하므로 "구원은 하느님 아버지께로서 나온다" "그러므로 하느님 어머니 교회를 섬기지 않는 자는 하느님의 구원을 받을 수 없다"라고 주장합니다. 여기에서 하느님 어머니 교회는 로마 카톨릭 교회를 말하고, 여신인 이시스 즉 마리아를 말합니다. 로마 카톨릭의 어머니 교회 신학을 만든 사람이 어거스틴입니다.

4) 일원론 우주교회와 신세계질서

신세계질서 창시자는 플라톤입니다. 그는 '이상국가'를 통해 지상의 공산주의와 독재자가 통치하는 유토피아를 주장했습니다. 플라톤의 '이상국가'는 카르타고와 스파르타가 모델입니다.

카르타고와 스파르타는 페니키아 가나안 검은 유대인들의 식민지 나라입니다. 공산주의 경제, 독재정치, 5% 자유시민과 95% 가축인간인 노예사회로 구성된 국가, 어린 아이와 여자를 국유화한 국가입니다. 지금 유엔을 중심으로 세워가는 신세계질서도 역시 플라톤의 '이상국가' 입니다.

5) 유엔은 외교협회(CFR)의 창조물

미국에서 점진적 세계 정부의 수립 임무는 1921년 설립된 외교협회(CFR)에게 맡겨졌습니다. 외교협회는 미국의 국제 연맹 가입을 결정한 1920년 베르사이유 조약에 대한 상원의 거부를 해결하기 위해 설립되었습니다. 국제 연맹이 실패한 후 그 승계자는 당연히도, 국제 연합(UN)이었습니다. 유엔의 설립 계획은 비밀히 미국 국무부의 CFR 회원들에 의해 구상되었습니다. 그들은 스스로를 "비공식 아젠다 그룹"으로 불렀으며, 이 거슬리지 않게 들리는 이름은 그들이 계획하고 있는 것에 대한 의회의 의심을 없애기 위해서 신중하게 선정되었습니다.

6) 적그리스도 짐승의 역사

마지막 배도자 적그리스도인 짐승은 사탄인 용이 세운 권력자입니다. 용인 옛 뱀, 사탄은 에덴동산에서 하와를 유혹해서 넘어지게 했고, 가인을 통해 아벨을 죽였습니다. 네피림을 통해 노아시대를 더럽혔으며, 가나안 7족속들을 통해 아브라함을 핍박했습니다. 그 후 함과 가나안 7족속들의 후예인 바벨론, 앗수르를 통해서 이스라엘을 멸망시켰습니다.

신약의 교회가 탄생하자 로마를 통해 핍박을 했습니다. 주후 313년 콘스탄틴을 통해 교회를 미트라 유대교 태양신으로 둔갑시킨 로마 카톨릭은 로마가 망한 후 프랑크 왕조인 메로빙거 왕조와 샤를 왕조와 독일의 오토왕조와 오스트리아 합스부르크 왕조를 통해 하나님의 참 교회를 잔해(殘害)하였습니다.

문예부흥으로 종교개혁이 일어나서 미트라 유대교 로마 카톨릭이 흔들리기 시작하면서 루터파, 칼빈파, 카톨릭파로 분열이 되면서 1618년-1648년 30년 종교 전쟁이 일어나 로마 카톨릭 중심의 봉건제국이 무너지고 헌법을 가진 근대국가가 시작되어 오늘날과 같은 종교의 자유를 누리게 되었습니다.

특히 바벨론 첫 번째 배도자인 니므롯의 후예들은 이집트, 바벨론, 페르시아, 그리스, 로마제국을 거쳐서 유럽의 프랑크 왕조를 통해 오늘날 EU 제국과 미국이란 나라를 세웠습니다. 이미 타작기 1, 2, 3을 통해서 적그리스도의 혈통, 적그리스도의 역사, 적그리스도의 종교, 적그리스도의 유전자가 에덴동산에서부터 오늘날 세계를 지배하고 있는 프리메이슨들과 일루미나티들에게 일목요연(一目瞭然)하게 유전(遺傳)되어 내려온 것들을 자세하게 설명한 바 있습니다. 이것들을 참고해 주시기 바랍니다.

6. 동성애를 조장하고 찬성하는 유엔 기구들

1) 동성애를 지원하는 유엔 기구들

국제노동기구(ILO), 유엔인권최고대표사무소(OHCHR), 유엔에이즈계획(UNAIDS) 사무국, 유엔개발계획(UNDP), 유엔교육과학문화기구(UNESCO), 유엔인구기금(UNFPA), 유엔난민최고대표사무소(UNHCR), 유엔아동기금(UNICEF), 유엔마약범죄사무소(UNODC), 유엔 여성통합기구(UN Women), 세계식량계획(WFP), 세계보건기구(WHO)

이상 유엔의 12기관은 성명서를 발표하고 레즈비언, 게이, 바이섹슈얼, 트랜스젠더, 인터섹스(LGBTI) 자들에 대한 폭력과 차별을 종식하기 위하여 라는 제목으로 성명을 발표하고 동성애를 권장하는 운동을 하고 있습니다.

이들은 세계 모든 나라가 아래와 같은 법규의 재검토, 적용 중지, 폐지 등을 포함한 국제인권규범을 존중하는 조치를 취해야 한다고 주장합니다 :
- 성인 간 합의된 동성간 성관계를 처벌하는 법규;
- 젠더 표현에 근거하여 트랜스젠더(성전환자)를 처벌하는 법규;
- 성적지향, 성별정체성, 젠더 표현에 근거하여 사람들을 체포, 처벌, 차별하는데 활용되는 여타의 법규

2) 이들이 주장하는 내용은 다음과 같습니다.

76개 국가에서 여전히 성인 간 합의된 동성간 성관계를 처벌하는 법규가 존재하여, 사람들은 자의적인 체포, 기소, 구금의 위협을 받고 있고,

최소 5개 국가에서는 사형의 위험도 존재한다고 합니다. 복장전환(Cross-dressing)을 범죄화 하는 법규는 트랜스젠더를 체포 및 처벌하는 데 사용되고 있고, 어떤 법규는 게이, 레즈비언 및 트랜스젠더를 괴롭히고, 억류하며, 차별하거나, 그들의 표현, 결사, 평화적 집회의 자유를 제한하는 데 악용된다고 합니다. 이러한 차별적 법규는 혐오범죄, 경찰권 남용, 고문과 학대, 가족 및 지역사회의 폭력 행사, 건강 및 HIV 감염인 지원에 대한 접근 제한을 통한 공중보건적 악영향, 그리고 무엇보다도 영속적인 낙인과 차별을 지속시키는 원인으로 작용하고 있다고 합니다. 이들의 주장은 이런 성소수자들을 사람들의 차별로부터 보호하도록 호소를 하고 있는 것입니다.

3) 왜 유엔과 기독교 종주국인 미국이 동성애 축제를 권장하고 있습니까?

미국 오바마 대통령과 반기문 유엔 사무총장은 동성애 합법화를 축하하면서 이는 미국의 승리라고 축포를 쏘았습니다.

가나안 족속들의 죄악은 인신제사를 통한 사탄 숭배, 동성애, 짐승들과 벌어지는 수간(獸姦)이었습니다. 미국의 프리메이슨은 3,000만 명입니다. 그리고 일루미나티는 300만 명입니다. 미국의 인구는 3억2천만 명입니다. 그 중 10%인 3,000만 명이 동성애자들입니다. 이들이 모두 프리메이슨들입니다. 일루미나티는 프리메이슨 중에서도 엘리트입니다. 소수이면서도 강력한 기동타격대와 같이 잘 훈련된 정예부대입니다. 유럽의 동성애자들은 20-30%입니다. 이들은 모두 아리안족들입니다.

7. 유엔이라는 바벨론 짐승인 적그리스도의 정체는 무엇입니까?

1) 용의 정체는 무엇입니까?

요한 계시록 13장에는 용과 7머리 10뿔 첫 번째 짐승과 새끼 양같이 두 뿔을 가진 두 번째 짐승이 나옵니다. 용은 사탄을 상징합니다. 사탄인 용이 계시록 17장에 나타난 바벨론 음녀를 통해서 7머리 10뿔 짐승에게 권세를 줍니다. 이것은 사탄이 로마 바티칸 교황을 통해서 유엔의 지도자에게 전 세계를 통치할 권세를 주는 것입니다.

유엔 어젠다 2030 "지속 가능한 개발 프로젝트"에 숨겨진 신세계 질서

2015년 9월 25일 유엔 설립 70주년을 맞이하여 프란치스코 교황은 유엔에서 첫 번째 연설을 했습니다. 연설 제목은 유엔 어젠다 2030입니다. 즉 2015년에서 2030년까지의 유엔 사업에 대한 비전을 제시했습니다. 앞으로 15년 동안 유엔이 나아가야 할 비전을 제시한 것입니다.

프란치스코 교황은 유엔 연설에서 세상의 모든 통치 권한이 유엔에 있었고, 또 있어야 할 것을 천명하므로 서서히 계시록 13장에 나타날 적그리스도의 나라를 추켜세우고 있습니다.

교황은 테러, 전쟁, 이상기후, 불평등, 가난, 질병, 갈등 들을 열거하면서 극한 상황에 처한 인류를 구할 수 있는 유일한 방법이 유엔이라는 사실을 주지시켰습니다. 교황은 유엔이야말로 인류의 복지, 평화, 건강을 지켜 줄 수 있는 유일한 희망이며 지금까지 그런 일들을 잘 수행한 것에 대하여 칭찬하고, 유엔을 높였습니다. 그리고 앞으로 유엔이 지구촌의 인류를 반드시 구해야 할 것을 강조했습니다.

특히 그는 유엔이 구심점이 되어 전쟁과 테러를 막고, 국가간 지역간 불평등과 갈등을 해결하여 가난과 질병과 억압에서 인류를 구해야 할 것을 천명했습니다. 이를 위해 유엔은 지구촌에 평화를 해치고 갈등을 조장하고 하나 되는 것을 방해하고 협조하지 않는 개인과 기업과 국가를 강제적으로 다스리고 이를 검증할 수 있는 검증 기술 장비를 개발해야 할 것을 주장했습니다. "Technical Instrument Verification", 평화스럽고, 건강하고, 배부른 지구촌을 만들기 위해 모든 국가나 기업이나 개인을 검증할 수 있는 기술 장비는 무엇을 의미하겠습니까?

특히 교황은 어젠다 17가지를 거론했습니다. 가난퇴치, 식량개발, 건강유지, 지역간의 불평등해소, 깨끗한 물, 국가간의 평등, 백신개발, 직업보장, 경제성장, 에너지 개발, 안전한 주거지, 성평등, 교육균등 등입니다. 한 국가도 아니고 세계 모든 인류에게 이 모든 것들을 이룩하는 것이 어젠다 2030입니다. 어떻게 가능하겠습니까?

미국이란 한 국가 안에서도 굶어 죽어가는 사람들이 있고, 집이 없어 노숙하는 사람들이 수 천만 명인데 과연 유엔이 어떻게 해야 가능하겠습니까?

교황은 군중들이 좋아하는 립서비스로 연설을 했습니다. 모든 이들에게 직업을 주고, 배고픈 자들에게 빵을 주고, 병든 자들에게 병원에서 치료받게 하고, 집이 없는 자들에게 안전한 집을 주자, 이런 소리를 듣고 있는 군중들은 교황을 좋아하고 교황이라면 그렇게 할 수 있을 것이라는 소망을 품어 봅니다. 이것이 사탄의 덫입니다.

교황의 말대로 되려면 반드시 이런 세상을 만들어야 하는 강제법을 만들고 이를 시행하고 검증할 수 있는 검증가능한 기술로 시스템을 만들어야 합니다. 그것이 바로 666시스템입니다. 정치를 하나로 통합하여 국가간, 지역간 갈등을 강제로 차단해서 평등하게 해야 합니다. 이것이 교황이 말한 국가간의 평등입니다. 경제를 하나로 통합하여 공산주의를 만들어 모든 이들에게 배부름과 직장과 건강을 주어야 합니다. 종교를 하나로 통합하여 갈등과 차별과 전쟁을 막아야 합니다.

2) 드디어 용이 활동을 시작했다

드디어 용인 사탄이 활동을 시작했습니다. 그것은 주후 313년 로마 카톨릭이 탄생한 후 처음으로 검은 유대인 즉 예수회 출신인 교황이 탄생한 것입니다. 예수회는 일루미나티입니다. 즉 완전히 겉과 속이 다른 공산주의 사상과 무자비하게 사람을 죽이는 짐승같은 독재자가 통치하는 사탄 루시퍼 숭배자들입니다. 겉으론 천사같이 자신들을 미화시키지만 속에는 노략질 하는 이리입니다.

이들은 러시아에서 4,000만 명을 죽였습니다. 우크라이나에서는 1,000만 명을 죽였습니다. 이들은 일루미나티 히틀러를 통해 유대인 600만 명을 죽였습니다. 캄보디아에서는 4년 동안 400만 명을 죽였습니다. 베트남 공산당은 600만 명을 죽였습니다. 중국 공산당은 6000만 명을 죽였습니다. 일루미나티가 전쟁을 통해 사람을 죽이는 것은 루시퍼를 기쁘게

하는 축제입니다. 이라크 전쟁을 통해 100만 명이 죽었습니다. 시리아 내전을 통해 40만 명이 죽었습니다. 한국전쟁을 통해 300만 명이 죽었습니다. 앞으로 7년 대환난에서는 세계인구 3/4이 죽습니다.

교황이 미국을 방문했을 때 미국은 온통 교황천지였습니다. 세계 모든 나라 원수들이 왔지만 그들은 초라한 손님일 뿐이었습니다. 거리마다 교황의 초상화로 도배를 했고, TV, 신문, 방송국 등 모든 방송매체들이 교황 특집으로 모든 프로그램을 채웠습니다. 왜냐하면 미국은 처음부터 일루미나티 세력들이 세운 국가이기 때문입니다.

3) 7머리 10뿔 짐승인 유엔이 하는 일

다니엘 9:27에서는 적그리스도에 의해서 예수님께서 재림하시기 7년 전에 이스라엘은 7년 평화 조약을 맺고 220일 동안 성전을 건축하여 구약 제사를 드리게 됩니다. 그리고 적그리스도는 7년 절반 후삼년 반이 시작되는 시점에서 유대인 가면을 벗고 배도를 합니다. 지성소에 가증한 사탄의 우상을 세우고 전 세계 사람들에게 사탄 숭배를 강요하고 듣지 않는 모든 사람을 죽입니다.

이것이 42개월 일 할 권세를 받고 성도를 이기고 모든 족속을 다스린다고 했습니다.

계13:5-8 "또 짐승이 큰 말과 참람된 말 하는 입을 받고 또 마흔 두달 일할 권세를 받으니라

짐승이 입을 벌려 하나님을 향하여 훼방하되 그의 이름과 그의 장막 곧 하늘에 거하는 자들을 훼방하더라 또 권세를 받아 성도들과 싸워 이기게 되고 각 족속과 백성과 방언과 나라를 다스리는 권세를 받으니 죽임을 당한 어린 양의 생명책에 창세 이후로 녹명되지 못하고 이 땅에 사는 자들은 다 짐승에게 경배하리라"

현재 유엔 중심으로 진행되고 있는 중동 평화안은 동예루살렘 성전산(聖殿山)을 국제도시로 선포하고 현재 오마르 이슬람 성전 옆에 솔로몬 성전을 지어서 세계 평화의 상징이 되는 도시로 만들려하고 있습니다. 그런데 아직까지는 이스라엘 네탄야후가 반대를 합니다. 트럼프 대통령

은 예루살렘을 이스라엘의 수도로 인정하고 미국의 대사관을 예루살렘으로 이전을 명령했습니다. 이로 인하여 아랍과 이스라엘을 중심으로 중동전쟁의 도화선에 불이 붙었습니다. 앞으로 한치의 앞을 내다볼 수 없는 미래의 지구촌의 운명이 시작되었습니다.

에스겔 38장은 마지막 일어날 3차 세계 대전에 관하여 기록되어 있습니다. 이 전쟁은 이스라엘과 나토와 미국을 중심으로 한 군대와 아랍과 러시아와 중국과 인도를 중심으로 한 군대가 전쟁을 하는데 이 전쟁을 통해서 아랍은 전멸을 하고 이스라엘은 대국(大國)이 됩니다. 이 전쟁이 끝난 후 유엔은 이스라엘과 평화 조약을 맺고 이스라엘에게 성전건축과 구약제사를 허락합니다.

세계 1차 대전 후 국제 연맹이 만들어졌습니다. 2차 세계 대전 후 국제 연합 유엔이 설립되었습니다. 3차 세계 대전 후에는 제3의 유엔이 등장합니다. 이것이 바로 7뿔 10머리 짐승입니다. 즉 세계를 완벽하게 통제할 수 있는 마지막 세계 정부가 세워지는 것입니다. 이것을 신세계질서 "New World Order"라고 합니다. 교황이 강조한 나라가 바로 이런 제 3의 유엔입니다. 7머리 10뿔은 완벽 통제를 상징합니다.

제 3의 유엔이 등장하면 모든 나라는 주권이 없는 이름만 가진 나라가 될 것입니다. 이미 이런 세계가 다국적 기업과 일루미나티 은행가들에 의해서 완전히 뿌리를 내리고 있습니다. 각 세계 모든 국가들은 일루미나티 은행가들에게 천문학적인 빚을 지고 있습니다. 개인도 정부도 기업도 마찬가지입니다. 그리고 다국적 기업으로 위장한 일루미나티 세력들은 거미줄처럼 기업을 확장시키고, 민영화 내지는 적대적 M&A를 통해서 세계 모든 기업을 하나의 네트워크로 만들고 있습니다. 뿐 만 아니라 다국적 기업과 재벌들은 프랜차이즈라는 문어발식 기업 확장을 통해 가구, 제빵, 식당, 식료품, 의류, 심지어 시골 구석 구석까지 프랜차이즈 편의점을 만들어 모든 개인 영세업자들을 파산시키고 있습니다. 이는 고도로 지능화된 통제시스템을 구축하고 있는 세계화입니다. 이제 먹고 사는 모든 일들부터 사고 파는 모든 시스템이 하나의 정부 유엔의 통제 하에 들어갑니다.

4) 세계화 국제화의 비밀은 '신세계질서'

세계화 "Globalization" 국제화 "internationalization" "지구촌"이란 단어들은 모두가 세계정부를 세우기 위한 일루미나티가 만든 용어들입니다. 앞으로 유엔은 환경문제, 식량문제, 전쟁문제, 건강문제, 직장문제, 가정문제, 기후문제, 안전문제, 평화문제, 핵무기, 탄소세, 어린이 교육문제, 쓰레기 배출, 헬스 케어 등 모든 분야를 "세계화" "국제화" 내지는 "평화스런 지구촌 건설", "인간답게 사는 21세기"이라는 명분하에 완벽 통제를 실시하게 될 것입니다. 그리고 그런 완벽 통제를 실시하기 위해 지금 현재 수많은 문제들을 매스컴을 통해 차례로 확대시켜 나가면서 완벽 통제 시스템에 순응하는 훈련을 시키고 있습니다.

세계정부를 꿈꾸는 일루미나티는 세계 2차 대전이 끝나기 직전에 앞으로 세워질 세계정부(New World Order)에 대한 구상을 발표한 적이 있습니다. 전 세계를 열 개의 권역으로 나누어 세계정부를 완성한다는 구상인데, 이러한 저들의 계획은 1973년 발표된 로마클럽의 보고서와 2009년 유엔에서 발표한 밀레니엄 프로젝트에서도 다시 확인되고 있습니다. 전 세계를 연방국가들로 구성된 열 개의 권역으로 나누고 이렇게 만들어진 열 개의 연방국가들을 또 다시 하나로 묶어 세계정부(NWO)를 완성한다는 구상입니다.

흥미로운 것은 2차 대전 직전에 만든 권역별 지도를 보면 한국은 북한과 함께 중국에 편입이 되었습니다. 그러나 1973년 일루미나티가 만든 지도를 보면 북한은 중국에 남한은 일본에 편입이 되었습니다. 2009년에 만들어진 유엔 지도에는 남한 북한 중국 일본이 모두 동북아시아 중심으로 하나의 권역으로 그려져 있습니다.

적그리스도의 나라를 묘사하고 있는 요한계시록 13장과 17장에서도 장차 세워질 적그리스도의 나라가 열 뿔로 상징되는 열 왕(ten kings)이 다스리는 연방국가의 형태를 갖게 될 것이라 예언하고 있습니다. 그리고 다니엘 2장 7장 9장에서도 역시 마지막 세상을 다스릴 왕은 10발가락, 10왕, 10개 뿔로 예언을 하고 있습니다.

5) 2009년에 계획된 밀레니엄 유엔 10권역 개발 프로젝트

2009년 반기문 사무총장이 발표한 유엔 밀레니엄 개발 프로젝트에 나타난 10개 권역은 다음과 같습니다.

제1지역= 북미주 신세계 정치질서 – 미국
제2지역= 중남미(라틴권) 신세계 농업질서 – 칠레
제3지역= 서태평양 신세계 교육질서 – 대한민국
제4지역= 대양주 신세계 환경질서 – 호주
제5지역= 서유럽(구 자유주의권) – 신세계 경제질서 – EU(영, 불, 독, 이)
제6지역= 동유럽(구 사회주의권) – 신세계 노동질서 – 폴란드
제7지역= 중동지역(모슬렘, 아랍권) – 신세계 에너지질서 – 아랍연합(UAE)
제8지역= 중앙아프리카(모슬렘권 제외)–신세계 사회질서–남아공
제9지역= 아시아(히말라야 산맥남쪽) – 신세계 통신질서 – 인도
제10지역= 중앙아시아(히말라야 산맥북쪽) – 신세계 산업질서 – 카자흐스탄

5장 적그리스도 배도의 나라와 미국

1. 마지막 적그리스도의 나라는 미국속에 감춰진 유엔

1) 적그리스도의 나라인 유엔

이미 앞부분에서 미국은 계시록 13:11-18에 기록된 두 번째 짐승인 거짓 선지자요, 계13:1-10에 기록된 용에게 권세를 받은 후 삼년 반(42개월) 동안 하나님을 배도할 7머리 10뿔 적그리스도인 짐승이 UN이라는 사실을 밝혔습니다. 그런데 계17:11-12 "전에 있었다가 시방 없어진 짐승은 여덟째 왕이니 일곱 중에 속한 자라 저가 멸망으로 들어가리라 네가 보던 열 뿔은 열 왕이니 아직 나라를 얻지 못하였으나 다만 짐승으로

더불어 임금처럼 권세를 일시 동안 받으리라"

　다시 말해서 여덟 번째 머리인 미국은 일곱 번째 적그리스도의 국가인 유엔과 동일하다고 했습니다. 그러니까 미국 안에 유엔이 있고, 미국이란 나라가 없어지고 미국이 유엔이란 세계정부로 바뀐다는 뜻입니다. 이 나라가 배도의 나라인데 요한이 기록하기를 이 나라가 전에 있었는데 요한 당시에는 없고 앞으로 세상 마지막 날에 다시 나타나는 나라라고 했습니다. 전에 있다가 마지막에 나타날 나라가 배도의 나라 즉 니므롯의 나라, 적그리스도의 바벨론 나라입니다. 그래서 계시록 17장에 나타난 바벨론 짐승은 바로 미국입니다.

2) 일루미나티 국가인 미국의 건국의 역사

　현재 미국은 300만의 일루미나티가 지배하고 있는 국가입니다. 1776년 7월4일 독립한 후 지금까지 사탄의 세력들은 미국을 신세계(신세계질서, New World Order)로 만들어 왔습니다. 신세계질서 라는 말을 처음 사용한 사람은 그리스 종교 철학자 피다고라스입니다. 그는 인류 최초로 수비학(數秘學)을 이용하여 성문화된 종교학과 천문학과, 음악학과, 문학이론과, 과학이론을 만든 자입니다. 그는 바벨론과 이집트 태양 종교를 발전시킨 일루미나티입니다.

　플라톤과 아리스토텔레스는 피다고라스 종교철학과 과학철학을 이용하여 이데아 철학과 자연주의 철학을 만들었습니다. 뉴플라톤 철학자 플로티누스는 플라톤과 아리스토 텔레스의 2개의 철학을 하나로 묶어 관상철학을 만들었고, 어거스틴은 이것을 이용하여 기독교 신학을 만들었습니다.

　플라톤의 이데아 세계 즉 이상국가는 피다고라스가 주장한 신세계질서(New World Order)입니다. 사람이 신이 되어 이룩한 유토피아입니다. 이것은 사탄의 약속이기도 합니다.

　문예부흥은 피렌체 메디치가 왕조에서 피다고라스와 플라톤 철학을 헬라어에서 라틴어로 번역하여 신중심(神中心)의 중세사회를 무너뜨린 역사입니다. 문예부흥은 사람 중심의 세상을 만드는 것입니다. 즉 사람이 신이 되는 세상을 만드는 첫걸음입니다. 그래서 미켈란젤로는 시스틴 성당 천정에 천지창조 그림을 그릴 때 하나님을 사람의 모양으로 그렸던 것입니다.

문예부흥을 일으켰던 음악, 천문학, 문학, 인문학, 미술, 과학, 조각 등은 모두 피다고라스가 수비학을 통해 만들어 놓은 학문들이었습니다. 이것을 플라톤이 다시 정리를 한 것입니다.

3) 일루미나티 피다고라스의 제자 이그나티우스 로욜라 예수회

피다고라스가 반신반인(半神半人)으로 사람들에게 추앙을 받을 정도로 신비주의에 빠졌던 것처럼 이그나티우스 로욜라도 역시 피다고라스 제자답게 신비주의에 빠진 자입니다. 수없이 아기 예수를 안고 찾아온 마리아를 만나고, 기도와 금식을 통해 투시, 유체이탈, 입신, 초혼, 축사, 초능력, 초월명상, 공중부양, 집단최면, 마인드콘트롤, 순간이동 등을 마음대로 할 수 있었던 초능력자였습니다. 그는 초자연적인 능력을 행사하여 두 번이나 체포되어 옥에 갇히기도 했습니다.

이그나티우스 로욜라는 피다고라스와 같이 유체이탈을 통해서 장차 미래에 되어질 일까지도 미리 알아서 예수회를 만듭니다. 예수회는 교육, 과학, 의학, 군사 등을 발전시켜 하나님을 대체시키는 사탄의 고도의 전술을 가지고 출발을 합니다. 결국 이그나티우스 로욜라가 환상속에서 본 미래가 오늘날 과학세상입니다. 과학이 우주를 지배하고, 과학이 사람의 건강을 지배하고, 과학이 종교를 지배하여 신의 존재를 인간이 잊어 버리게 하는 전략입니다.

그리고 그는 오늘날 신사도 운동에서 일어난 수많은 초자연적 신비적인 현상들을 일루미나티 제자들에게 남겼습니다. 그것이 토마스 모어, 프란시스 베이컨, 루소, 진젠도르프, 윌리엄 브래넘, 리차드 포스터, 유진 피터슨, 더콜, 마이크 비클, 신디 제이콥스 등입니다.

그는 로마 카톨릭의 제수이트(예수회)의 군대와 도미니칸 수도승들을 투입하여 1572년 8월 24일 성바돌로메 축일에 참가했던 무고한 시민들을 아무런 선전포고도 없이 남녀노소를 가리지 않고 무차별 대학살시켰습니다. 대학살 때 살해된 사람들은 4천여 명이 넘었으며, 같은 해 8월말에서 9월 중순까지 그 짧은 기간에 살해된 사람들은 6만 명이 넘었습니다.

4) 예수회 이그나티우스 로욜라의 제자 아담 바이스하우프트

오늘날 비밀결사 일루미나티는 아담 바이스하우프트에 의해서 독일 남동부의 바바리아에서 창립되었기 때문에 바바리아의 일루미나티(Barbarian Illuminati)라고도 합니다. 바바리안은 지금의 바이에른 뮌헨입니다. 아담 바이스하우프트는 예수회의 교육을 받았고, 독일의 잉골슈타트 대학의 자연법 및 종교학 교수였으며 원래는 뮌헨에 있었던 프리메이슨 지부의 회원이었습니다.

1776년 5월 1일 전 세계 인류를 법률, 국가, 종교 및 사유재산이 없었던 황금시대인 원시시대로 복귀시키기 위해서 일루미나티를 창립합니다. 일루미나티가 창설된 같은 해 1776년 7월4일에 미국이 독립을 선언하고 영국으로부터 떨어져 나간 해입니다. 이는 신대륙의 종주권을 주장한 영국을 견제한 유럽 대륙의 세력들이 일루미나티를 만들어 미국의 독립과 자립을 돕기 위한 포석이기도 했습니다. 그 후 미국을 지배하기 위해 영국은 프랑스, 독일, 러시아와 갈등과 분쟁과 전쟁이 있었습니다. 미국은 일루미나티(예수회) 세력들이 세운 국가입니다.

5) 플라톤의 신세계질서가 펼쳐질 신대륙에 대한 꿈

사탄 루시퍼를 숭배한 태양신 숭배자들인 일루미나티는 니므롯에서부터 지상의 유토피아를 만들어 하나님이 꿈꾸는 아름다운 나라를 파괴하기 위해 항상 인간을 미혹하여 하나님의 구속의 역사와 이를 통해 이루어지는 하나님의 나라를 막아 왔습니다. 이것이 바로 사탄 즉 적그리스도가 하는 일입니다.

사탄이 니므롯을 통해 지상에 세우기를 원한 신천지는 피다고라스에 의해서 정리가 되고, 피다고라스의 신세계질서는 플라톤에 의해 철학화 되었습니다. 그리고 이것이 어거스틴의 짝퉁 천년왕국 신학을 통해 로마 카톨릭 안에서 이루어졌습니다. 중세 1,000년의 역사입니다.

제3부 적그리스도의 배도의 나라

사탄은 이집트 일신론자들을 통해 문예부흥을 일으켰고, 또 다른 신세계를 세우기 위해 항로를 개척하고, 신대륙을 찾아 나섰습니다. 1492년 콜럼버스에 의해 신대륙이 발견되었습니다. 사실은 아메리카는 신대륙이 아니었습니다. 이미 그곳에는 수 천만 명이 살고 있었습니다. 그러나 그들은 원주민들을 다 전염병으로 죽이고 그 땅을 빼앗고 신대륙이란 명패를 붙인 것입니다.

토마스 모어는 1516년 '유토피아' 라는 책을 냈습니다. 사유재산이 없고 왕이나 정부 없이 각자가 주인인 나라를 이상향으로 묘사했습니다. 이는 플라톤의 이상국가와 동일한 것으로1492년 신대륙이 발견 되는 시대에 일루미나티들이 꿈꾸는 공산주의 적그리스도의 나라입니다.

프란시스 베이컨의 "뉴 아틀란티스"(The New Atlantis, 1626)는 당시 신대륙 미국에 대해 기록한 책입니다. 그런데 뉴 아틀란티스 라는 책을 쓴 프란시스 베이컨은 피다고라스, 이그나티우스 로욜라와 같은 반신반인(半神半人)의 초자연주의적인 신비가였습니다. 그도 또한 관상기도를 통하여 루시퍼로부터 빛을 받아 유체 이탈을 경험하고, 미래 시대에 되어질 일들을 기록한 책이 뉴 아틀란티스입니다. 500여 년 전에 쓴 뉴 아틀란티스 내용 안에는 오늘날 미국에서 일어나고 있는 잠수함, 비행기, 전화기 등과 같은 과학적인 무기들이 표현되고 있습니다.

사탄 숭배자들은 끊임없이 신천지를 찾아 나섰습니다. 가나안 베니게에서 출발한 페니키아 두로 사탄 바벨론 문명은 지중해를 지나 북아프리카 카르타고와 포에니 스파르타를 거쳐 로마, 피렌체, 비엔나, 제노바, 제네바, 밀라노, 베니스를 거쳐 네델란드-영국-미국으로 들어왔습니다.

이집트 피라미드 이시스 여신 태양종교인 레반트 문명은 알렉산드리아에서 에게해 시칠리아, 사모스 섬, 그리스 아데네를 거쳐 로마, 프랑스, 비잔틴, 러시아, 스페인, 독일, 네델란드, 영국, 미국으로 들어갔습니다.

지상의 유토피아를 꿈꾸며 신천지를 찾아 다녔던 일루미나티가 그들의 꿈을 이룰 수 있는 최고의 땅을 찾았습니다. 그 땅이 바로 미국이란 국가입니다. 그래서 그들은 그 땅을 신대륙이라고 했습니다. 글자 그대로 새로운 땅은 그들의 이상과 꿈이 담긴 종교적 철학적 용어입니다.

플라톤은 국가(Republic)라는 책에서 지상의 유토피아인 '아틀란티스' 섬이 대서양 바다 가운데 존재하고 있다고 했습니다. 플라톤에 의하면, 아틀란티스는 '헤라클레스의 기둥' 이라 불리는 지금의 지브롤터 해협 뒤편 대서양 어디쯤에 있었다고 합니다. 그리고 그는 잃어버린 아틀란티스를 이룩하기 위해 이상국가를 제안했습니다. 그 나라가 바로 카르타고와 스파르타와 같은 공산주의 독재국가였습니다. 이 세상 마지막에 등장할 적그리스도의 나라가 바로 공산주의와 독재자가 나타나는 세계정부입니다. 이것을 죠지 오웰은 빅브라더가 지배하는 동물농장으로 비유했습니다. 바로 그 나라가 미국 안에 있는 유엔입니다.

하나님의 말씀이 6,000년 동안 이루어지고 있는 것처럼 사탄의 훼방도 6000년 동안 계속되고 있습니다. 에덴동산에서 일어난 뱀의 반란은 과거에도 계속되었고, 지금도 계속되고, 앞으로도 계속될 것입니다. 계시록 19장 예수님께서 재림하셔서 천년왕국을 이룩하실 때까지 계속될 것입니다.

6) 베르사유 조약(Treaty of Versailles)과 국제연맹 출발

1차 세계 대전이 끝난 후 베르사유 조약은 1919년 6월 28일 프랑스 파리 근교 베르사유 궁전에 있는 거울홀에서 조인되었습니다. 1918년 10월 전쟁이 막바지에 이르자 독일은 연합국에 휴전협상을 요구하면서 미국의 윌슨 대통령이 제안한 평화원칙 14개 조항을 받아들이겠다고 선언했습니다. 완성된 조약안을 건네받은 독일 대표단은 조항규정의 가혹함에 경악을 금치 못했고 격렬한 항의의사를 표명했습니다.

전범조항과 엄청난 배상액의 요구는 독일인들의 적개심을 유발시켰습니다. 이에 따라 조약이 비준된지 몇 년이 지나지 않아 조약의 상당부분이 개정 또는 일부 변경되기 시작했고, 예정보다 5년 앞서 보장조항들이 철회되었습니다. 무자비한 전후 보복과 미온적인 조약 실행은 1930년대에 독일 군국주의가 태동하고 결국 나치의 대외팽창주의를 부추기는 계기로 작용했습니다.

베르사유 조약에서는 윌슨의 제창에 따라 세계 최초의 국제 평화 기구인 국제 연맹의 창설을 가결하였습니다. 스위스의 제네바에 본부를 둔 국제 연맹은 국제 평화와 협력을 목적으로 군비 축소 안전 보장, 국제 분쟁의 평화로운 해결 등을 임무로 하는 세계 최초의 국제 평화 기구였습니다. 그러나 국제 평화를 위한 윌슨의 노력에도 불구하고 미국의 여론은 윌슨을 반대하는 방향으로 기울어져 미국은 국제 연맹에도 참석할 수가 없었습니다. 또, 소련은 참가하지 않았습니다. 이러한 사실은 국제 연맹에 큰 타격을 주었으며, 패전국은 국제 연맹의 가입이 인정되지 않았습니다. 또 평화를 위협하는 침략 국가에 대한 제재도 경제 봉쇄 정도일 뿐 군사 제재의 권한은 없었으므로 국제 연맹은 처음부터 큰 약점을 지니고 있었습니다. 단 한 가지 최초로 세계 국가가 인정하는 세계적인 단일 조직이라는 의미가 있었습니다.

이는 일루미나티가 1차 세계 대전의 목표를 러시아 짜르 정부를 무너뜨리고 볼셰비키 공산혁명을 통해 공산주의 국가를 만들겠다는 파이크의 계획을 완성시킨 것입니다. 그리고 미국이 상원의 반대로 국제연맹에 가입하지 않으므로 독일을 제재하는 힘이 약화되어 전후 배상들이 지켜지지 않았습니다. 이것 또한 이미 일루미나티들에 의해서 준비된 일들입니다. 단지 형식적으로 독일과 오스트리아에 대하여 전후 배상 청구를 했을 뿐입니다.

2. 유엔을 통해 신세계질서를 꿈꾸는 일루미나티(예수회)

1) 마이론 페이건(Myron Fagan)의 일루미나티 미국에 대한 증언

다음의 내용은 마이론 페이건(Myron Fagan)(1887년 10월 31일-1972년 5월 12일)이라는 미국 유대인 극작가, 프로듀서, 영화와 극장감독, 드라마 편집인이 증언한 내용입니다.

1945년 루즈벨트의 신화 "우리가 잠들어 있을 때" "진주만의 진짜이야기" 등의 유명한 저자인 존 T 플린으로부터의 급한 요구에 마이론 페이건은 워싱턴 DC 회의에 참여합니다.

거기서 그는 2차 대전 후 발칸반도와 동유럽과 베를린과 월맹과 북한을 스탈린에게 준다는 음모를 꾸민 루즈벨트, 알거 헤쓰, 해리 홉킨스,

스탈린, 몰로토프와 비쉰스키만이 참여한 얄타회담의 비밀회의를 기록한 마이크로 필름을 보게 됩니다.

그러한 워싱턴에서의 모임의 결과로 페이건은 두 개의 연극을 쓰게 됩니다. ―레드 레인보우(전체의 음모를 밝힘)와 ―도둑들의 천국(Thieves Paradise, 어떻게 그 인간들이 소위 공산주의 단일세계정부라고 불리는 유엔을 창조할 음모를 꾸미는지를 밝힘)을 쓰게 됩니다. 동시에 페이건은 세계단일정부 음모를 돕기 위한 필름을 헐리우드에서 생산하는 적색 음모를 벗기는 성전(聖戰)인 원맨(One Man)을 내놓습니다.

이것으로부터 영화교육길드(Cinema Educational Guild)라는 것이 나오게 됩니다. 이 영화교육길드의 작업 결과로서 적색(공산독재)음모의 주활동가들인 300명도 더 되는 헐리웃(라디오 티비포함)의 가장 유명한 스타들, 극작가들, 그리고 감독들을 대상으로 의회 청문회가 열리게 됩니다. 그 10여 년간 가장 센세이셔널한 사건은 바로 헐리우드의 10인이 감옥에 간 사건이 있었습니다.

그때부터 페이건은 그의 전 생애의 시간과 노력을 바쳐서 C.E.G ―영화교육길드―를 위한 긴급뉴스를 달마다 쓰는데 보내고 이것으로 그는 미국인들에게 유엔의 세계단일정부하에 미국인들을 노예화하는 미국의 주권파괴음모를 알리기 위해서 계속 여행을 했습니다.

그의 센세이셔널한 레코드에서 그는 2세기 전에 로마 카톨릭 사제인 아담 바이스하우프트가 로스차일드 가문에 의해 재정적 지원을 받고 일루미나티라고 불리는 것을 만들어 세계단일 정부를 구성하여 미국을 노예화시키는 음모를 폭로합니다.

2) 로스차일드에 꾸며진 일루미나티(예수회) 국가인 유엔

페이건은 문서증거에서 어떻게 이 일루미나티가 로스챠일드 가문의 단일세계정부의 음모를 위한 도구가 되는지를 묘사하고 지난 2세기 동안의 모든 전쟁이 어떻게 일루미나티에 의해 촉진되었는지를 묘사합니다.

그는 또한 야콥 쉬프(Jacob H. Schiff)가 어떻게 일루미나티의 음모를 진행시키기 위해 로스챠일드에 의해 미국에 보내졌는지를 묘사하고 어떻게 쉬프가 민주, 공화 양당을 장악할 음모를 꾸몄는지를 묘사합니다. 그리고 어떻게 쉬프가 미국 의회와 대통령을 미혹해 미국의 화폐체계의 조종을 달성했는지, 그리고 소득세라는 암을 만들어 냈는지를 폭로합니다.

야곱 쉬프와 그의 협력 음모자들이 외교관계협의회라는 것으로 유엔(UN)을 만들고, 미국을 세계단일정부의 개체화된 노예로 점진적으로 끌고 들어가기 위해 투표로 선택된 관리들을 조종하는지를 보여줍니다.

간단히 이 레코드(LP판으로 녹음된 그의 연설을 말함)는 세계 역사상 가장 흥미롭고 가장 공포스러우며 사실적이고 가장 센세이셔널한 음모를 폭로한 것입니다.

그는 우리의 나라(미국)를 사랑하고, 하나님을 사랑하고, 일루미나티가 파괴하기 위해 혈안인 기독교를 구하고, 중동의 전쟁터에서 죽어가는 우리의 아들들을 구하고자 하는 사람들은 반드시 이 레코딩을 들어야 한다고 주장합니다.

3. 미국이 사라지고 유엔이 중심된 세계정부 국가

1) 다음은 마이론 페이건(Myron Fagan)이 1960년에 레코딩한 내용

유엔이 어떻게 왜 미국의 주권을 파괴하고, 유엔 안에서 미국인들을 하나의 세계독재 아래 노예화시킨다는 거대한 음모의 핵심이 될 수 있는가에 대한 질문은 대부분의 미국인들에게 완전히 알려지지 않은 비밀입니다. 이러한 우리의 국가와 전 자유세계에 대한 공포스런 위험의 무지에 대한 이유는 간단합니다. 이러한 엄청난 음모 뒤의 배후 조종자들이 우리의 통신 매체, 특별히 TV와 라디오, 언론, 할리우드를 절대적으로 조종하고 있다는 것입니다.

우리 모두에게 그들은 우리의 국무부와 국방성, 그리고 백악관이 그들이 우리가 믿기를 바라는 진실이 아닌 것을 말하는 뉴스를 조종할 힘과 권력을 가졌다고 뻔뻔하게 선언 했습니다.

그들은 그들 주인으로부터 내려오는 거대한 음모와 명령에 대한 힘과 권력을 가졌고, 목적은 사람들을 유엔-단일 세계 정부(one world government)의 노예화된 개체들로 미국을 변화시키기 위한 거짓 평화 미끼를 받아들이도록 사람들을 세뇌시키는 것입니다.

(1) 한국전쟁을 이용한 유엔 중심의 세계정부 수립 발판 마련

첫째로 15만 명의 우리의 아들들이 살해되거나 불구가 된 미국에 의해 싸운 한국에서의 유엔의 경찰행동을 명심하시기 바랍니다. 그것은 음모의 일부분으로 의회에 의해서 우리의 아이들이 죽어갈 베트남전이 발표되지 않은 것 또한 음모의 일부분입니다. 이것은 또한 남아프리카 로데지아에서 우리의 아이들이 죽어갈 것 또한 유엔의 음모의 일부분입니다.

하지만 한국에서 죽고 지금 베트남에서 죽어가고 있는 아이들의 어머니들, 모든 미국인들에게 아주 중요한 것은 소위 우리가 우리의 헌법과 국가를 보호하라고 선택한 워싱턴의 지도자들은 배신자들이며 그들 뒤에는 오직 그들의 목적이 세계단일정부라는 전 세계의 인류를 노예화하기 위한 사탄적인 음모인 비교적 작은 그룹의 사람들이 있다는 사실입니다.

이제 이러한 사탄적 음모에 대한 명확한 설명을 여러분에게 제시하기 위해, 18세기 중반으로 되돌아가고 그러한 음모를 실행해서 현재 상태로 여러분들을 떨어지게 한 사람들을 지명할 것입니다.

좀 더 깊은 이해를 위해서 FBI에서 쓰는 용어 -그는 자유주의자다 - (he is liberal)라는 표현의 의미를 명확히 해야 하겠습니다. 단일정부 음모자들을 의미하는 적(enemy)은 자유주의적 -liberal-이란 단어를 그들의 행동들의 은폐수단으로서 채택했습니다. 자유주의적이 된다는 것은 아주 순수하고 인간적으로 들립니다만 아셔야 될 것은 자신이 자유주의적 또는 자유주의자로서 묘사되는 사람들이 바로 자유를 빙자하여 전쟁을 일삼는 일루미나티 세력들입니다.

(2) 일루미나티(예수회) 세력들이 세운 신세계질서 국가인 미국

일루미나티란 이름하에 그것이 세상에 나타났을 때 이런 사탄적 음모는 1769년대에 시작된 것입니다. 아담 바이스하우프트(Adam Weishaupt)라는 유대인 카톨릭 사제는 로스차일드 가문의 지령으로 변절해 일루미나티를 조직합니다. 당연히 로스차일드는 그러한 작전과 그 후의 모든 전쟁에 재정 지원을 합니다.

프랑스혁명의 시작은 다양한 이름과 가면으로 위장된 일루미나티의 작전에 의해 촉발되었습니다. 왜냐하면 일루미나티가 드러나고 악명높게 되자, 바이스하우프트와 그의 협력 음모자들은 다양한 다른 이름들로 작전을 시작했습니다.

1차 대전 직후 미국에서 그들은 외교관계협의회(Council on Foreign Relations)라는 일명 CFR을 만들었습니다. 이 CFR은 실상은 미국 내의 일루미나티 세력이며 그들의 엘리트 집단(hierarchy)입니다.

본래 일루미나티를 조종하는 주모자들은 외국인들입니다, 하지만 그러한 사실들을 숨기기 위해 그들 대부분은 그들 본래 성씨를 미국 배경을 가진 성씨들로 바꿨습니다.

영국에서도 영국외교문제 연구소(British Institute of International Affairs)가 실제는 왕립 국제 문제 연구소(The Royal Institute of International Affairs)라는 이름으로 일루미나티의 본부가 설립되어 있습니다.

그러나 항상 이들 조직들의 작전들은 국제 금융가들에 의해 주도되고 조종되어 왔으며 지금도 그렇게 되고 있습니다. 그리고 그들은 과거 현재 모두 로스차일드에 의해 조종되고 있습니다. 로스차일드 가문의 일파는 나폴레옹을 재정지원 했습니다. 그리고 로스차일드 또 다른 일파는 나폴레옹과 전쟁하는 영국, 독일, 다른 국가들을 지원했습니다.

(3) 첫 번째 세계 정부의 그림자인 비엔나 회의

20년 동안의 나폴레옹 전쟁 직후 일루미나티는 모든 국가들이 전쟁으로 황폐화 되고, 막대한 빚을 지고, 지쳐 있는 상태를 기다렸다가 자신들의 목적을 이루는 좋은 기회로 이용을 했습니다. 따라서 로스차일드 앞잡이들은 비엔나 의회라고 불리는 것을 만들고 그 회의에서 그들의 첫 단일정부 시도인 첫 유럽국가 리그를 시도하려고 했습니다.

그리고 이것은 각 유럽정부들의 모든 대표들은 로스차일드 앞잡이들에 아주 깊은 부채를 지고 있어서 자의적이든 아니든 그들의 꼭두각시로 봉사해야 한다는 논리였습니다. 하지만 러시아 황제는 이러한 음모의 고약한 냄새를 감지, 그것을 완전히 무효화시켰습니다.

그때 그 가문의 우두머리였던 나단 로스차일드는 매우 화가 나서 장차 자신 또는 자신의 후손이 짜르와 그의 전가문(全家門)을 멸망시킬 것을 맹세합니다. 그리고 그의 후손이 1917년에 볼셰비키 혁명을 통해 그것을 이룹니다. 여기서 명심할 것은 일루미나티(예수회)는 작은 범위 내에서 운영되도록 만들어지지 않았다는 사실입니다.

일반적으로 어떤 형태의 음모자는 그의 전 일생 동안 그의 목적이 이루어질 기대를 하며 음모에 들어간다는 것입니다. 하지만 그것은 일루미나티에는 해당되지 않습니다. 사실입니다.

그들은 그들의 목적이 그들의 일생 동안에 이루어지기를 바라지만, 그것이 이루어지지 않을 시 자손 대대로 이어져 진행되어야 한다는 겁니다. 그것이 수 십 년이 걸리든 아니면 수 백 년이 걸리든 그들은 그들의 후손들이 목적이 성취될 때까지 계속 열렬히 붙잡고 있게 합니다.

(4) 일루미나티(예수회)의 탄생은 로스차일드 작품

아담 바이스하우프트는 기독교에서 악마적 음모를 품고 변절했을 때, 잉골슈타트 대학에서 교회법을 가르치는 제수이트 교육을 받은 교수였습니다. 당시 전문 사채업자로서 가문을 이룬지 얼마 안된 로스차일드는 그를 통해서 기독교를 파괴시키고, 사탄의 이데올로기로 세계 단일 정부를 세워 궁극적으로 세계를 지배하기 위해 만들어진 시온의정서를 개정하고 현대화하도록 아담 바이스하우프트를 고용합니다.

(5) 아담 바이스하우프트는 그것을 1776년 5월 1일에 완성

이제 여러분들은 5월 1일이 왜 모든 공산국가들에서 큰 명절인지를 아실 겁니다. 1776년 5월 1일은 아담 바이스하우프트가 그의 계획을 완성한 날이며 공식적으로 일루미나티가 그들의 계획을 실행에 들어간 날입니다. 그들의 계획은 모든 존재하는 가정과 정부와 종교를 파괴하는 것입니다. 1776년 7월 4일은 미국이 독립을 선언한 날입니다. 유럽에서는 일루미나티가 시작되고 미국에서는 독립선언이 이루어졌습니다.

여기서 일루미나티 계획의 근본적인 특징을 강조하고자 합니다. 그들

제3부 적그리스도의 배도의 나라

의 세계지배의 청사진인 시온의정서가 발견되고 드러나게 될 경우, 그들은 그들 자신들의 혐의를 다른 곳으로 돌리기 위해 유대인들을 합법적으로 지구상에서 쓸어버릴 것입니다.

이제 왜 음모자들은 그들의 사탄적 조직을 위해서 일루미나티라는 단어를 선택했을까요?

아담 바이스하우프트 자신이 그 단어는 루시퍼로부터 나왔고 그 의미는 "빛의 소유자 ; holder of light"라고 말했습니다. 그의 목적은 정신적 능력을 가진 자들이 세계를 지배하고, 미래의 모든 전쟁을 막게 하는 단일세계정부를 가져오게 하는 것이라는 거짓말을 사용합니다. 간단히 말해서 그것의 미끼로서 지상의 평화(peace on earth)라는 단어를 사용합니다.

이것은 1945년 음모자들이 유엔을 우리에게 강요하기 위해서 사용한 평화(peace)라는 미끼와 동일한 것입니다. 아담 바이스 하우프트는 로스차일드에 의해 재정지원을 받았고 2,000명의 댓가를 지불받는 추종자들을 고용합니다. 이들 고용된 자들은 예술, 문학, 교육, 과학, 금융, 산업 분야의 가장 뛰어난 사람들을 포함하고 있었습니다. 그리고 나서 그는 그랜드 오리엔트 프리메이슨 롯지를 설립합니다. 그들은 공산주의를 태동시켜 기독교를 박멸하고자 했습니다.

이 프리메이슨 롯지는 그들의 비밀 수뇌부로서 이들 모두는 로스차일드 가문으로부터 받은 명령을 수행합니다. 아담 바이스하우프트 계획 작전의 주요한 특징은 일루미나티를 필요로 하는데 이 일루미나티는 그들의 목적을 이루는 것을 돕기 위해 다음과 같은 것들을 합니다.

모든 정부와 다른 분야들의 고위직에 있는 다양한 사람들을 조종하기 위해서 돈과 섹스라는 뇌물을 사용합니다. 일단 사람들을 일루미나티의 거짓말과 사기, 유혹의 나락에 떨어뜨리면 그들에게 정치적이고 또 다른 형식의 공갈협박, 금전적 파멸의 위협, 대중적 공개협박, 금전적 손해, 심지어 그들 자신과 그들의 사랑하는 가족의 죽음 등으로 그들을 꽁꽁 묶어 힘을 쓰지 못하게 합니다.

여러분 얼마나 많은 워싱턴 현 정부의 고위직에 있는 사람들이 CFR에 의해서 이런 식으로 조종되는지 아십니까? 여러분 얼마나 많은 동성애

자들이 우리의 국무부와 펜타곤, 모든 연방정부, 심지어 백악관에서까지 그런 식으로 조종되는지 아십니까?

4. 미국과 소련을 중심으로 탄생한 유엔의 정체

1) 소련 볼셰비키 혁명과 신세계질서(New World Order)

공산주의의 원조는 니므롯입니다. 공산주의는 바벨론 탈무디즘입니다. 즉 바벨론 탈무드에서 일루미나티 공산주의 사탄의 왕국이 나타납니다.

공산주의는 플라톤의 공화국이나 에세네, 바리새인들의 사상을 보면 알 수 있듯이, 바벨론의 탈무디즘을 실현하기 위한 바리새파 유대인의 사상이라 할 수 있습니다. "모든 정부, 모든 이민족(異民族)을 정복하고 유대인이 지배하는 New World Order 신세계를 건설한다." 사유 재산과 개인의 모든 권리를 빼앗으면 유대인의 지배가 성취되는 것입니다. 신의 자리를 국가와 권력이 대체하는 것으로써 국가의 지배자가 곧 신이라는 뜻입니다. 바로 사탄 신앙, 카발라와 전시안(All Seeing Eye)의 사상입니다. 사탄이란 신을 죽이고 물질 세계의 지배자가 된 존재인 것입니다. 공산주의란 바리새파 유대인들의 지구촌 인간 목장화 프로젝트입니다. 그래서 공산당들이 하는 말은 모두 거짓말입니다.

2) 새로운 종교, 새로운 국가건설(New Religion, New State Government)

"사바테안-프랑키즘,(Sabbataean-Frankism)"이란 공산주의와 독재 폭력인 전쟁을 통해 세계를 지배하려고 하는 가짜 유대인 바리새파 유대인들의 사상을 말합니다.

스스로를 다윗의 후손, 유대의 메시아라 주장했던 사바테아니즘(Sabbateanism)의 창시자 사바타이 체비(Sabbatai Sevi, 1626-1676)가 사망하고, 그의 추종자 제이콥 프랑크(Jacob Frank, 1726-1791)가 프랑키즘(Frankism)을 창시합니다. 두 사상이 합쳐져 사바테안-프랑키즘

(Sabbataean-Frankism)이 되며, 현대의 시오니즘(Zionism)의 원형으로써 파시즘, 나치즘, 공산주의가 모두 여기에서 나왔습니다. 이들의 신은 소위 루시퍼, 사탄입니다. 맨해튼에 서 있는 자유의 여신이 일루미나티 여신 세미라미스 루시퍼입니다.

유대 정통파 랍비(오소독스 랍비) 마빈 안텔만(Marvin Antelman)에 의하면, 볼세비키 사바테안-프랑키즘(Sabbatean-Frankists)들은 다음과 같은 믿음을 가지고 있다고 합니다.

"죄악이란 신성한 것이며, 그 자체를 위해서 수양되어야 한다. 모든 사람이 완전히 순결해지거나 혹은 완전히 타락해야만 메시아가 온다. 모두가 성자가 될 수는 없다. 고로 우리 사베테안(Sabbatean) 모두는 극단적 섹스, 마약, 알코올, 음란에 탐닉하는 범죄자가 되어야 한다."

사바타이 체비의 후손 로스차일드는 칼 마르크스(Karl Marx)와 엥겔스(Engels)를 지원하여 공산주의 이념을 완성하게 합니다. 1848년 독일에서의 첫 공산 혁명이 실패하자 대부분의 사바테안 유대인들은 미국으로 피신하였으며, 반유대주의가 전혀 없는 미국으로 쏟아져 들어온 이들은 사상의 자유를 만끽하며 융성하게 되며, 현대의 사바테안 유대 사회, 시온주의자, 이스라엘 지지자, 유대 정치권력의 원동력이 됩니다.

1856년 뉴욕 트리뷴에 실린 칼 마르크스의 글을 보면, "모든 폭정 뒤에는 유대인이 있다. 그들의 융자는 사람들에게는 저주이며, 파괴된 정부는 유다 부족의 축복이 된다. 이 유대인 집단은 토지 소유자 귀족들만큼이나 위험하다." 자신의 사상을 가지고 사바테안 유대인들이 무엇을 하려고 했는지 마르크스 자신은 몰랐을 수도 있습니다.

3) 러시아 공산 혁명을 통해 러시아 중앙은행을 접수한 로스차일드

로스차일드(Rothschild) 등의 유대인들은 러시아 중앙은행 설립을 통해 러시아를 지배하려는 일련의 시도들에 이어서 1905년 러시아에서의 첫 공산 혁명이 실패하자, 다시 짜르(Tzar) 왕조를 전복할 계획을 세웁니다. 짜르는 이들의 위험성을 알아 채고, 그의 비밀 경찰들로 하여금 첩보를 구하게 합니다. 그들이 구한 첩보들은 록펠러(Rockefellers), 모건

(Morgans), 쉬프(Schiffs), 워버그(Warburgs), 로스차일드(Rothschilds) 등의 유대인들이 짜르 정부를 전복하고 위대한 자(Great Man) 또는 큰 형님(Big Brother)이 지배하는 신세계를 만들기 위하여 음모를 꾸미고 있다는 내용입니다.

함부르크의 워버그(Warbugs), 유럽의 메이슨 유대인(Freemasonic Jews), 월가의 유대인 야곱 쉬프(Jacob Schiff) 등은 레닌 등의 무신론자 유대인들에게 자금을 지원하였으며, 1917년 4만의 유대인들이 모스크바를 장악하여 볼셰비키 혁명을 성공시킵니다.

공산주의와 소비에트 연방의 기원에 관하여 미국무부(The US state department)가 1931년에 출간한 "Papers relating to the Foreign Relations of the United States"에 따르면, 독일의 폴 워버그(Paul Warbug)가 짜르(Tsar)를 전복하기 위해서 레닌(Vladimir Lenin), 트로츠키(Leon Trotsky)와 다른 공산주의자들에게 거금을 지원했습니다. 월가의 유대인 야곱 쉬프(Jacob Schiff)가 레닌에게 지원한 금액은 당시의 금액으로 2천만 달러(현재 가치로 10억 달러 이상)가 넘습니다. 볼세비키는 혁명 후 6억 루블을 야곱 쉬프의 은행 쿤 & 룹(Kuhn & Loeb)에 예치하였습니다.

야곱 쉬프(Jacob Schiff)는 프랑크푸르트 출신 유대인, 남북 전쟁 후 미국으로 이주, 월가를 대표하는 자본가, 쿤 & 룹(Kuhn & Loeb Co) 회장, 연방 준비 은행 Federal Reserve (FED) 설립자/소유자 중의 한 명, 영화 매트릭스에서 건축가(Architect)로 묘사되었음. 1907년 쉬프의 발언을 보면, "동시에 미국인과 시온주의자가 될 수는 없다." "One could not at the same time be a true American and an honest adherent of the Zionist movement." 라고 말했습니다.

4) 러시아를 무너뜨리기 위해 일본군을 지원한 야곱 쉬프

야곱 쉬프는 짜르를 무너뜨리기 위하여 일본을 지원하여 러 · 일 전쟁에서 승리하도록 하였으며, 일본의 성장은 이들의 지원 하에 이루어졌습니다. "토사구팽"이라는 고사성어로 비유해 보면, 아시아를 잡기 위한 강아지로써 일본이 선택되었으며, 중국과 조선이 토끼입니다. 일본은 조선을, 미국은 필리핀을 영유하는 것을 상호 인정하는 가스라 태프트

밀약과, 1905년 8월 영국과 일본간에 조인된 제2차 영·일동맹, 러·일 전쟁을 마무리 짓는 포츠머스 조약 등이 유대인 자본가들, 소위 시온주의자, 일루미나티에 의해 이루어졌습니다. 미국이 중재한 포츠머스 조약은 러·일전쟁의 결과 일본의 조선에 대한 독점적 지배권을 인정하는 조약이었습니다. 6·25전쟁도 일루미나티의 작품입니다. 종전 후 남한에 친일파들이 재집권하는 것도 역시 일루미나티, 시온주의의 의도입니다. 중국의 공산 혁명과 마오쩌뚱의 등장의 배후에도 이들이 있습니다.

5) 러시아 공산혁명은 New World Order를 구축하기 위한 유대인들의 음모

모든 사람들이 가난에 허덕일 때 국가의 부(富)는 유대인에게 집중되었으며, 모든 걸 가로 챈 유대인들은 구소련이 무너지자 소위 올리가르히(Oligarch) 라는 과두정부 신흥대벌이 등장합니다. 구소련이 해체된 후 국영기업이 민영화되는 과정에서 산업과 언론을 장악한 신흥대벌들을 올리가르히(Oligarch) 라고 합니다. 이들은 모두 프랑키스트 유대인들입니다. 소련의 몰락은 이미 모든 사유 재산을 빼앗아 국유화 시키고 국가를 완전히 손아귀에 쥐었다는 판단하에 자금 지원을 중단함으로써 이루어졌으며, 본격적인 유대인 과두 정치로 전환하겠다는 시온주의의 선언에 불과합니다.

미국과 소련의 형식적인 선악(善惡) 대결을 버리고 이제는 "대이스라엘 ; Greater Israel"을 창출하기 위해 이스라엘과 아랍의 3차 세계 대전으로 전환하는 단계로 진입하는 것입니다. 미국과 소련은 사실 적이 아니었으며, 동일한 세력이 운영하는 두 체제였을 뿐입니다. 연극을 아주 잘 해냈습니다. 미국과 소련은 2차 세계 대전에서는 같은 연합군이었습니다. 그러나 전쟁이 끝난 후 승전국인 두 국가는 합의로 땅을 분할하여 세계를 지배하기 위해 정(正)이란 민주주의와 반(反)이란 공산 독재주의로 나눴다가 그들이 원하는 신세계질서인 합(合)을 이루기 위해 구소련을 해체시킨 것입니다.

6) 소련을 몰락시키고 주인이 된 일루미나티 푸틴

소련이 몰락하고 옐친 시대에 본격적으로 등장한 신흥대벌들인 과두 정치가들은 모두 유대인이며 신세계질서(New World Order)를 완성하기 위한 세력입니다. 푸틴(Putin), 메드베데프(Medvedev)도 유대인이며, 이들의 갑작스러운 등장은 히틀러의 깜짝 등장만큼이나 세상을 놀라게 했는데, 옐친의 갑작스러운 사임과 푸틴의 총리 지명에는 시온주의자들이 그 배후에 있습니다. 프리마조프에 비하여 현격히 저조한 지지율을 보인 푸틴 후보가 대통령에 당선된 데에는, 막대한 자금 지원과 함께 시온주의자 유대인들이 장악한 러시아 언론과 KGB가 지대한 역할을 하였습니다.

"당선자는 투표자가 아니라 개표자가 결정한다." - 요셉 스탈린

언론계의 대부를 암살하고 언론을 장악한 베레조프스키(Boris Berezovsky), 로만 아브라모비치(Roman Abramovich) 등도 과두 지배자 유대인 신흥대벌(Jewish Oligarchs), 시온주의자 유대인이며, 푸틴이 이들을 쫓아내긴 했는데, 일종의 연막작전입니다. 푸틴은 공개적으론 신세계질서(New World Order)를 비난하곤 하지만 그것은 일종의 사기극에 불과합니다. 러시아는 중국과 함께 마지막 세계 3차 전쟁에서 미국과 한 판 승부로 전 세계의 구질서를 한방에 날려 보내는 전쟁을 위해 의도적으로 대립각을 세우고 있는 것입니다.

푸틴의 아버지는 엡스타인(Epstein), 어머니는 샬로모바(Shalomova) 입니다. 유대인 이름입니다. 푸틴과 절친한 러시아의 랍비 베렐 라자르(Berel Lazar)가 미국의 샤(하)바드 루바비치(Chabad-Lubavitch) 회의에서 연설한 내용중에는 푸틴이 유대인이라는 고백을 하였습니다. 샤(하)바드 루바비치는 유대교 하시딤파의 연례행사로써, 카발라를 신봉하는 시온주의의 씽크탱크(Think Tank)입니다. 이들이 오소독스(정통파유대인)로 분류되는 것은 사바테아니즘, 전시안(All Seeing Eye)이 얼마나 유대 사회에 광범위하게 번졌는지를 보여주는 사례라고 보여집니다. 암세포가 몸 전체에 퍼진 상황과 같습니다.

대부분의 일반 유대인들은 자신들이 사탄주의자, 전시안(All Seeing

Eye)을 지지하고 있다는 것을 모르며, 성경에 있는 이스라엘을 지지하고 있는 걸로 착각하고 있는 상황입니다. 나치의 홀로코스트가 토라의 요구하는 수치를 채우지 못했다는 것을 잘 알고 있는 시온주의자들은 3차 대전을 통해서 숫자를 맞추려고 합니다. 빅 게임을 하나 만들어서 터뜨리면(핵무기 포함) 아랍이 깨끗이 비워지고 뉴 월드를 건설할 수 있습니다. 이스라엘의 참 유대인들도 이 참사를 면할 수 없습니다. 자신들이 계시를 완성하기 위한 제물로써 사용될 거라는 것을 모릅니다.

7) IS 테러전쟁과 트럼프의 등장

1991년 소련을 해체시킨 일루미나티 예수회는 등소평 이후 중국에 매년 5000억불 이상의 무역 흑자를 몰아주면서 중국 공산주의 정권을 미국과 겨눌 수 있는 G2 패권국가로 성장시켰습니다. 그리고 아랍 이슬람 원리주의자들을 동원하여 아랍 민주화 운동을 시작하여 이슬람 독재국가와 왕정국가들을 무너뜨렸습니다. 소위 알카에다, IS, 하마스, 무슬림 형제단, 회교원리주의 지하드와 같은 테러단들을 동원하여 이슬람 내 수니파와 시아파를 대립시켜 독재국가와 왕정국가를 파괴시켜 왔던 것입니다. 그중에 대표적인 테러조직이 바로 IS라는 이슬람 스테이트 테러단입니다.

미국 클린턴 재단을 통해 무기와 재정을 지원 받은 IS 테러단

미국 대선중에 트럼프 진영에 의해서 힐러리 E-메일 사건이 폭로 되었습니다. 위크리크스 어산지에 의해서 폭로된 내용은 미국의 자선단체인 클린턴 재단이 이슬람 테러조직인 IS와 연결되어 비밀 자금과 무기들이 제공되는 통로역할을 했다는 것입니다. 힐러리의 수행비서인 후머 에버딘의 할아버지이며 세계 무슬림 협회 회장을 맡고 있는 나지프는 사우디아라비아 왕족인데 그를 통해 무슬림 형제단, 하마스, 알카에다에 테러 지원 자금과 무기가 공급되었다는 것입니다. 이 사건을 통해서 힐러리는 낙선이 되었고 트럼프는 대통령이 되었습니다. 그러니까 무슬림 형제단이나 알카에다, IS와 같은 이슬람 테러단은 처음부터 미국과 영국의 정보국에서 훈련되고 자금을 지원 받아 활동한 가짜 테러단이었다는 사실이 드러난 것입니다. 이것이 일루미나티(예수회)가 소련의 체제를 무너뜨리고 대이스라엘을 건국시키기 위해 시작한 이슬람 대테러 전쟁입니다.

트럼프 대통령의 예루살렘 수도 이전 사건과 중동전쟁

트럼프 대통령은 스코틀랜드 유대인으로 미국의 정책을 전폭적으로 친이스라엘 정책으로 전환을 했습니다. 그중 하나가 예루살렘을 이스라엘의 수도로 인정하고 미국 대사관을 예루살렘으로 이전하는 명령을 내렸습니다. 이것은 중동에서 이스라엘과 아랍과의 전면적인 전쟁에 불을 붙이는 것과 마찬가지입니다. 그래서 하마스 대표는 트럼트가 지옥의 문을 열었다고 비난을 했습니다.

트럼프 대통령의 존슨법 폐지와 정교일치 정책의 비밀

트럼프 대통령은 1954년에 만들어진 정교분리법인 존슨법을 폐지하는 것을 미국의 복음주의 지도자들에게 공약을 했습니다. 존슨법이란 종교단체나 비영리단체에서는 미국의 현실정치에 일체 관여하지 못하게 하는 법입니다. 만일 비영리단체가 동성애나 차별금지법 같은 것들을 가지고 시비를 걸면 존슨법에 의해서 세무사찰을 받게 되고 법원의 판결을 받아 법인이 해산을 당하도록 되어 있는 법입니다.

미국의 복음주의 단체에서는 존슨법의 폐지를 공약한 트럼프에게 표를 몰아주어서 당선시켰습니다. 그러나 트럼프가 공약한 존슨법 폐지는 엄청난 음모가 있는 정책입니다. 트럼프는 예수회가 임명한 미국의 대통령입니다. 기독교를 파멸시키는 트로이 목마와 같은 존재입니다. 트럼프는 자신을 거듭난 복음주의자라고 말을 합니다. 그리고 부통령 마이크 펜스 역시 거듭난 복음주의자라고 합니다. 그러면서 트럼프는 미국에 있는 유대교와 로마 카톨릭과 개신교를 통합하는 정책을 일관성 있게 추진하고 있습니다. 그리고 타종교 특히 이슬람에 대하여는 전쟁을 선포하고 있습니다. 트럼프가 이렇게 개신교와 유대교와 로마 카톨릭을 통합하고 있는 이유는 제 3차 전쟁이 일어나면 이스라엘을 중심으로 한 기독교계 나라들과 아랍을 중심으로 한 이슬람과 공산주의 나라들을 규합하여 전쟁을 하도록 진영을 구축하고 있는 것입니다. 그리고 또한 중세와 같은 정교일치를 통해서 정치가 종교를 지배하는 적그리스도의 국가를 만들기 위함입니다.

6장 적그리스도 배도의 나라와 제 4차 산업 666 시스템

1. 제 4차 산업과 666 시대

1) 인간 속에 하나님의 형상을 지워버리는 산업

지금까지 우리는 성문화 된 문명 속에서 타락한 바벨론 문명을 배워 바벨론의 백성으로 훈련을 받았습니다. 인류가 지난 6000년 동안 학습한 수학, 과학, 천문학, 통계학, 음악, 물리학, 생물학, 의학 등의 모든 문명이 손톱만한 칩속에 들어가 우리 몸속으로 들어올 때 우리는 더 이상 아무것도 배울 것이 없고, 아무것도 연구할 필요가 없는 신(神)같은 인간이 될 것입니다.

뇌는 인공지능으로 교체되고, 병든 장기는 인공장기로 이식이 됩니다. 노화나 기타 잡다스런 질병들은 DNA를 조작함으로 다스려지게 됩니다. 복제기술로 인간의 품종이 개량됩니다.

신의 입자인 힉스입자와 양자 컴퓨터 시대를 통해 일정한 공간 안에서 우주를 여행합니다. 시간과 공간을 초월해서 어디에서든지 원하는 사람을 만나 원하는 모든 것을 할 수 있는 시대가 바로 우리시대에 도래하고 있습니다.

인간과 기계의 경계가 무너지는 시대, 일명 4차 산업이 지배하는 인류는 더 이상 하나님이 자기 형상대로 창조된 인간이 아닙니다. 사이보그 인간, 신 인간, 새 인간, 카드뮴 인간, 에테르 인간, 아트만 인간, 우주인 인간, 에너지 인간, 브라만 인간, 로봇 인간, 슈퍼맨 인간 등은 하나님을 배반했던 사탄 마귀가 하나님을 대적하기 위해 배도자로 만든 짝퉁 인간들입니다.

인공지능과 같은 4차 산업이 발달하여 사물 인터넷과 빅데이터 컴퓨터 시스템을 통해서 인간과 기계와 자연환경의 경계가 무너지고 있는 시대가 도래하고 있습니다. 뿐만 아니라 인간(人間)과 신(神)의 영역조차도 무너지고 있는 시대에 살고 있습니다. 더 이상 인간이 가지고 살았던 종교라는 영역이 설자리가 없어지는 시대가 온 것입니다. 왜냐하면 인간이 가지고 살았던 생로병사의 문제가 사라지게 되었기 때문입니다.

과연 21세기 과학문명의 시대에 종교란 무엇인가에 대하여 생각해 보게 됩니다. 최첨단으로 발달한 과학문명시대에 종교라는 단어는 사라지는 것입니다. 그래서 작금에 유행하는 종교가 사이언톨로지 종교 즉 과학이란 종교입니다. 과학이란 종교가 모든 종교를 통째로 삼켜버리고 있는 것입니다. 이것을 뉴 에이지 종교라고 합니다.

이제는 세상 어떤 종교라도 뉴 에이지 종교 앞에 명함을 내밀 수 없게 되었습니다. 그래서 자연스럽게 종교 통합운동이 일어나고 있는 것입니다. 점점 종교라는 단어는 없어지고 대신 문화라는 단어로 대체되어지고 있습니다. 이렇게 되면 인간은 자연과 하나 되고, 인간은 동물과 하나 되고, 인간은 신(神)과도 하나 되고, 인간은 눈에 보이지 않는 우주 에너지와 하나 되어 만물 속으로 사라져 버릴 것입니다. 이것이 사탄이 노리는 최종 목적입니다. 하나님의 형상대로 지음 받은 인간 속에 하나님의 형상을 지워버리는 것입니다. 이것이 뉴에이지 과학종교입니다.

제 4차 산업이란 무엇입니까?

제 4차 산업이란 단어는 2016년 1월 스위스의 다보스에서 개최된 세계경제 포럼에서 클라우스 슈밥 세계경제포럼 회장에 의해서 처음 시작되었습니다. 클라우스 슈밥 회장이 이미 사망 선고를 받은 세계 자본주의 경제를 살려서 지구촌 인류를 구할 수 있는 대안으로 내놓은 4차 산업은 세계경제를 하나의 통제경제체제로 전환하여 신세계질서를 세우고자 하는 사탄의 세력들의 음모입니다.

1차산업혁명은 18세기 증기기관차의 발명으로 인한 기계화를 성공시킨 기계화 산업혁명, 2차산업혁명은 19세기 전기를 이용한 대량생산을 성공시킨 대량생산화 산업혁명, 3차산업혁명은 20세기 컴퓨터와 인터넷의 개발과 발달로 인한 자동화 산업혁명입니다.

제 4차 산업은 크게 4가지로 구분이 됩니다. 인공지능과 빅데이터를 사용한 로봇산업, 가상현실산업, 헬스케어산업, 사물인터넷과 3D 프린팅 산업입니다. 그러나 더욱 더 중요한 산업은 스마트 도시나 스마트 국가를 만들 수 있다는 것입니다. 더 나가서는 온 세계를 한 나라로 만들어 다스릴 수 있는 통제사회 시스템이 등장할 수 있는 산업입니다.

성경은 마지막 시대가 되면 지구상에 살고 있는 모든 사람들의 이마와 오른손에 666표를 찍게 해서 물건을 사고 팔 수 있는 화폐로 사용하고 또 세상의 모든 사람들을 마치 한 사람을 통제하듯이 통제가 가능한 표로 사용한다고 기록이 되어 있습니다. 1984년 조지 오웰이 쓴 빅 브라더 시대가 도래하고 있는 것입니다. 적그리스도는 세상에 살고 있는 모든 사람에게 666표를 받게하고 이 표를 받는 모든 사람들이 짐승에게 경배하고 복종하도록 한다고 했습니다. 그래서 제 4차 산업은 인류가 파멸로 들어가고 있는 마지막 산업입니다.

2. 666은 신세계질서 시스템

1) 666 사탄종교의 비밀

하나님을 잃어버린 인간들은 신이 되는 꿈을 꿨습니다. 그것이 바로 천지인(天地人) 사상입니다. 천지인 사상은 하늘과 땅과 사람은 절대적으로 하나라는 의미입니다. 하늘을 상징하는 천(天)은 하늘과 신의 세계와 플러스(+) 세계를 말하고 숫자로는 1입니다. 땅을 말하는 지(地)는 땅과 물질 세계와 마이너스(−) 세계를 말하고 숫자로는 2입니다. 사람을 상징하는 인(人)은 하늘과 땅의 연합으로 보고 숫자로는 3입니다. 천지인(天地人)은 하늘과 땅과 인간이 하나되는 세계인데 숫자로는 1+2+3=6입니다. 이 셋은 서로 떨어져서는 절대적인 존재가 되지 못하기 때문에 진정한 의미의 하늘의 수 1은 자신의 수를 포함한 6이고, 진정한 땅의 수는 자신의 수 2를 포함한 6이고, 진정한 의미의 사람의 수 3은 자신의 수를 포함한 6이어야 한다고 합니다. 이것이 바로 666 비밀입니다. 완전한 하늘의 수 6, 완전한 땅의 수 6, 완전한 사람의 수 6이 합하여진 수가 바로 666입니다.

이것은 천부경에 나와 있는 수비학 종교인데 666 시스템의 철학은 바벨론 태양종교에서도, 이집트 태양종교에서도 또 피다고라스 종교에서도 나타나 있는 수(數)의 종교철학입니다. 다시 말해서 인간과 신과 자연은 하나라는 만신종교이론이고 또한 사탄이 선악과를 따먹게 할 때 약속한 너희가 하나님과 같이 될 것이라는 거짓 약속의 상징입니다. 즉 사람이 신이 되는 원리입니다. 사람이 영생불사 존재가 되려는 인간의 종교적인 시도입니다.

인류가 발전시켜온 현대문명의 뿌리는 666 시스템입니다. 이것은 어거스틴의 뉴플라톤 철학의 관상기도의 원리인 삼위일체 이론, 일루미나티 루시퍼 종교인 피다고라스의 테트락티스, 유대신비주의 종교인 카발라의 테트라그라마톤 생명나무의 원리입니다.

사탄종교의 특징은 바알종교 즉 눈에 보이는 물질종교입니다. 자연과 우주를 신으로 섬기는 범신론이고, 우주자연신론입니다. 이것이 루시퍼 사탄 태양종교입니다.

666은 태양 종교에서 말한 신의 이름입니다. 즉 루시퍼입니다. 일명 테트라그라마톤이라고 합니다. 빛을 나르는 자, 빛을 뿌리는 자, 소피아, 스피로트, 인간이 신적인 경험을 하는데 절대적으로 필요한 신적인 조명을 가져오는 존재입니다. 성경에서 말한 3위1체 중에서 성령에 해당하는 존재입니다. 성경은 사탄의 존재를 정사, 권세, 어두움의 세상 주관자, 하늘에 있는 악한 영들이라고 했습니다.

엡6:12 "우리의 씨름은 혈과 육에 대한 것이 아니요 정사와 권세와 이 어두움의 세상 주관자들과 하늘에 있는 악의 영들에게 대함이라"

이들이 바로 666에 해당하는 존재들입니다. 666은 인간이 신이 되는 환경을 말하기도 합니다. 때로는 사탄의 세력들이 추구하고 말한 유토피아를 말하기도 합니다. 해탈의 경지도 의미합니다. 사람이 신이 되고, 부처가 되고, 마호멧이 되는 것을 상징하기도 합니다. 완전한 세상, 더 이상 윤회가 그친 세상, 영겁 회귀를 통한 신적 복귀가 이루어진 완전한 상태를 의미하기도 합니다.

사탄의 세력들이 말하고 있는 우주 통일장 완성을 말합니다. 뉴플라톤 철학에서 일자(一者)로부터 유출된 만물이 일자로 복귀를 하는데 그 복귀가 완성된 상태입니다. 메시아닉쥬에서 말한 티쿤 즉 깨어짐으로부터 회복이 다 이루어진 상태입니다. 양자물리학에서는 무수한 신의 소립자들이 블랙홀이란 곳에 갇히고, 묻혀서 우주의 95%가 암흑물질로 가득 차 있다고 합니다. 그러나 인간의 과학이 질량 0인 신의 소립자를 찾아서 질량을 조절하여 인간의 육체를 물질에 갇힌 감옥에서 해방을 시켜 준다면 영혼이 자유롭게 된다고 믿고 있습니다. 그리고 신의 입자인 반입자를 삼켜버리는 블랙홀의 비밀을 해독할 수 있어 암흑물질의 정체를 알아 낼 수 있다면 신이 우주를 창조할 때와 같은 세상을 만들 수 있다고 믿고 있습니다. 이런 세상을 사탄의 세력들은 666이라는 숫자로 표현을 하고 있습니다. 사람이 신처럼 완전해지는 상태입니다. 그래서 하늘 즉 신의 세계와 땅 즉 물질세계를 자유롭게 다니는 인간신이 되는 경지에 도달하는 시도입니다.

그렇다면 계시록 13장 16-18절에서 짐승의 이름과 짐승의 수와 짐승의 표로 나타난 666의 정체는 무엇입니까? 분명히 그 수를 세어 보라고 했습니다. 666은 셀 수 있는 숫자입니다. 다시 말해서 셀 수 있는 숫자의 비밀입니다. 이것이 바로 사람을 신으로 만들 수 있는 컴퓨터 시스템입니다.

2) 요한계시록에 나타난 두 가지 표, 어린양의 표와 짐승의 표

요한계시록에는 두 가지의 표가 나타납니다. 하나는 요한계시록 7장에 있는 어린양의 표입니다. 하나님은 7년 대환난이 시작 될 때 144,000명의 이마에 하나님의 어린양의 표를 합니다. 이는 구원받은 하나님의 자녀들에게 주신 표입니다. 즉 휴거하지 못하고 7년 대환난에 들어가 세마포 옷을 깨끗하게 빨아야 하는 구원받은 성도들입니다.

또 하나의 표는 후 삼년 반이 시작되는 때 사탄이 자기 백성들에게 찍은 표입니다. 이것을 짐승의 표, 또는 짐승의 이름, 짐승의 수라고 했습니다. 표는 소유권을 말합니다. 어린양의 표를 받은 사람들은 예수님의 소유된 몸된 교회입니다. 짐승의 표인 666을 받은 자들은 짐승의 소유된 백성들입니다.

창세기 3장에 보면 사탄은 뱀인 짐승을 통해 하와를 미혹하여 타락을 시킵니다. 그 후 계속해서 인간을 미혹하여 타락을 시켜 하나님을 대적하게 합니다. 그리고 마지막으로 사탄은 인간을 자기의 완전한 소유물로 만들어 버립니다. 이것을 인간 가축화라고 합니다. 하나님의 형상으로 창조된 인간을 짐승처럼 만들어 버린 것입니다. 더 이상 자유 의지가 없는 동물적인 존재로 타락시켜 버린 시스템입니다. 사탄은 더 이상 인간을 미혹하지 않아도 인간은 사탄의 소유물이 되어 버렸기 때문에 사탄의 뜻을 따라서 움직이게 됩니다. 그래서 사탄은 이들을 사용하여 하나님을 배도하게 하는 것입니다. 이것이 사탄이 마지막으로 하나님을 향한 대적입니다.

요한계시록은 하나님께서 알곡과 가라지를 골라내시고 심판하시는 내용입니다. 교회는 알곡입니다. 이마에 하나님의 어린양의 표를 받은 자들은 예수님의 신부인 교회입니다. 예수님께서 자기 피로 사서 구원한 성도들입니다. 그러나 짐승의 표를 받은 사람들은 짐승에게 속아서 짐승의 소유가 된 존재들입니다. 즉 글자 그대로 짐승입니다. 본능적으로 살 수 밖에 없습니다. 동물적인 존재로 자유의지가 없습니다.

요한계시록에는 거룩한 자와 더러운 자들이 분리됩니다. 사람과 짐승이 구분이 되는 것입니다. 사탄이 인간을 미혹한 결과는 결국 사람을 짐승으로 만드는데 성공을 합니다. 이것이 666 시스템입니다. 디모데 후서 3장에서는 말세에 고통하는 때가 이르면 사람들이 짐승화 되어갈 것을 예언하고 있습니다.

딤후3:1-5 "네가 이것을 알라 말세에 고통하는 때가 이르니 사람들은 자기를 사랑하며 돈을 사랑하며 자긍하며 교만하며 훼방하며 부모를 거역하며 감사치 아니하며 거룩하지 아니하며 무정하며 원통함을 풀지 아니하며 참소하며 절제하지 못하며 사나우며 선한 것을 좋아 아니하며 배반하여 팔며 조급하며 자고하며 쾌락을 사랑하기를 하나님 사랑하는 것보다 더하며 경건의 모양은 있으나 경건의 능력은 부인하는 자니 이같은 자들에게서 네가 돌아서라"

666 짐승의 표의 가장 큰 특징은 이 표를 받지 않는 자들에게는 매매를 하지 못하게 한다고 했습니다. 즉 먹고 사는 것을 막는다는 것입니다. 사

람들이 가장 두려워하는 것은 죽는 것입니다. 즉 먹고 사는 것입니다. 왜냐하면 먹지 못하면 죽기 때문입니다. 그래서 사탄은 사람이 가장 절실하게 필요로 하는 먹고 사는 문제를 무기로 해서 사람들의 영혼을 사냥을 합니다.

히2:14-16 "자녀들은 혈육에 함께 속하였으매 그도 또한 한 모양으로 혈육에 함께 속하심은 사망으로 말미암아 사망의 세력을 잡은 자 곧 마귀를 없이 하시며 또 죽기를 무서워하므로 일생에 매여 종노릇하는 모든 자들을 놓아 주려 하심이니 이는 실로 천사들을 붙들어 주려 하심이 아니요 오직 아브라함의 자손을 붙들어 주려 하심이라"

예수님은 죽기를 무서워 평생 동안 사망의 세력을 잡은 자 마귀에게 종노릇하는 인간을 구원하시기 위해 인간의 육체를 입고 오셔서 죄의 삯인 사망의 값을 지불하시고 인간을 사망에서 해방시켜 주셨습니다.

구원 받은 성도들의 특징은 사망을 두려워하지 않습니다. 왜냐하면 이미 영생을 얻었기 때문입니다. 그러기 때문에 사탄은 구원 받은 성도들을 사망으로 두렵게 할 수 없습니다. 만일 먹고 사는 문제 때문에 예수님을 부인하고 돌아 선다면 그 사람은 구원 즉 영생을 받지 못한 사람입니다. 이런 사람들은 모두 죽기를 무서워해서 먹고 살기 위해 666 짐승의 표를 받고 스스로 짐승의 소유물이 되는 것입니다. 그러나 구원 받은 성도는 이미 영생을 얻었기 때문에 사망을 두려워하지 않고 굶어 죽는 한이 있더라도 666 표를 받지 않고 견딜 수 있는 것입니다. 그래서 666 표는 마지막 알곡을 골라내고, 구원받은 하나님의 자녀들을 골라내는 영적인 타작기가 되는 것입니다.

앞으로 15년-20년 내에 양자 컴퓨터가 등장합니다. 신의 반물질 소립자를 사용한 신소재를 개발하여 만든 양자 컴퓨터는 신의 컴퓨터입니다. 가공할 만한 능력을 가진 컴퓨터입니다. 이 컴퓨터를 가지고 타임머신을 작동시키고, 이 컴퓨터를 가지고 인간을 신적인 존재로 만들어 버릴 것입니다.

지금 논란이 되고 있는 베리칩도 역시 666 시스템입니다. 그러나 아직은 오늘날 슈퍼 컴퓨터가 베리칩을 이용하여 인간을 완전하게 통제할 수 없습니다. 좀 더 컴퓨터의 능력이 향상되어야 합니다. 그러나 베리칩이 가지고 있는 잠재적인 시스템은 분명히 666 시스템입니다. 사람을 통제하고, 사람을 추적하고, 매매를 하고, 진료를 받고, 제한적이나마 헬스케어를 할 수 있는 시스템을 가지고 있습니다.

현재 컴퓨터 시스템은 전 세계에 거미줄처럼 엮여 있는 광케이블을 통해 인터넷이 연결되어 있습니다. 그러나 앞으로는 광케이블이 필요 없는 인터넷망이 나타날 것입니다. 인공위성에서 바로 지구 구석구석을 향해 쏘는 전파를 통해 전 세계는 하나의 작은 마을과 같이 통제가 가능한 유비쿼터스 시대를 맞이하게 될 것입니다. 이런 세상이 바로 양자 컴퓨터 세상입니다. 앞으로 15년-20년 내에 이런 세상이 열릴 것입니다. 양자컴퓨터 시대가 되면 지금 손에 들고 다닌 스마트폰의 유심칩은 우리 몸 세포 속으로 들어갈 것입니다. 그리고 우리 몸안에 있는 듣고, 보고, 느끼고, 결정하고, 계산하는 모든 시스템에 연결되어 스마트폰이 작동할 것입니다. 인간의 몸이 하나의 컴퓨터로 바뀐 것입니다. 일종의 사이보그 인간이 되는 것입니다.

그래서 신처럼 될 수 있는 것입니다. 유전자 분자인 DNA를 이루고 있는 단백질이 완전 해독이 되고 양자 물리학의 신의 입자를 통해 인간은 생로병사를 완전히 정복하는 시대가 올 것입니다. 가상현실이라는 양자 물리학의 세상에서 인간은 하고 싶은 모든 욕망을 채울 수 있을 것입니다. 그러나 하나님은 하나님의 창조세계의 질서를 흔드는 이런 세상을 허락하시지 않을 것입니다. 그래서 반드시 이런 세상이 오기 전에 세상을 심판하실 것입니다.

요한계시록 13:16-18에 기록된 666 시스템은 우리가 보고, 느끼고, 경험하고 있는 지금의 세상을 말하고 있습니다. 먼 옛날이야기가 아닙니다. 그리고 먼 미래에 될 일도 아닙니다. 지금 우리가 살고 있는 이 시대의 일입니다. 당신과 내가 살아 있는 이 시대에 결국 하나님의 심판은 있을 것입니다.

지금 이미 일루미나티 세력들은 666 시스템을 작동시키고 있습니다. 정치, 경제, 종교, 예술, 과학, 역사, 고고학, 교육 시스템을 하나로 통합한 시스템을 만들어 가고 있습니다. 이것이 바로 666 통제 사회입니다.

3) 666 시스템의 그림자와 인종청소

기후변화 통제 시스템입니다. 핵확산방지 시스템입니다. 지구환경 보호 시스템입니다. 이산화탄소 통제 시스템입니다. 과격한 테러 방지 종교 시스템입니다. 하나의 경제 시스템입니다. 하나의 정치 통제 시스템입니다. 헬스케어 스마트 병원 시스템입니다. 유엔 평화유지군 시스템입니다. 유엔 엔지오(NGO) 단체 시스템입니다. 2030 유엔 지속 개발 가능한 시스템입니다.

그들은 파괴는 건설의 어머니라고 합니다. 전쟁은 더 나은 세상으로 나아가는 지름길이라고 합니다. 지구의 인구가 너무 많아서 경쟁사회를 막지 못하기 때문에 지구촌에 공산주의 유토피아 세상을 만들기 위해 세계 인구를 5억으로 줄여야 한다고 합니다. 그리고 그들이 발동을 걸어 시작한 4차 산업의 혁명은 노동자와 사람의 일군을 필요로 하지 않는 산업입니다. 그러나 세계 인구는 74억입니다. 공장이나 사무실이나 가정에서 일하는 사람들을 필요로 하지 않습니다. 모든 일들은 인공지능을 가진 로봇이 처리를 합니다. 그렇다면 이 많은 인구를 어떻게 해야 합니까? 그냥 놀고 먹게 할 수는 없는 것입니다. 왜냐하면 이미 국가와 기업과 개인은 먹고 살기 위해 수 천 조(兆)의 빚을 지고 있습니다. 유일한 방법은 많은 인구를 줄여야 합니다. 이것이 사탄주의자들이 인종청소로 준비한 3차 세계 대전입니다.

4) 666의 비밀은 신세계질서의 비밀입니다

666은 신세계질서를 만들어 가는 시스템입니다. 즉 인간이 신이 되고 우주 안에 있는 신과 사람 속에 있는 신과 만물 안에 있는 신이 완전히 하나가 되어 만들어진 유토피아 시스템입니다. 666 시스템은 바벨론 수메르 태양종교에서 이집트 피라미드 시스템, 페르시아 조로아스터교, 그리스의 헤르메스, 로마의 미트라, 로마 카톨릭의 테트라그라마톤, 그리스 정교회 비잔틴의 장미십자단, 아담 바이스하우프트의 일루미나티, 로스차일드의 프리메이슨, 블라바츠키의 신지학을 통해 유엔의 뉴에이지 종교로 발전해 왔습니다.

666 시스템은 어느 한 가지를 지목하여 말할 수 없습니다. 그래서 비밀이고, 그 수를 세어 보라고 했습니다. 바코드를 666이라고 할 수 없습니다. 베리칩을 666이라고 할 수 없습니다. 그러나 바코드나 베리칩은 666 시스템이라고 말을 할 수 있습니다. 그래서 우리는 666을 사탄이 인간을 자기의 소유물로 만드는 시스템이라고 불러야 합니다. 그리고 마지막 사탄이 666 시스템을 이용하여 전 세계를 지배하여 하나님을 대적하고 배도하는 것이 마지막 심판의 때가 되는 것입니다.

앞으로 정치적으로 666 시스템이 나타날 것입니다. 그것은 테러를 방지하고, 전쟁이 없는 평화로운 지구촌을 만든다는 명목으로 정치적인 666 시스템이 나타나 지구촌에 있는 모든 사람을 마치 한 사람을 통제하듯 할 수 있을 것입니다. 이것이 바로 도시와 국가를 감시하는 지구촌 유비쿼터스입니다. 사람들이 가지고 있는 주민등록이나 여권 속에 666 시스템을 넣어서 통제하는 것입니다. 앞으로 양자컴퓨터 666 시스템이 등장하면 컴퓨터가 사람의 마음을 먼저 읽어서 범죄하는 사람을 미리 체포할 수 있는 시대가 옵니다.

경제적인 666 시스템이 나타납니다. 세계 기축통화 화폐를 유전자 화폐로 통일하여 이 유전자 화폐를 사용할 수 없는 사람은 모든 경제활동을 할 수 없게 만드는 것입니다. 국가도, 기업도, 개인도 다 포함됩니다. 그래서 계시록 13:17-18에서는 666표가 없는 사람은 자유인이나, 종이나, 부자나, 가난한 자나, 모든 자들이 매매를 할 수 없다고 했습니다. 사탄의 마지막 방법은 사람이 가지고 있는 가장 큰 약점인 먹고 사는 문제를 이용해서 사람의 영혼을 사냥해 가는 것입니다.

종교적인 666 시스템입니다. 종교의 가장 큰 목적은 인간의 생로병사를 정복하고 영생불사하는 존재가 되는 것입니다. 이것을 위해 기도하고, 예배하고, 봉사를 하는 것입니다. 그런데 666 시스템은 인간이 종교를 통해서 추구하고자 하는 모든 것을 가능하게 합니다. 이것이 바로 사이언톨로지라는 과학 종교입니다. 본문에서도 언급을 했지만 피다고라스가 수를 연구하여 대수와 기하학을 발전시킨 것은 그 자체가 목적이 아니라 인간의 종교심을 수를 사용하여 완성시킨 것입니다. 이것이 오늘날 과학이 되었습니다. 모든 과학은 피다고라스의 수를 사용합니다.

이것이 666 시스템입니다. 그런데 그 수를 사용하여 발전시킨 과학이 바로 신이 되는 것이 사이언톨로지 종교입니다. 무슨 뜻인가 하면 W,W,W 라는 세계 인터넷 망 속에서 광속도로 오고 가는 모든 정보들이 바로 신적인 활동의 결과라는 것입니다.

사람 속에 영혼이 있듯이 우주 속에도 신적인 생명이 가득하다는 것입니다. 이것이 과학이라는 매개체를 통해서 인간에게 경험이 되는데 이런 모든 과학을 종교적인 현상 즉 신의 현현(現顯)이라고 이해를 하는 것입니다. 그래서 결국은 세상의 모든 종교가 추구하는 목적을 하나로 해결하려고 하는데 그것이 바로 사이언톨로지 즉 과학종교입니다.

양자물리학을 이용한 666 시스템의 과학은 인간의 질병을 치유하고, 유전자 속에 있는 병든 단백질을 제거하고, 인간을 소립자로 분해시켜 시간과 공간을 여행할 수 있는 존재로 만드는 시대가 오면 오늘날 존재하는 모든 종교는 지구촌 밖으로 사라질 것입니다. 사탄의 세력들은 과학이란 종교를 통해서 하나의 종교로 통합하려고 합니다. 이것은 십자가 영생의 종교인 기독교를 말살시키려는 사탄의 음모입니다. 이것이 666 시스템의 음모이고, 비밀입니다.

사탄의 세력들은 666 시스템을 선전합니다. 666 시스템이 정치적인 분쟁을 막을 수 있고, 종교간의 분쟁을 막을 수 있고, 경제적인 분쟁도 해결 할 수 있기 때문에 지구촌에 유토피아를 세울 수 있다는 것입니다. 이것이 바로 전 지구촌에 있는 모든 사람들을 하나의 시스템을 통해서 한 울타리 안에 모으려고 하는 전략입니다. 지구촌 인간 목장화 프로젝트 라고 합니다. 그리고 그 힘을 모아 하나님을 대적하고, 배도를 선포하는 것입니다. 이것이 바로 신세계질서입니다. 지금 유엔에서 추구하고 있는 지구촌 건설의 목표입니다.

그러나 이런 날이 오기 전에 하나님은 세상을 심판하실 것입니다. 그래서 지금 우리는 정신을 차리고 깨어 있어야 하는 것입니다. 2016년 1월에 발진시킨 제 4차 산업의 혁명은 인공지능 빅데이터가 지배하는 세상을 만드는 것입니다. 즉 정치와 경제와 종교 시스템이 하나의 빅데이터 시스템으로 작동하는 세계를 만드는 산업입니다. 이것이 빅 브라더 통제사회이며 적그리스도의 지상왕국의 등장입니다.

5) 짐승의 표와 이름, 그 수(數)의 비밀인 666 시스템의 정체는?

(1) 수메르 태양 종교 신인간 시스템
(2) 바벨론 3위1체 태양 종교 시스템
(3) 어거스틴의 삼위일체 뉴 플라톤 관상기도의 원리
(4) 피다고라스 테트락티스 우주론 시스템
(5) 유대 카발라 생명나무 시스템
(6) 로마 카톨릭 테트라그라마톤 시스템
(7) 천부경 삼신론 천지인 시스템
(8) 유럽 입자물리연구소 신인간 컴퓨터 시스템
(9) 양자 물리학 초끈이론 시스템
(10) 프랙탈 끌개 이론 시스템
(11) 양자 컴퓨터 시스템

3. 적그리스도의 최후의 병기 생체칩(베리칩)

1) 40년 동안 연구한 미국의 야심찬 국책사업(2010년 3월 23일 통과된 의료보험법)

미국의 오바마 대통령이 2010년 3월 23일 서명한 [건강보험개혁법]에 따라 건강보험이 없던 미국의 3,200만 명이 정부 보조 등을 통해 의료보험 가입 기회가 주어지게 되었습니다. 미국에서 보험이 없는 사람이 병원을 이용하려면 그 비용이 상상할 수 없을 만큼 비싼데, 이번 의료보험법 개혁은 전 국민 건강보험제도 도입이 논의되기 시작한지 거의 100년 만에 이뤄진 획기적인 개혁이었습니다. 그러나 실상은 건강보험개혁법이 911사태 이후에 개정된 수많은 독재법 중에서 가장 무서운 개인 통제법입니다.

2) 생체칩(베리칩)이란 무엇입니까?

최첨단 과학의 바이오칩(Biochip)이라는 베리칩(VeriChip)은 쌀 한 톨 만한 칩인데 동물에 심어서 위치를 추적하거나, 사람의 손이나 이마에 심어서 병원에 가지 않고 원격치료를 할 수 있고, 신용카드처럼 값을 지불하고, 은행에서 돈을 인출할 수 있으며, 납치나 인신매매를 방지할 수 있는 다용도로 쓸 수 있는 칩을 말합니다.

3) 생체칩(베리칩)의 종류

(1) 위치만 추적하는 베리칩

동물이나 어린아이들에게 심어 위치를 추적하여 납치나 인신매매를 방지하는 위치 추적 장치만 심어져 있는 칩이 있습니다.

(2) 128개의 DNA 유전자 코드가 포함된 베리칩

문제는 사람의 유전자 코드가 포함된 베리칩입니다. 사람의 몸은 30억 개의 세포(Cell)로 구성되어 있는데 매 세포 안에 세포핵이 있고, 세포핵 안에 수많은 염색체가 있습니다. 염색체 속에 일정한 순서로 배열돼 실 모양으로 꼬여진 염색사가 유전자 곧 DNA입니다. 이러한 유전자 하나하나에 핵산(核酸)이 있고, 세포는 유전자의 성질에 의해 결정되므로 핵산이 모여진 것을 세포라 합니다. 30억 개의 유전자 중에서 99.9%는 동일하고 0.1%인 3백만 개가 사람과 사람, 사람과 동물 간에 서로 다른 기능을 하게 합니다. 이 3백만 개를 조정해서 그 성질을 바꿀 수 있도록 작성한 128개의 메모리(부호)를 유전자 지도(Human genome code)라 합니다.

베리칩 자체가 코드가 아니라 베리칩 안에 Digital Angel 16코드와 함께 넣어 놓은 128개의 캐릭터(Character)가 유전자 지도입니다. 미네타 인클루션이라는 말의 숨은 뜻은 128개의 DNA코드를 일연번호와 함께 넣었다는 말입니다. 칩 안에 들어있는 Digital Angel 16코드는 칩의 일련번호인데 이 번호는 70조 중의 1이며, 이 번호는 칩을 받는 사람의 번호가 됩니다. 16코드로 된 칩은 위치추적 위성(GPS)으로 지구촌 어디에서도 추적되도록 만들어졌습니다. 전 세계 인구 74억 명의 정보를 모두 입력하고 남을 수 있는 용량입니다.

4) 생체칩(베리칩)을 받으면 안되는 이유는 무엇입니까?

베리칩 안에는 99.9% 동일한 기본 유전자 코드가 입력되어 있습니다.
병원에 가서 국토안보부에 연결된 단말기를 통해 나의 유전자 지도를 만들고 바로 그 정보가 본부에 입력이 되면 나의 신분은 완전하게 통제본부에 노예가 됩니다. 베리칩 안에는 유전자 정보 뿐 아니라 위성추적 장치, 은행업무장치와 같은 정보가 다 입력이 되어 있습니다. 뿐만 아니라 비밀결사들이 꿈꾸는 지상의 유토피아는 유전자 DNA 염기서열의 패턴 조작과 신경신호 분석조작을 통해서 질병을 치료하고 노화를 방지하여 영생 불사를 선전하고 있습니다. 그들이 원하는 사람들에게는 오랫동안 살게 해 주고, 그들이 원치 않는 사람들은 유전자 변이를 통해서 안락사를 시키고 또 질병을 절반만 치료해서 서서히 죽게 할 수도 있습니다.

또 우리 뇌에 있는 유전자 변이를 통해서 우리의 감정, 의지, 알고 있는 지식과 기억력까지 변경시킬 수 있습니다. 그래서 그들이 원치 않는 사람들을 모두 다 사이보그(절반은 로봇인간) 인간으로 만들어 버릴 수 있습니다. 그래서 성경은 이 표를 받으면 영원히 구원을 얻을 수 없다고 하신 것입니다. 베리칩은 적그리스도가 마지막 세상을 다스리기 위해 만든 작품입니다. 전 세계 모든 사람들을 아주 쉽게 자기 마음대로 조종하고 이용하고 통제 할 수 있습니다.

베리칩 안에는 다음과 같은 장치들이 입력되어 있습니다.
(1) Who or what are You? 당신은 누구며 무엇인가?(신원확인 항목)
(2) Where are You? 당신은 어디에 있는가?(위치확인 항목)
(3) How are You? 당신의 상태는 어떤가?(상황파악 항목)
(4) what do you need information? 당신은 무엇을 원하는가?(정보제공 항목)

즉, 누가 · 어디서 · 무엇을 · 어떻게 하는가를 추적하는 것입니다.

디지털 엔젤은 무선주파 위치추적위성(GPS)과 지상정보저장소를 통하여, 어느 누구라도 위치가 끊임없이 정보와 함께 추적이 됩니다.

5) 벨기에 브뤼셀 유럽연합본부에 있는 컴퓨터 이름이 짐승 (BEAST)

벨기에 브뤼셀 유럽연합(EU) 본부건물이 있고 3층에 전 세계 컴퓨터 통신망을 통괄하는 본부가 있습니다. 그 이름이 '짐승(BEAST)' 입니다. 영어 약자는 다음과 같습니다.

B. E. A. S. T.(Biomatrix Encryption and Satellite Tracking)라고 합니다.

Biometrics 생체칩 Encryption 입력 and 그리고 Satellite 위성 Tracking 추적

"생체칩을 입력해서 인공위성으로 추적한다." 입니다.

이 컴퓨터 이름은 크레이 XT5란 이름보다 재규어(Jaguar)란 이름으로 더 유명합니다.

전 세계적으로 컴퓨터 왕자라고 차지하고 있던 전통의 맞수는 IBM의 Roadrunner이었는데 이를 제치고 세계 1위에 올랐습니다. 2009년 당시 1위인 재규어 슈퍼컴퓨터 스펙은 1.75 Petaflop/s를 기록했는데 페타플롭스(Petaflop/s)는 초당 1,000조번의 계산이 이뤄지는 것으로서 1.75 Petaflop/s의 위력은 1초당 1,750조 번을 계산할 수 있는 능력입니다. 한마디로 짐승과 같은 속도입니다. 손가락 몇 개로는 절대 다가갈 수 없는 상상 이상의 속도라고 합니다.

앞으로 전 세계 모든 사람들의 생체칩(유전자 코드)을 여기에 입력시키고 이 표를 받지 않는 기독교인들을 이 짐승의 지도자가 목을 베어 죽일 것입니다. 성경은 누구든지 이마에나 손에 이 표를 받으면 구원을 얻을 수 없다고 하셨습니다.

계12:9-12 "또 다른 천사 곧 셋째가 그 뒤를 따라 큰 음성으로 이르되 만일 누구든지 짐승과 그의 우상에게 경배하고 이마에나 손에 표를 받으면 그도 하나님의 진노의 포도주를 마시리니 그 진노의 잔에 섞인 것이 없이 부은 포도주라 거룩한 천사들 앞과 어린 양 앞에서 불과 유황으로 고난을 받으리니 그 고난의 연기가 세세토록 올라가리로다 짐승과 그의 우상에게 경배하고 그의 이름 표를 받는 자는 누구든지 밤낮 쉼을 얻지 못하리라 하더라 성도들의 인내가 여기 있나니 그들은 하나님의 계명과

예수에 대한 믿음을 지키는 자니라"

계13:16-18 "그가 모든 자 곧 작은 자나 큰 자나 부자나 가난한 자나 자유인이나 종들에게 그 오른손에나 이마에 표를 받게 하고 누구든지 이 표를 가진 자 외에는 매매를 못하게 하니 이 표는 곧 짐승의 이름이나 그 이름의 수라 지혜가 여기 있으니 총명한 자는 그 짐승의 수를 세어 보라 그것은 사람의 수니 그의 수는 육백육십육이니라"

4. 트럼프 케어법이 좌절되었다

미국 트럼프 대통령은 오바마케어법안을 폐지시키는 것을 공약하였습니다. 트럼프 행정부의 제 1호 입법안인 트럼프케어의 핵심 내용은 오바마케어에서 시행한 전국민건강보험 의무 가입규정 즉, 건강보험에 가입하지 않으면 개인과 고용주 모두에게 벌금을 부과하는 것을 폐지하는 것입니다. 또한 보험료 지원 기준을 지금의 소득 기준에서 연령 기준으로 변경하되 지원대상을 1인당 연간 소득 7만5000달러, 가구당 15만달러 이하로 한정했고, 저소득층 의료지원인 메디케이디에 들어가는 재정의 연방정부지원액의 지원한도를 설정하는 등의 내용을 담고 있습니다.

이같은 트럼프케어에 민주당은 당론으로 반대하고 나섰습니다. 공화당은 이미 하원의 과반의석을 확보하고 있기 때문에 마음만 먹으면 법안을 통과시킬 수 있었습니다. 하지만, 공화당내의 강경 보수파들은 트럼프케어가 오바마케어와 비슷한 무늬만 개정안이라면서 원안 변경을 주장해왔고, 일부 중도파는 오바마케어를 폐지하면 정권의 지지층가운데 하나인 저소득층 백인들이 반발할거라며 역시 반대를 굽히지 않았습니다.

상원에서 부결된 오바마케어법 폐지법안

미 상원에서 '오바마케어(전국민건강보험법 · ACA) 폐지 법안' 이 또다시 과반 확보에 실패하며 부결됐습니다. 2017년 7월28일(현지시간) 미 의회전문지 더 힐과 워싱턴포스트(WP) 등에 따르면 상원은 이날 새벽 진행된 전체회의에서 오바마케어의 일부 조항만 제거한 일명 '스키니 리필' (skinny repeal · 일부 폐기) 법안을 찬성 49표, 반대 51표로 부결 처리했습니다. 앞서 상원에서는 오바마케어를 전면 개정하는 법안과 대체입법 없이 오바마케어를 우선 폐지하는 법안이 잇따라 부결된 바 있습니다.

이에 공화당 지도부는 오바마케어의 내용을 상당 부분 유지하되, 개인과 기업의 건강보험 의무가입 조항과 의료도구 과세 조항 등 일부만 제거한 '스키니 리필'을 내놓고 통과에 사활을 걸었습니다. 그러나 이마저도 부결됨으로써 오바마케어 폐지를 강하게 밀어붙인 공화당 지도부와 도널드 트럼프 대통령이 상당한 타격을 입게 됐습니다.

7장 적그리스도 배도의 나라와 종교통합

1. 유엔 중심의 바벨론 음녀의 종교통합과 기독교 사탄의 신학

1) 신학을 변조시켜 교회를 파괴시켜온 '예수회'

(1) 바리새파 유대인들의 또 다른 음모

바리새파 유대인들은 사탄의 본류입니다. 이들은 하나님께서 아름다운 나라를 완성하실 때까지 짝퉁천국을 만들어 하나님을 대적하는 세력들입니다. 바리새파 유대인들은 주후 313년 짝퉁기독교인 로마 카톨릭을 만들어 1300년 동안 중세를 지배해 오다가 1517년 종교개혁이 시작되어 1648년에 30년 종교 전쟁을 끝으로 국가교회인 중세가 무너지자 새로운 통제방법을 찾게 되는데 사탄에게 완전히 지배를 받아 유체이탈과 시간여행이 가능했던 이그나티우스 로욜라 라는 사탄숭배의 천재를 통해 예수회를 창설하게 하여 또 다른 짝퉁 천국인 신세계질서를 세우게 했습니다.

(2) '예수회' 탄생으로 또 다른 영적인 전쟁이 시작되었다.

프로테스탄트 개혁교도들에 의해 유럽 전역이 빠르게 잠식되어 가는 것으로 인해 로마 카톨릭 즉 바티칸은 흔들리게 되었습니다. 오스트리아 합스부르크와 정략결혼을 통해서 교권을 얻은 교황 바오로 3세는

1534년 스페인의 비스키안 카사솔라성에서 살았으며 이러한 개혁 교도들의 반란을 진압하기 위하여 나이트 오브 버진 knight of virgin 기사단원이었던 스페인 군인 출신 이그나티우스 로욜라로 하여금 예수회(Jesuits)를 창설하도록 하였습니다. 예수회는 그 이후 현재에 이르기까지 바티칸의 비밀 군대로서 활동하여 왔습니다.

일루미나티는 예수회(제수이트)의 회원이며, 유태인으로서 잉골스타트의 교수이며, 법학부장이었던 아담 바이스하우프트가 고대의 비밀스러운 악마숭배, 바벨론과 이집트의 우상 숭배 등 다양한 사상을 하나로 결합시켜 1776년 5월 1일 독일의 바이에른 지방에서 만든 비밀조직입니다. 아담 바이스하우프트는 로스차일드 후원을 받아 독일에 자신들과 유사한 국제적인 프리메이슨 조직들과 연계하여 독일의 프리메이슨 조직을 장악합니다.

이렇게 하여 1782년 7월 16일 윌헬스마트에서 양 조직이 회담을 개최하게 되었고, 일루미나티의 수장이었던 아담 바이스하우프트는 미리 준비한 계획을 발표하면서 일루미나티 조직을 프리메이슨의 '피' 로 여겨달라는 강력한 요구를 관철시켰습니다. 이때로부터 프리메이슨 조직은 제수이트와의 끈끈한 관계가 형성이 되었고, 결국 제수이트의 콘트롤을 받는 상황이 되었습니다. 후에 일루미나티는 예수회의 가장 중요한 분파가 되어 확장하여 가며 오늘날 세계 경제, 정치, 국제 금융, 군대, 그리고 세계 종교를 조종하게 되는 위치에 있습니다.

(3) 교육을 통해 세계를 지배하기 위해 출범한 예수회

비록 형식적인 구호에 그치긴 했지만 초대교회의 순결함을 회복하기 위해 "오직 성경"만을 외치며 종교개혁 운동과 함께 출발한 개신교회는 안타깝게도 오늘날 "개독교"라고 불리며 온 세상의 손가락질을 받는 상황에 있습니다. 오늘날 개신교회를 부패시키고 바알 기독교로 만든 사람들이 바로 예수회입니다.

예수회는 사탄숭배자들로서 국가교회를 통한 로마 카톨릭의 통제가 불가능해지자 전략을 바꾸어 학교를 세우고, 신학과 교리를 만들고, 성경적인 사상을 변질시켜서 하나님의 개혁교회를 파괴시키기 위해 설립되었습니다.

사단은 예수회를 통해 국가교회라는 막강한 권력을 통한 세계를 지배하는 방법을 바꿔 정치, 경제, 교육, 과학, 의학, 예술, 철학, 신학, 사상 등을 통해 지배하도록 예수회를 만들었습니다.

"진실은, 로마의 예수회가 개신교도들 사이에서 그들의 목적을 달성하기 위한 가장 훌륭하고 효과적인 도구로서 프리메이슨 조직을 완성시켰다는 사실이다." — 존 다니엘, '그랜드 디자인 익스포스드' (1999), 페이지 302쪽

"프리메이슨의 계보를 타고 올라가, 모든 조직의 꼭대기에 이르러, 세계 프리메이슨들의 우두머리가 누군지 살펴보면 당신은 예수회의 끔찍한 수장과 프리메이슨들의 우두머리가 같은 사람이란 사실을 발견할 것이다!" — 수많은 유명 프리메이슨들의 전기를 기록한 전기 작가 제임스 파튼 —

예수회에서 가장 강조한 것이 전쟁과 정치와 경제를 통한 제국주의식 지배 방법과 교육을 통한 지배방법입니다. 그렇기 때문에 다른 수도회와 달리 예수회는 일반 교육사업을 매우 강조합니다. 1547년 최초의 예수회 대학을 설립한 이래 전 세계 100여개 국가에 진출해 226개의 종합대학과 단과대학을 세웠습니다. 중/고교와 기타 교육기관도 4000여개에 이릅니다. 일례로 한국에는 서강대학교와 광주가톨릭대학교가 있고, 미국에는 보스턴 칼리지, 노트르담 대학교, 조지타운 대학교, 로욜라 대학교, 포덤 대학교가 예수회 소속이며, 일본에는 소위 소케이조 라고 일컫는 죠치대학(소피아대학교) 등이 예수회에 의해 설립되었습니다. 이것은 예수회가 선교활동을 하면서 신학·철학·문학에 밝은 선교사들을 각지에 파견하며 교육사업에 힘썼기 때문입니다. 트럼프 대통령은 예수회가 세운 뉴욕 포드햄 대학과 펜실베니아 대학을 졸업했습니다.

그들은 오늘날에도 각 나라에서 우수한 두뇌들에게 장학금을 주어 그들의 사상과 신학과 교리와 철학과 비전을 심어 전 세계를 장악하고 통치하는데 이미 성공을 했습니다. 로마 바티칸도 예수회 수장인 프란치스코 교황이 장악을 했습니다.

그동안 개신교회는 예수회를 통치한 사단이 만들어 놓은 신학자들을

통해 성경에서 말하고 있는 것과는 전혀 다른 짝퉁 기독교를 만들고 말았습니다. 무늬만 기독교이지 속에는 바알종교입니다. 이것을 번영 신학, 인본주의 신학, 윤리신학, 자연주의 신학, 자본주의 신학, 자유주의 신학, 은사주의 신학, 무천년주의 신학, 사회복음주의 신학, 신정통주의 신학, 신칼빈주의 신학, 신복음주의 신학, 신사도주의 신학 이라고 합니다.

예수회는 로마 카톨릭과 개신교를 통합하기 위해 프리메이슨인 빌리 그래함을 통해 신복음주의 본산인 미국에 풀러신학교를 세웠습니다. 빌 브라이트와 로렌 커닝햄을 통해 C.C.C와 예수전도단을 세웠습니다. 록펠러를 통해 W.C.C와 W.E.A를 세웠습니다. 사회복음주의자이며 말타기사단인 존 스토트, 은사운동가 릭 조이너, 유엔의 종교통합 피스운동가 릭 워렌 등이 있습니다.

예수회는 프리메이슨들 기관인 W.C.C와 W.E.A을 통해 세계 모든 기독교 교단과 기관과 연합회와 신학교를 이미 모두 장악했습니다. 이제 예수회는 정치통합, 경제통합, 종교통합, 국가통합을 통해서 그들이 꿈꾸던 새로운 신세계질서를 세우기 위해 마지막 작업을 하고 있습니다. 이 모든 일을 하고 있는 실체가 로마 카톨릭 바벨론 음녀입니다.

이제 남아 있는 것은 개 교회와 성도 한 사람만 남았습니다. 교회는 한 영혼이 천하보다 귀한 영혼들이 모여 있는 예수님의 몸입니다. 정신을 차리고 영적인 분별력을 가지고 깨어 있어야 합니다. 그래서 쓰나미와 같이 몰려오고 있는 배도에 휩쓸리지 말아야 합니다.

(4) 사탄 신학의 뿌리가 된 계몽주의와 자연주의 철학자들

종교개혁이후에 나타난 사탄신학의 정체는 일루미나티 계몽주의와 자연주의 철학자들로부터 나왔습니다. 루소, 칸트, 데카르트, 프란시스 베이컨, 헤겔, 파스칼, 니체, 슐라이어마허, 스페너 등입니다. 이들의 철학은 이미 2000년 전에 있었던 플라톤 철학과 아리스토텔레스의 자연주의 철학, 스토아 로고스 철학, 뉴 플라톤 철학, 어거스틴의 관상철학, 유세비우스, 오리겐, 클레멘트의 윤리신학, 자연주의 신학과 똑같은 내용들이 또 다시 전혀 다른 제목으로 부활한 것입니다. '타작기3' 와 '배도자 지옥 순교자 천국' 책을 읽으시면 확실하게 이해하실 수 있을 것입니다. 사탄신학은 신학이 아니라 사탄철학입니다.

2) 유엔에서 벌이고 있는 뉴에이지 운동의 정체는 무엇입니까?

(1) 유엔을 설립한 사탄 숭배자들인 뉴에이저들

UN을 세운 사람들은 사탄을 숭배한 프리메이슨 일루미나티입니다. 이들은 사탄이 왕이 되는 세계단일정부(신세계질서)를 세우고 통합종교를 불러들이기 위해 신지학 3대 총수인 앨리스/포스터 베일리 부부, 로버트 뮬러 등의 뉴에이지 운동가들과의 협력 하에 UN이 설립되었습니다.

다음은 데이비드 클라우드의 UN과 뉴에이지(THE UNITED NATIONS AND THE NEW AGE)라는 글에서 루시스 트러스트 부분만 발췌해서 소개합니다.

(2) 루시스 트러스트(LUCIS TRUST)

뉴에이지 신지학회 3대 회장인 앨리스 베일리 부부에 의해 설립된 루시스 트러스트는 유엔 경제사회이사회(ECOSOC)에 속해 있으며, 뉴욕시에 있는 유엔본부에 명상실을 갖추고 있습니다. 루시스 트러스트의 본부는 월스트리트에 있으며 전 세계 6천명의 직원이 새로운 오컬트 질서를 위해 일하고 있습니다. 앨리스 베일리(1880-1949)는 드왈 쿨 "DK대사"라는 티벳의 "승천마스터/승천대사"로부터 "악령과의 교통"을 중재 받았다고 주장했습니다.

루시스 트러스트의 원래 이름은 루시퍼 트러스트였으며, 이름에 대한 논란이 일어나자 후에 루시스 트러스트로 개명했습니다. 베일리는 루시퍼가 참 신이며 성경의 하나님은 신을 사칭한 존재라고 믿었습니다. 그녀는 루시퍼가, 인류에게 깨달음을 가져다 주는 영적 지식의 신비로운 대리(인)임을 믿었습니다.

베일리의 신은 루시퍼로 불리기도 했지만 사나트(Sanat)로 불리기도 했는데, 사나트는 사탄(Satan)의 숨겨진 이름입니다. 그녀는 루시퍼를 사나트 쿠마라(Sanat Kumara) 또는 온세계의 주(主 Lord)라고 불렀습니다.

베일리는 또한 물병자리의 시대가 도래하고, 해묵은 교리적 종교와 모든 분열은 뉴에이지 즉 새 시대에 길을 만들기 위해 비켜나야 한다고 믿었습니다. 그녀는 이렇게 말했습니다.

"뉴에이지는 도래했으며 우리는 새 문화와 새 문명의 산고(産苦)를 목격하고 있다. 이것은 지금 진행 중이다. 옛 것과 바람직하지 않은 것들은 없어져야 하며, 그 중에서도 미움과 분리의 영은 먼저 없어져야 한다."

베일리는 존재하는 모든 것은 에너지로 구성되었고, 이 에너지는 신이라고 가르쳤습니다. 그녀는, 사람의 신성, 윤회, 영혼의 진화적 완성을 믿었습니다. 그녀는, 인류의 영적 여행을 돕는 (영적 하이어라키 또는 대백색형제단이라고도 불리는) "지혜의 스승(마스터)들"로 불리는, 깨달음을 얻은 형제단이 있다고 주장했습니다. 그들은 샴발라 라고 하는 곳에서 산다고 하는데, 이곳은 천팔백 만 년 전에 세워졌고 "더 높은 에테르"에 위치한다고 했습니다.

그녀는 민족주의를 부정했으며, 이것은 인류 형제애와 세계조화에 반한다고 가르쳤습니다.

그녀는, 종국에는 "신세계질서"와 "신자들의 큰 모임"으로 이루어질 "우주적 세계종교"가 도래할 것이라고 주장했습니다. 이것들은 영적 마스터들을 통해 계시된 신적 계획과 상호 협력할 것이라고 했습니다.

베일리는 또한 궁극적으로 교회의 재건(regeneration)이 있을 것이며 그 교회는 뉴에이지 개념을 포용하고 온 세계에 "깨달음"(illumination)을 가져올 것이라고 가르쳤습니다. 이것은 정확히 오늘날의 종교간 대화와 로마 카톨릭의 관상운동에서 벌어지고 있는 것입니다.

그녀는 "그리스도"가 이 땅에 돌아오지만 그 그리스도는 예수와는 다르다고 가르쳤습니다. 그(재림 그리스도)는 어떤 종교에도 속하지 아니하고 사람들 사이에 조화를 가져올 것이라고 했습니다. 그는 온 땅의 신실한 신자들이 고대하는, 기독교 신자들뿐 아니라, 마이트레야(Maitreya)를 기다리거나 보디사트(Boddhisattv)를 기다리거나 이맘 마디(Imam Madhi)를 기다리는 사람들 모두가 고대하는 사람이라고 했습니다.

베일리는 그녀의 "티벳 마스터"가 UN을 "인류의 운명을 손에 쥔 사고적이며 정보에 능통한 남녀들로 이루어진 국제적인 명상적, 사색적 대집단의 기원과 씨앗"으로 보았다고 주장했습니다. 그녀는 또한 이렇게 적

없습니다. : "하이어라키는 지금 재건력(포스)을 UN 의회 속으로 나르려고 한다. 티벳 마스터는, 세계의 구원이 모든 나라의(제대로) 사고하는 대중들 손에 달려 있으며, 또한 그들에 의해 재림 그리스도를 위한 준비 작업이 이루어질 것이라고 말했다. 인류가 준비가 되었을 때 그(그리스도)가 올 것이라고 티벳 마스터는 말한다. 그리스도가 국가들의 '집'인 '유엔'을 통해 재림할 것이라고 추정하는 것이 비합리적이지는 않을 것이다. 그가 모든 나라의 백성에게 도달하려고 한다면, 국가들의 초점이자 인류 긴장의 지점인 UN보다 더 좋은 장소가 어디 있겠는가?"

(3) 뉴에이지 운동을 시작한 신지학이란 무엇입니까?

신지학회는 유대인이며 일루미나티인 헬레나 블라바츠키(Helena P. Blavatsky)라는 소련 점쟁이에 의해서 1875년 뉴욕에서 창설되었습니다.

신지학(神智學)은 플로티누스의 뉴플라톤 철학을 기반으로 인간 속에 타오르는 신의 불꽃 즉 신의 능력으로 인간은 자유롭고 무한한 신적인 존재가 될 수 있다는 종교철학입니다. 인간이 인간 속에 있는 신의 불꽃(루시퍼)의 능력으로 신적인 존재가 되면 신과 자연과 인간의 세계를 완전히 평정하는 진정한 신이 된다는 것입니다. 이것을 영혼 상승을 통한 신인합일을 이룬 것이라고 합니다.

뉴 플라톤 철학을 만든 플로티누스는 오리겐과 함께 북아프리카 암모니우스 사카스 라는 힌두교 수도승의 제자였는데 암모니우스 사카스는 피다고라스의 일루미나티 종교와 플라톤의 데미우르고스 종교를 혼합하여 뉴 플라톤 철학을 만들었습니다.

뉴 플라톤 철학은 인간이 신이 되는 과정을 이론화 시킨 관상철학으로 바벨론 태양종교의 3위1체 종교이론을 사용합니다. 니므롯이 죽고 난 후 세미라미스가 태양신(루시퍼)의 정기(精氣)를 받아 죽은 니므롯을 환생시킨 종교원리가 바벨론 3위1체 종교이론입니다. 뉴 플라톤 철학도 바벨론 루시퍼 태양종교로 신(神)과 인간(人間)과 그 사이를 연결하는 루시퍼와 소피아인 뱀을 통해서 신적인 능력을 얻은 마스터(master)란 중재자를 통해서 초자연적인 세계를 경험하여 신적 존재로 상승하는 것입니다.

어거스틴은 마니교에서 방황하다가 혼합주의 종교 철학인 뉴 플라톤 철학을 통해서 루시퍼를 만난 사람입니다. 그리고 그는 뉴 플라톤 철학을 가지고 당시 기독교인 로마 카톨릭 신학을 만들었습니다. 그래서 로마 카톨릭은 혼합주의 종교이며, 만신종교입니다.

오늘날 신사도 운동은 뉴 플라톤 철학에서 나온 관상신학과 관상기도 운동입니다. 이것은 사탄 루시퍼를 경험하고, 숭배하는 사탄종교 운동입니다.

신사도 운동은 뉴에이지 운동입니다. 사람이 신이 되고, 사람이 우주와 자연과 하나 되어 병을 치유하고, 초능력을 경험하고, 세상을 유토피아로 만들어 가는 과정은 모두 다 일시적인 현상으로 속임수입니다. 자유주의 신학의 출발이 감정이입입니다. 즉 순간적으로 감정속에 나타난 루시퍼의 깜짝쇼로 사람의 영혼을 사냥해 가는 전략입니다. 마치 마약을 통해 반짝 쾌락을 경험하는 것과 같습니다. 관상기도는 깊이 들어갈수록 목마름이 더하고, 자신의 영혼을 사탄의 제단에 바칠 때까지 멈출 수 없는 것입니다.

헬레나 블라바츠키는 일루미나티 사탄 숭배자로 그가 만든 신지학은 그녀의 제자인 독일의 신비주의자 세보텐도르프를 통해 히틀러 나치당을 창설한 툴레회를 바바리아에서 조직하게 했습니다. 그리고 나찌당의 주인인 일루미나티는 예루살렘에 세계정부를 세우기 위해 600만 유대인들을 학살하고 유엔을 만들고 이스라엘을 건국시켰습니다.

오늘날 사탄의 종교 뉴에이지는 교회 깊숙이 침투해왔습니다. 그러나 많은 사람들이 이를 분별하지 못하고 빠져 들어가고 있습니다. 유엔은 뉴에이지 운동을 통해 가정을 파괴하고, 국가주의를 무너뜨리고, 기독교를 파괴하고, 종교 통합을 하고 있습니다. 유엔은 뉴 에이지 운동을 통해서 사탄이 하나님이며, 초자연적인 현상을 경험하는 것이 구원이며, 사람이 신적인 존재가 되어 지상에 루시퍼 중심의 신세계 유토피아가 도래할 것을 말하고 있습니다. 그러나 이 모든 것은 다 거짓말입니다. 배도하여 하나님을 대적하기 위한 일루미나티들이 세운 유엔의 술책입니다.

8장 적그리스도의 배도의 나라와 순교의 기독교

1. 대환난 때 구원을 받을 수 있는 방법

마지막 때는 순교를 통해서만 구원을 얻을 수 있다

지금은 환난 전이기 때문에 예수님의 십자가 속죄를 믿고 죽은 사람은 당연히 구원을 받습니다. 살아서 환난 전에 휴거한 사람도 역시 구원을 받습니다. 그러나 세계 정치지도자와 이스라엘 지도자 사이에 평화 조약이 체결되고 예루살렘에서 성전건축이 시작되면 마지막 7년의 환난이 시작됩니다. 유대인들은 220일 성전을 건축하고 1020일 동안 구약제사를 드리다가 후 삼년 반이 시작되면 적그리스도가 유대인들에게 제사를 드리지 못하게 하고 루시퍼(사탄)를 섬기라고 합니다. 이때부터 유대인들도 환난을 당합니다. 그리고 3년 반 후에 예수님이 재림하십니다.

환난 때에는 사탄이 모든 종교를 하나로 통합하고 사탄의 종교를 받아들이지 않는 사람은 모두 죽이게 됩니다. 다시 말해서 예수 믿고 영혼을 구원받겠다고 하는 사람들은 모두 정신병자로 몰아 죽이는 것입니다. 그래서 환난 때에는 둘 중에 하나를 택해야 합니다.

사탄의 표를 받느냐(베리칩, 666표) 아니면 순교(죽음이냐)를 택하는 가를 결정해야 합니다. 육신의 생명을 위한 빵이냐 아니면 하나님의 나라의 영원한 생명이냐를 결정해야 합니다.

물론 이마나 손에 짐승의 표를 받지 않고 살아서 예수님의 재림 때까지 살아남은 사람도 역시 구원을 받습니다. 그러나 짐승의 표가 없으면 아무것도 사거나 팔 수 없고, 차를 타고 내릴 수도 없고, 직업도 가질 수 없고, 사회생활을 할 수 없습니다. 그럼에도 불구하고 어떤 방법으로든지 짐승의 표를 받지 않고 예수님이 재림할 때까지 인내한 사람은 구원을 받을 수 있습니다.

계14:9-13

"또 다른 천사 곧 셋째가 그 뒤를 따라 큰 음성으로 가로되 만일 누구든지 짐승과 그의 우상에게 경배하고 이마에나 손에 표를 받으면 그도 하나님의 진노의 포도주를 마시리니 그 진노의 잔에 섞인 것이 없이 부은 포도주라 거룩한 천사들 앞과 어린 양 앞에서 불과 유황으로 고난을 받으리니 그 고난의 연기가 세세토록 올라가리로다 짐승과 그의 우상에게 경배하고 그 이름의 표를 받는 자는 누구든지 밤낮 쉼을 얻지 못하리라 하더라 성도들의 인내가 여기 있나니 저희는 하나님의 계명과 예수 믿음을 지키는 자니라 또 내가 들으니 하늘에서 음성이 나서 가로되 기록하라 지금 이후로 주 안에서 죽는 자들은 복이 있도다 하시매 성령이 가라사대 그러하다 저희 수고를 그치고 쉬리니 이는 저희의 행한 일이 따름이라 하시더라"

계20:4-5

"또 내가 보좌들을 보니 거기 앉은 자들이 있어 심판하는 권세를 받았더라 또 내가 보니 수의 증거와 하나님의 말씀을 인하여 목베임을 받은 자의 영혼들과 또 짐승과 그의 우상에게 절하지도 아니하고 이마와 손에 그의 표를 받지도 아니한 자들이 살아서 그리스도로 더불어 천 년 동안 왕 노릇 하니(그 나머지 죽은 자들은 그 천 년이 차기까지 살지 못하더라) 이는 첫째 부활이라"

2. 기독교인들이 순교를 한 이유는 무엇입니까?

1) 하나님의 말씀과 그 증거로 순교

계6:9-11 "다섯째 인을 떼실 때에 내가 보니 하나님의 말씀과 저희의 가진 증거를 인하여 죽임을 당한 영혼들이 제단 아래 있어 큰 소리로 불러 가로되 거룩하고 참되신 대주재여 땅에 거하는 자들을 심판하여 우리 피를 신원하여 주지 아니하시기를 어느 때까지 하시려나이까 하니 각각 저희에게 흰 두루마기를 주시며 가라사대 아직 잠시 동안 쉬되 저희 동무 종들과 형제들도 자기처럼 죽임을 받아 그 수가 차기까지 하라 하시더라"

대환난 때 기독교인들이 순교한 이유는 두 가지입니다. 하나님의 말씀과 그 증거를 인해서 죽임을 당하고, 또 예수의 증거와 하나님의 말씀을 인하여 목베임을 받게 됩니다. 하나님의 말씀에 순종하기 때문에 순교를 하는 것입니다. 하나님의 말씀을 거역할 수 없어서 순교를 합니다. 그리고 하나님의 말씀의 증거가 있습니다. 즉 그 말씀대로 살아서 그 말씀의 증거를 가지고 있는 것입니다. 이것을 살아 있는 믿음이라고 합니다. 하나님의 말씀을 머리로만 알고 있고 그 말씀대로 살아가지 않는 그리스도인들은 모두 짝퉁입니다. 구원받은 성도는 반드시 하나님의 말씀대로 살아야 합니다.

요8:31-32 "그러므로 예수께서 자기를 믿은 유대인들에게 이르시되 너희가 내 말에 거하면 참 내 제자가 되고 진리를 알찌니 진리가 너희를 자유케 하리라"

예수님의 제자는 하나님의 말씀을 가지고 살아야 합니다. 그때 진리를 알게 되고 진리를 알아야 진리가 자유케 합니다. 진리를 알고 진리안에서 자유함을 얻은 자들이 바로 순교자의 신앙을 가지고 사는 성도입니다.

예수의 증거와 하나님의 말씀으로 순교

예수의 증거가 있어야 합니다. 즉 십자가 복음으로 거듭난 경험이 있어야 합니다. 예수님께서 니고데모에게 물과 성령으로 거듭나지 아니하면 천국을 볼 수도 없고 들어가지도 못한다고 하셨습니다. 예수의 증거가 있어야 순교를 할 수 있습니다. 그리고 하나님의 말씀을 가지고 있어야 합니다. 하나님께서는 마지막 시대에 어떤 일들이 일어날지를 미리 다 말씀하셨습니다. 그 말씀대로 순종하고 사는 자들은 바로 순교할 수 있는 것입니다.

계20:4 "또 내가 보좌들을 보니 거기 앉은 자들이 있어 심판하는 권세를 받았더라 또 내가 보니 예수의 증거와 하나님의 말씀을 인하여 목 베임을 받은 자의 영혼들과 또 짐승과 그의 우상에게 경배하지도 아니하고 이마와 손에 그의 표를 받지도 아니한 자들이 살아서 그리스도로 더불어 천년 동안 왕노릇 하니"

천년 왕국

에필로그(Epilogue)

　　666 시대를 알리는 제 4차 산업혁명이 시작되었습니다. 인공지능과 빅데이터 시대가 시작되었습니다. 스마트 배가 준비되고 있습니다. 배에 물건을 선적할 때부터 항해를 해서 도착 항구에서 모든 물건을 하역하고 돌아올 때까지 사람이 전혀 필요 없는 배가 준비되고 있습니다. 스마트 자동자도 준비되고, 스마트 시티도 준비되고, 스마트 병원도 준비되고, 스마트 공장도 준비되고 있습니다. 의사도 필요 없고, 노동자도 필요 없고, 경찰이나 군대도 필요 없는 스마트 국가도 준비되고 있습니다.
　　제 4차 산업혁명에서 가장 큰 문제는 놀고 먹는 많은 사람들입니다. 공장에서도, 도시에서도, 배에서도, 병원에서도 모두 인공지능을 가진 컴퓨터와 로봇이 모든 일을 처리하기 때문에 사람들이 필요 없는데도 세계에는 74억이란 어마 어마한 인구가 존재하고 있습니다. 그렇다면 이 많은 인구를 어떻게 해야 합니까? 줄여야 합니다. 그래서 마틴 루터가 속한 장미십자단 프리메이슨들은 미국 조지아주 가이드 스톤 십계명 중 제 1계명에서 세계 인구를 5억으로 줄여야 한다고 했습니다. 세계인구가 많으면 경쟁사회가 되고, 경쟁사회가 되면 과학적 공산주의 유토피아를 세울 수 없습니다. 그래서 신세계질서 세계국가를 세우는데 가장 큰 걸림돌은 많은 인구입니다. 그래서 사탄의 세력들은 많은 인구를 청소하기 위해 제 3차대전을 준비 중에 있습니다. 솔제니친은 러시아 공산혁명으로 6,500만 명이 살해 되었다고 주장했습니다. 중국 공산혁명으로 4,500만 명, 베트남 600만 명, 캄보디아 400만 명, 폴란드 400만 명을 인종청소로 죽였습니다.
　　미국은 등소평시대 이후 매년마다 중국에 5000억불 이상의 무역 흑자를 넘겨주고 있습니다. 그리고 중국은 그 돈으로 최첨단 무기를 만들었고, 공장들을 세워 미국과 어깨를 나란히 하는 G2 국가가 되었습니다. 이는 미국의 네오콘들이 의도적으로 중국을 미국과 견줄만한 거대 공룡국가로 키운 것입니다. 그리고 지금은 중국과 패권전쟁을 하려고 준비 중에 있습니다. 북한의 핵무기도 인구가 밀집되어 있는 동북아시아의 인종청소를 위해 준비된 것입니다. 북한은 핵무기만 아니라 5000톤 이상의 콜레라, 장티푸스, 천연두, 탄저균, 메르스, 조류독감과 같은 생물학 무기가 있고, 청산가리탄과 같은 수 십종의 가스탄을 소유하고 있습니다. 이 모든 준비는 대량인명 살상용입니다.

인구밀집 지역인 인도 파키스탄에도 핵무기가 있고 대량살상 무기가 준비되어 있습니다. 중동에는 이스라엘과 이란에 핵무기가 준비되어 있습니다. 유럽과 미국은 이라크, 시리아 등 중동 난민 수십 만 명이 중동 전쟁이 일어나면 핵테러를 통해서 인종 청소를 하기 위해 준비되어 있습니다. 세계 3차 대전은 겉으로는 미국과 중국은 패권전쟁, 일본과 중국, 일본과 러시아, 일본과 한국, 한국과 북한은 영토분쟁과 이념전쟁, 중동은 종교전쟁, 유럽과 미국은 테러전쟁으로 위장되어 준비되어 있지만 실상은 인종청소를 하기 위해 철저히 준비된 전쟁에 불과합니다.

제 3차 대전이 끝나고 인종청소가 되고 나면 적그리스도의 세력들은 예루살렘에서 신세계질서를 선포하고 공산주의 유토피아 국가를 선포할 것입니다. 그때 세계는 하나의 정부, 하나의 화폐, 하나의 종교로 통합될 것입니다. 그때까지 살아 남은 그리스도인들은 적그리스도가 배도를 선포하고 루시퍼 종교를 믿고 따르지 않는 모든 사람들을 죽일 것입니다. 그리고 인공지능 빅데이터 시스템을 작동시켜 빅 브라더 시대를 열게 될 것입니다. 그때 누구든지 666 짐승의 나라의 시민권인 DNA 유전자 화폐를 받지 아니하면 사고 팔 수 없을 것입니다. 이것을 성경은 666 짐승의 표라고 했습니다. 인공지능 4차 산업의 완성이 바로 인공지능 빅데이터 망이 작동하는 스마트 세계국가인 공산주의 유토피아 신세계질서 적그리스도의 왕국입니다.

요한 계시록에도 일곱인 심판 때 4분의 1, 일곱나팔 심판 때 3분의1, 일곱우뢰 심판 때 2분의1이 죽어서 세계 인구 4분의 3이 죽게 되어 있습니다. 만일 적그리스도가 7년 환난 중간에 배도를 할 때까지 즉 후삼년 반이 시작될 때 배도를 하게 되는데 그때까지 살아남은 성도는 반드시 순교를 준비해야 합니다. 그래서 성경은 하나님의 말씀과 예수의 증거를 인하여 목베임을 받은 순교자라고 했습니다. 주안에서 죽은 자들이 복이 있다고 했습니다.

계14:13 "또 내가 들으니 하늘에서 음성이 나서 가로되 기록하라 자금 이후로 주 안에서 죽는 자들은 복이 있도다 하시매 성령이 가라사대 그러하다 저희 수고를 그치고 쉬리니 이는 저희의 행한 일이 따름이라 하시더라"

2019년 2월 25일
이 형 조

참고서적

- 과학시대의 신론, 존 폴킹혼 저, 이 정배 역, 동명사 1998
- 스티븐 호킹 우주, 홍동선역. 책세상, 1990
- 기독교의 현대적 이해, 신준호, 한들출판사 2000
- 클라우스 슈밥 제4차 산업혁명, 역 송경진, 새로운 현재, 2016.4.20
- 제4차 산업혁명과 법, 양천수 지음, 박영사, 2017.12.25
- 인공지능 시대, 조미상 지음, 더메이커 2018.12.5
- 인공지능 시대의 비즈니스 전략, 정도희 지음, 더퀘스트, 2018.1.23
- 생활을 변화시키는 인공지능, 다쿠치 카즈히로 저, 양성건 역, 영진닷컴, 2018.11.3
- 대학에 가는 AI, 아라이 노리코 저, 김정환 역, 해냄출판사, 2018.11.20
- 인공지능, 이권윤, 이상부 지음, 글로벌, 2018.9.3
- 초연결 초지능, 하원규 저, 콘텐츠 하다, 2015.12.10
- 대리사회, 김민섭 저 와이즈베리, 2016.11.28
- 금융왕 로스 차일드 & 일루미나티 13가문들, 진성 (편저) 지음, 내외신서, 2017.9.14
- 악마들의 거처 바티칸, 임종태 저, 다른우리, 2009.5.25
- The Illuminati, Marrs Jim 지음, Visible Ink Press, 2017.6.6.
- Illuminati. Angels & Demons, 댄 브라운 지음, European Schoolbooks, 2003.3.1
- Illuminati, Makow Henry 지음, Silas Green, 2012.10.4
- 프리메이슨, 폴 제퍼스 저, 이상원 역, 황소자리, 2007.1.31
- 프리메이슨 비밀의 역사, 진형준 저, 살림, 2009.11.30
- 사교 집단에 속지 말라, 데이비드 다니엘즈 저, 김진석 역, 말씀보존학회, 2015.10.31
- 프리메이슨단 비교종교, 조지 마더 저 장미숙 역, 은성, 1997.6.15
- 템플러, 마이클 해그 저, 이광일 역, 책과함께, 2015.9.1
- 프리메이슨, 크리스티앙 자크 저, 하태환 역, 문학동네, 2003.7.10
- 프리메이슨 코드, 재스퍼 리들리 저, 송은경 역, 문학수첩, 2009.12.30
- 프리메이슨 빛의 도시를 건설하다, 크리스토퍼 호댑 저, 윤성원 역, 밀리언 하우스 2009.12.7
- 히람의 열쇠와 프리메이슨, 로버트 로마스 저, 임경아 역, 루비박스, 2009.12.17
- 코스모스, 칼 세이건 저, 홍승수 역, 사이언스 북스, 2010.1.20
- 칼 세이건, 최재훈, 황재희 저. 유민경 그림, 웅진주니어, 2014.6.13
- 칼 세이건이 몰랐던 우주 이야기, 호르헤 챔 저, 고현석 역, 사회평론, 2018.8.3
- 콘택트. 저자 칼 세이건, 이상원 출판 사이언스북스 2009.7.17
- 에덴의 용, 칼 세이건 저, 임지원 역, 사이언스 북스, 2014.3.28
- 스티븐 호킹, 마커스 초운 저, 장정문 역, 소우주, 2018.11.15
- 스티븐 호킹의 블랙홀, 스티븐 호킹 저, 이종필 역, 동아시아, 2018.3.28
- 10억 년 전으로의 시간 여행, 최덕근 지음, 휴머니스트, 2016.2.22
- 재미있는 수학여행, 김용운, 김용국 저. 김영사, 2007.1.25
- 피타고라스의 비밀, 김부일 저, 굿플러스 북, 2014.8.20
- 피타고라스 학파의 집단 살인, 박영훈 저, 가갸날, 2017.5.30
- 수학의 파노라마, 클리퍼드 픽오버 저, 김지선 역, 사이언스 북스, 2015.2.25
- 중세 스콜라 철학, 요셉 피퍼 저, 김진태 역, 가톨릭대학교, 2007.9.19
- 스콜라 철학의 기본개념, 요셉 드 프리스 저, 신창석 역, 분도출판사, 1997.7.24
- 베네치아 상인, 돈 헌터 저, 양녕자 역, 아카넷 주니어, 2011.7.26

- 네오콘(팍스 아메리카나의 전사들), 이장훈 저, 미래 M&B, 2003.10.20
- 네오콘 프로젝트, 남궁곤 저, 사회평론, 2005.3.16
- 네오콘의 음모, 오타 류 저, 민혜홍 역, 아이필드, 2004.10.15
- 레오스트라우스(부활하는 네오콘의 대부), 박성래 저, 김영사, 2005.7.25
- 신자유주의 시대 경제윤리, 페터 울리히 저, 이혁배 역, 바이북스, 2010.4.1
- 1%를 위한 나쁜 경제학, 존 F 윅스 저, 권예리 역, 이숲, 2016.12.1
- 우리를 위한 경제학은 없다, 스튜어트 랜슬리 저, 조윤정 역, 비즈니스 북스, 2012.4.20. 선택된 메뉴관련도순 출간일순 약 41건
- 양자물리학, 빅반 저, 남진희 역, 탐, 2018.11.28.
- 양자 물리학 그리고 기독교신학, 존 폴킹혼 저, 현우식 역, 연세대학교출판부, 2009.3.10.
- 위기의 경제학 공동체 경제학, 최배근 저, 동아 엠앤비, 2018.12.10.
- 우주시대와 신세계질서, 김병숙 저, 무화과, 2017.8.21.
- 탈냉전과 미국의 신세계질서, 서재정 외 저, 역사 비평사, 2008.12.3.
- 신지학(슈타이너 인지학 3), 루돌프 슈타이너 저, 양억관 역, 물병자리, 2016.5.21
- 신지학의 열쇠, 퍼레버스키 저, 임길영 역, 신지학, 1995.4.1.
- 신지학의 제일원리, 아라자사가 저, 임길영 역, 신지학, 1994.11.1.
- 실천적 오컬티즘, 헬레나 블라바츠키 저, 임길영 역, 신지학, 1998.8.29
- 시대정신 시리즈, 피터 조셉 저, 김종돈 역, 노마드북스, 2009.8.1.
- 양자 중력의 세 가지 길, 리 스몰린 저, 김낙우 역, 사이언스북스, 2007.9.25
- 비밀 결사 세계를 움직이는 어둠의 권력, 기류 미사오 저,최민순 역, 책보세, 2010.10.4
- 콜롬버스 기사단(바티칸 비밀결사), 알베르토 리베라 저, 생명의 서신 역, 출, 2011.9.1.
- 성전기사단과 이사신단, 제임스 와서만 저, 서미석 역, 정신세계사, 2006.10.25.
- 헬파이어 클럽, 이블린 로드 저, 이경식 역, 황소자리, 2010.1.30.

세계제자훈련원 출판사 도서 소개

기독교 종말론 가이드 북
타 작 기

목 차
1. 적그리스도의 정의
2. 적그리스도의 목적
3. 적그리스도의 역사
4. 적그리스도의 혈통
5. 적그리스도의 종교
6. 적그리스도의 전략
7. 적그리스도의 무기
8. 적그리스도의 기독교 파괴 프로그램
9. 적그리스도의 단체
10. 적그리스도에 대한 준비

2012년 3월 10일 출간 타작기 가격 13,000원

적그리스도의 유전자 비밀
타 작 기 2

목 차
제1장 가짜 유대인의 정체
제2장 적그리스도 세력들이 사용하고 있는 성경적 종말론
제3장 적그리스도 세력들의 유전자의 비밀
제4장 세계 역사를 움직이는 프리메이슨
  1. 한국의 프리메이슨
  2. 영국의 프리메이슨

3. 일본의 프리메이슨
   4. 중국의 프리메이슨
   5. 미국의 프리메이슨
2013년 7월 10일 출간   타작기2   가격 15,000원

십자가 복음과 교회의 승리
타 작 기 3

목 차
제 1장 말세지말에 필요한 요한의 복음
제 2장 사탄 기독교의 진앙지 알렉산드리아 학파
제 3장 바리새파 유대인의 정체와 로마 카톨릭
제 4장 기독교 사상가들의 허와 실
제 5장 종교개혁과 장미십자단
제 6장 기독교 이단
제 7장 기독교 이단 신학, 교리와 사상가들
제 8장 성경 번역의 역사
제 9장 순교 역사로 기록된 2000년 기독교회사
2014년 3월 25일 출간   타작기3   가격 20,000원

마지막 시대 복음
배도자지옥(背道者 地獄) 순교자천국(殉敎者 天國)

목 차
1부 배도자 지옥(背道者 地獄)
제 1장 배도(背道)란 무엇입니까?
   1. 배도(背道)의 정의(定義)
   2. 배도(背道)의 목적(目的)

   3. 배도(背道)의 주체(主體)
   4. 배도(背道)의 시기(時期)
   5. 배도(背道)의 장소(場所)
   6. 배도(背道)의 방법(方法)
   7. 배도(背道)의 범위(範圍)
   8. 배도(背道)의 신앙(信仰)
   9. 배도(背道)의 신학(神學)
   10. 배도(背道)의 결과(結果)

제 2장 배도자의 신앙(背道者 信仰)
제 3장 배도자의 신학(背道者 神學)
제 4장 배도자의 비밀 함정(背道者 秘密 陷穽)
2부 순교자 천국(殉敎者 天國)
제 1장 순교(殉敎)란 무엇입니까?

   1. 순교(殉敎)의 정의(定義)
   2. 순교(殉敎)의 목적(目的)
   3. 순교(殉敎)의 주체(主體)
   4. 순교(殉敎)의 시기(時期)
   5. 순교(殉敎)의 이유(理由)
   6. 순교(殉敎)의 범위(範圍)
   7. 순교(殉敎)의 방법(方法)
   8. 순교(殉敎)의 대상(對象)
   9. 순교(殉敎)의 신앙(信仰)
   10. 순교(殉敎)의 능력(能力)

3부 결론 : 순교자 신앙고백 (殉敎者 信仰告白)

출간 2015년 2월 25일 "배도자지옥 순교자천국" 가격 15,000원

성경중심 구속사 중심 복음중심
교회와 요한 계시록

목 차
제 1장 창조와 구속의 목적인 교회
제 2장 첫째부활의 비밀
제 3장 그리스도의 제사장 나라인 교회
제 4장 계시록에 나타난 교회의 다른 이름들
제 5장 교회는 환난 전에 모두 휴거를 합니까?
제 6장 다니엘의 70이레 비밀과 요한 계시록 7년 대환난
제 7장 구약의 이스라엘과 신약의 교회는 같은가? 다른가?
제 8장 666 짐승의 표와 이름, 그 수의 비밀
제 9장 적그리스도인 바벨론 짐승의 정체
제 10장 예루살렘 회복운동은 배도 운동
제 11장 새끼 양같이 두 뿔 달린 두 번째 짐승의 정체
제 12장 로마 카톨릭 바벨론 음녀의 정체
제 13장 요한 계시록 144,000명은 누구입니까?
제 14장 천년왕국
제 15장 그림으로 보는 교회와 요한 계시록
출간 2016년 2월 25일 "교회와 요한 계시록" 가격 20,000원

성경중심 구속사 중심 복음중심
교회와 요한계시록 설교집

목 차
제 1편 요한 계시록 1장
제 2편 알파와 오메가
제 3편 요한 계시록 2-3장

제 4편 요한 계시록 4장
제 5편 교회는 환난전에 모두 휴거합니까?
제 6편 요한 계시록 5장
제 7편 일곱 인봉한 책과 요한 계시록
제 8편 일곱 인봉한 책과 과학의 바벨탑 심판
제 9편 그리스도의 제사장 교회
제 10편 요한 계시록에 나타난 교회의 다른 이름들
제 11편 요한 계시록 6장
제 12편 7년 대환난과 다니엘의 70이레
제 13편 요한 계시록 7장
제 14편 요한 계시록 144,000명의 정체
제 15편 요한 계시록 8-9장
제 16편 요한 계시록 10-11장
제 17편 구약의 이스라엘과 신약의 교회는 같은가? 다른가?
제 18편 요한 계시록 12장
제 19편 적그리스도의 나라인 열 뿔 짐승의 정체
제 20편 새끼 양 같은 두 번째 짐승의 정체
제 21편 일곱 머리 열 뿔인 유엔 탄생의 비밀
제 22편 2차 세계대전과 미국과 소련을 중심으로 태어난 유엔
제 23편 니므롯의 후예들
제 24편 일루미나티 유엔 과업을 위해 준비된 한국전쟁
제 25편 예루살렘 회복운동은 배도 운동
제 26편 열 뿔 적그리스도의 나라
제 27편 666 짐승의 표와 이름, 그 수의 비밀
제 28편 짐승의 수를 세어 보라
제 29편 666시스템과 양자 컴퓨터 시대
제 30편 666 짐승의 이름과 복음
제 31편 환단고기와 666 우주론 시스템
제 32편 666은 신세계질서의 시스템

제 33편 요한 계시록 14장
제 34편 666은 바벨론 태양신 3위1체 비밀
제 35편 요한 계시록 15장
제 36편 요한 계시록 16장
제 37편 요한 계시록 17장
제 38편 바벨론 음녀의 정체
제 39편 역사적으로 나타난 적그리스도의 혈통
제 40편 일루미나티 세력들이 지배하고 있는 미국속에 감춰진 유엔
제 41편 유엔의 NGO 운동과 짐승의 나라
제 42편 요한 계시록 18장
제 43편 요한 계시록 19장
제 44편 요한 계시록 20장
제 45편 첫째 부활에 참여한 자
제 46편 천년왕국
제 47편 천년왕국 그리스도의 심판대
제 48편 요한 계시록 21장
제 49장 요한 계시록 22장
출간 2016년 2월 25일 "교회와 요한 계시록 설교집" 가격 20,000원

종교개혁 500주년 기념 평가책
역사적 기독교 성경적 기독교

목 차
제 1장 역사적 기독교와 성경적 기독교는 어떻게 다른가?
제 2장 종교개혁 500주년 기념 평가와 재세례파 공동체 교회들
제 3장 성경적 기독교
제 1권 복음
제 2권 구원의 확신
제 3권 그리스도인으로 자라남

제 4권 교회
제 5권 열매 맺는 삶
제 6권 그리스도인의 생활
제 7권 제자로서의 성장
제 8권 성숙한 제자
제 9권 세계선교
제 10권 재림과 종말
**출간 2017년 3월 20일 "역사적 기독교 성경적 기독교" 672P
가격 30,000원**

성경적 신학적 과학적 **천년왕국**

프롤로그
제 1부 성경적 천년왕국
  1장 하나님의 섭리와 천년왕국
  2장 구약에서 말한 천년왕국
    1. 이사야가 기록한 천년왕국
      1) 이사야의 역사적 중요성과 우주적이고 종말론적인 예언의 목적
      2) 이사야와 다니엘에 기록된 하나님의 특별한 섭리, 70년 포로 생활과 70이레 비밀
      3) 이사야에 기록된 구속사와 천년왕국
  3장 신약에서 말한 천년왕국
제 2부 신학적 천년왕국
  1장 무천년주의 종말론과 천년왕국
  2장 신칼빈주의 문화대명령
  3장 칼 바르트와 신정통주의 윤리신학
  4장 신복음주의 사회복음신학
  5장 신사도주의 운동과 신세계질서 적그리스도의 나라

3부 과학적 천년왕국
　1장 과학적 천년왕국이란 무슨 뜻입니까?
　2장 현대과학이 밝힌 우주의 신비
4부 천년왕국에 대한 중요한 주제에 대한 질문과 답
　1장 천년왕국이 이루어지기 전에 어떤 일들이 일어납니까?
　2장 천년왕국의 비밀은 무엇입니까?
　3장 천년왕국이 끝난 후 어떤 일들이 있습니까?
에필로그
참고도서
성경적 신학적 과학적 천년왕국 2019년 2월 25일 출간 값 13,000원

세계제자훈련원 제자훈련 10단계 교재

1권 복음
　1과 성경이 왜 하나님의 말씀인가?
　2과 하나님의 뜻과 중생
　3과 복음이란 무엇인가?
　4과 예수 그리스도의 보혈의 능력
　5과 예수 그리스도의 십자가의 능력
2권 구원의 확신
　1과 왜 구원의 확신을 갖는 것이 중요한가?
　2과 구원의 확신 점검
　3과 신앙고백과 간증하는 법
　4과 성 삼위 하나님 안에서 확신
　5과 세례와 성찬
3권 그리스도인으로 자라남
　1과 왜 그리스도인은 자라나야 하는가?
　2과 말씀의 중요성과 우선순위(Q.T)
　3과 기도하는 법

4과 성도의 교제와 교회의 비밀
　　5과 순종의 축복
4권 교회
　　1과 교회란 무엇입니까?
　　2과 교회의 본질과 비밀
　　3과 교회안에 있는 은사
　　4과 교회안에 있는 직분
　　5과 교회의 목적
5권 열매맺는 삶
　　1과 성도의 삶의 목적은 무엇인가?
　　2과 전도
　　3과 양육
　　4과 헌금
　　5과 예배
6권 그리스도인의 생활
　　1과 그리스도인의 개인생활
　　2과 그리스도인의 가정생활
　　3과 그리스도인의 교회생활
　　4과 그리스도인의 사회생활
　　5과 그리스도인의 국가생활
　　6과 그리스도인의 세계생활
7권 제자로서의 성장
　　1과 제자란 누구인가?
　　2과 제자의 도와 비전
　　3과 훈련의 중요성
　　4과 헌신과 하나님의 뜻 발견
　　5과 십자가의 도(종의 도)
8권 성숙한 제자
　　1과 성숙한 제자란 어떤 사람인가?

 2과 성숙한 제자와 상담
 3과 성숙한 제자와 성경공부인도
 4과 성숙한 제자와 절대주권(로드쉽)
 5과 성숙한 제자와 영적 전투

9권 세계선교
 1과 세계선교란 무엇인가?
 2과 한국교회의 사명
 3과 한국교회와 이단종교
 4과 각종 비전과 사역의 다양성
 5과 세계선교전략

10권 재림
 1과 재림의 징조
 2과 이스라엘과 정치적 종말
 3과 군사적 과학적 종말
 4과 종교적 경제적 종말
 5과 재림의 신앙

1988년 출간 각 권당 1,200원
지도자 지침서 12,000원

새신자 제자훈련 교재
1998년 출간 값 2,000원
세례자 제자훈련 교재
1998년 출간 값 3,000원
교사 제자훈련 교재
1998년 출간 값 3,000원
구역장 제자훈련 교재
1998년 출간 값 3,000원
제직 제자 훈련 교재
1998년 출간 값 3,000원

세계제자훈련원 성경대학원 연구 과정 모집

　세계제자훈련원 성경대학원 연구 과정은 매년 12명의 학생을 선발하여 3년 동안 공동체 훈련을 통해서 예수님의 제자로 훈련을 합니다. 매년 3월 마지막 월요일부터 6월말까지 1학기 수업을 하고, 9월 첫주 월요일부터 11월 마지막 금요일까지 2학기 수업을 합니다.

　매주 월요일 오후 4시부터 금요일 낮 12시까지 수업을 하고 주말에는 각자가 속한 사역지에서 교회사역을 합니다. 훈련 내용은 세계사와 교회사, 66권 성경공부, 세계제자훈련원 10단계 제자훈련 교재를 가지고 공부합니다. 함께 공동체 삶을 통해 하나님의 말씀을 삶의 현장에서 체험적으로 훈련하기에 전인격적인 변화를 받을 수 있습니다. 입학서류는 1년 전부터 받습니다. 3년 훈련을 받은 후 선교사나 목회자로 사역을 할 수 있습니다. 개강은 매년 3월 마지막 주 월요일입니다. 문의 전화는 010-4434-7188입니다.

지은이 ―――――――――――――――

백석신학대학
백석신학대학원
총신대선교대학원
연세대연합신학대학원
미국Faith신학대학원
미국California신학대학원
전 필리핀 선교사
현 백석대신교단 강남교회 담임목사

총판 : 생명의 말씀사

과학적 공산주의 혁명과 통제사회 시스템
제 4차 산업혁명과 신세계질서

초　판　2019. 2. 25.
지은이　이형조
펴낸곳　도서출판 세계제자훈련원
06261 서울시 강남구 도곡로22길 5
(강남구 도곡동 544-13)
전화 : (02) 562-5634　H.P : 010-4434-7188
E-mail　ehjo99@hanmail.net
등록 제16-1582 (1988. 6. 8)

온라인 번호 062-01-0126-685　국민은행 이형조
정가 13,000원
ISBN 978-89-87772-24-0